法学新思维文丛

刑事判决是如何形成的

——以S省C区法院实践为中心的考察

肖仕卫◇著

XINGSHI PANJUE
SHI
RUHE XINGCHENG DE

中国检察出版社

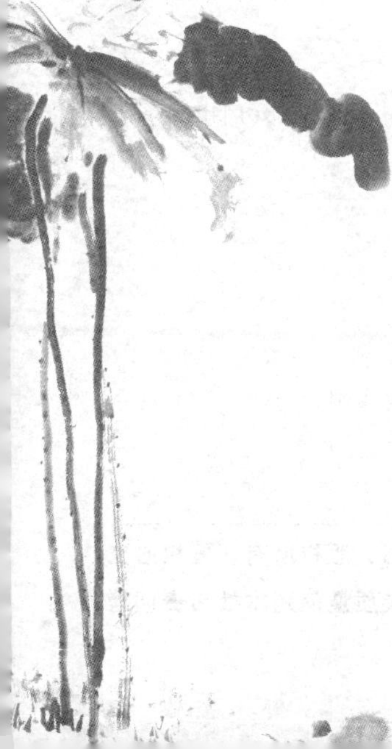

图书在版编目（CIP）数据

刑事判决是如何形成的/肖仕卫著．—北京：中国检察出版社，2009.10

ISBN 978-7-5102-0162-2

Ⅰ．刑…　Ⅱ．肖…　Ⅲ．刑事诉讼-判决-研究-中国

Ⅳ．D925.204

中国版本图书馆 CIP 数据核字（2009）第168961号

刑事判决是如何形成的

肖仕卫　著

出版发行：中国检察出版社

社　　址：北京市石景山区鲁谷西路5号（100040）

网　　址：中国检察出版社（www.zgjccbs.com）

电子邮箱：zgjccbs@vip.sina.com

电　　话：(010)68658767(编辑)　68650015(发行)　68636518(门市)

经　　销：新华书店

印　　刷：保定市中画美凯印刷有限公司

开　　本：A5

印　　张：8.75印张

字　　数：248千字

版　　次：2009年12月第一版　2009年12月第一次印刷

书　　号：ISBN 978-7-5102-0162-2

定　　价：25.00元

序

在金秋来临的收获时节，肖仕卫博士请我给他的专著作序，作为他的硕士、博士导师，我当然乐意说上几句。

近三十年来，中国刑事诉讼制度研究得到了长足发展，推动了刑事诉讼立法的变革。但遗憾的是，改革的努力不仅主要体现在立法层面，而且这部分立法的成果在实践层面又呈现出举步维艰的局面。何以如此？经由长期的思考，我逐渐认识到此一现状实与理论研究的盲区有关，尤其与对中国刑事诉讼制度实践把握不够有关。有鉴于此，近年来，我和我的团队开始倡导并尝试用实证研究的方法研究刑事诉讼制度，取得了一些成果；同时，在指导学生的时候，我也有意培养学生的实证研究能力，鼓励并创造条件让他们践行实证研究的方法。作为我的学生，同时也是团队的重要成员，肖仕卫的这本专著，正是在这样的背景和氛围中出炉的。

肖仕卫于2005年四川大学诉讼法研究生毕业后，2006年又考取诉讼法专业博士研究生，2009年获得法学博士学位。作为他硕士、博士研究生导师，我亲历了他硕士论文和博士论文的选题、开题、写作、修改和答辩全过程，看到了一位青年学者的成长。早在攻读硕士学位期间，他就对刑事诉讼实践很感兴趣，并以刑事判决形成的实践逻辑为题写就了硕士论文。博士研究生入学之后，他立足于司法实践和实证调查，写就发表了数篇高质量论文。其间，他在征得我同意之后，沿着自己硕士研究以来的兴趣，选择了以刑事判决形成的实践过程作为博士论文题目。

现在来看，肖仕卫的付出和努力是值得的。在我看来，无论是本书的主体——博士论文还是作为附录的几篇论文，都体现了相当的学术水准。尤其在博士论文部分，作者秉承一种整体进路，从行动者视角出发，对刑事判决形成的司法过程、法院内部决策过程以及法院同外部因素博弈的过程进行了深入研究，不仅比较翔实地考察了刑事判决形成的实践过程，揭示了刑事判决形成过程中各个层次行动者深陷其中的结构、利益以及采取的技术和策略，而且"超越法律"分析了形成这种实践面貌的各种情境性、制度性原因，有的甚至提出了一些具有一定理论价值的理论模型。细细读来，整本著作无论在方法上还是内容上，都具新意，具有相当的学术价值。

当然，该书也存在一些不足，尤其赖以为基的材料显得有些单薄，统计数据显得不足，某些观点也还需要进一步推敲和论证。但是瑕不掩瑜，对于年轻学者来讲，能够静下心来进行这样的研究，我认为是值得提倡和鼓励的，希望肖仕卫博士在今后的学术道路中取得更大的成绩。

左卫民

2009 年 10 月于川大研究生院

目　　录

第1章 导　论

本书研究中国基层法院刑事判决形成的实践过程，目的在于弄清基层法院判决刑事案件的实际，希望能够大致勾勒出一幅较为清晰并略有新意的法院刑事审判素描，并力图以一种内在视角整体性理解和评判这些实践。作为导论，下文将揭示本项研究的缘起即问题的提出，明确本文的研究进路，介绍本研究的主题、材料获取途径并作必要的说明，最后概述全书内容的基本构成。

1.1　问题的提出

先来看一则在QQ上流传甚广的笑话：

为了测试美国、中国香港、中国大陆三地警察的实力，联合国将三只兔子放在三个森林中，看三地警察谁先找出兔子。

第一个森林前是美国警察，他们先花整整半天时间开会制订作战计划，严格分工，然后派特种部队快速进入森林进行地毯式搜索，结果开会耽搁了时间，兔子跑了，任务失败！

然后轮到香港警察，他们派了一百多号人和几十辆警车在森林外一字排开，由带头人用喇叭喊话："兔子，兔子，你已经被包围了，快出来投降……"半天过去了，没动静，飞虎队进入森林，搜索一遍，没结果，任务失败！

最后是中国大陆警察，只有四个，先打了一天麻将，黄昏时一人拿一警棍进入森林，没五分钟，听到森林里传来一阵动物的惨叫，中国警察一人抽着一根烟有说有笑地出来，后面拖着一只鼻青脸肿的熊，熊奄奄一息地说道："不要再打了，我就是兔子……"

这不过是一则笑话。但是从另外的角度来看，它却传递了一个非常明确的信息，即普通网友对中国大陆警察执法方式的某种感性认识。许多人肯定马上会争辩说，中国大陆警察的执法方式根本就不是这样。那么，他们执法的实际情况究竟是怎样的呢？可能绝大多数非警察人士又都无法给出一个让人满意的回答。需要马上指出的是，这只是一个引子，而且本书的主旨也不是为了讨论警察的执法方式究竟如何以及应当如何，① 因此不用较真。

不过，这则笑话还是与本书有一定的联系。与对警察执法方式的认识相似，绝大多数普通公众包括媒体对于中国法院的刑事审理和判决实际，似乎同样知之甚少。从近年来的一系列冤假错案和有重大社会影响案件的公众反映和媒体报道来看，普通公众对中国法院究竟如何形成刑事判决的认识，可以说基本上停留在猜测的层面，并且总是倾向于与素质低下、司法腐败等相联系。那么，事实果真如此吗？如果不是这样，那又是怎样的呢？换句话说，中国法院形成刑事判决的实际情形究竟是怎样的？由于各种原因，作出刑事判决的中国法官一般都不愿意著书立说对裁判形成的过程进行详细的解释，甚至不愿意说明判决的理由。而且即便他们作了解释，由于他们自己就是利益相关方，普通民众似乎也倾向于不大相信。由此看来，或许只能指望相对中立的刑事诉讼法学者来研究和回答这一问题了。

然而，为什么要关注和研究这样的问题？在许多人看来，这似乎并不是一个问题，因为法官怎么形成刑事判决，刑事实体法和程序法不是规定得很清楚吗？！循此推之，研究这样的问题还有什么意义呢？笔者在以下给出的四个前后相关的理由将表明，问题并非想象的那么简单。

第一个理由是，大量的研究表明，规范与实际不仅从逻辑上讲不

① 左卫民教授主持的关于刑事侦查程序的一系列实证研究，从学者的角度较好地同时也是部分地回答了警察实际上如何执法这个问题，感兴趣者可见左卫民等：《刑事诉讼运行机制实证研究》，法律出版社 2007 年版，第 1 ~ 9 章。

是一回事，而且实际上也确实存在相当大的差异，实践往往内涵着大量正式规范所不具有的特质。比如，一些社会学研究已经表明，行动者的实践（包括法官的实践）本身就具有独立于正式规则和科学知识的地位，实践不仅与正式的规则紧密相关，也与大量的非正式制度和非正式规则存在生存性关联，并内涵了一种非常不同于科学知识的反映性的实践知识。① 再如，在法学领域，庞德早就指出，“如果我们细看，书本上的法和行动中的法之间的区别，支配人与人之间关系的法则和那些实际上支配的规则之间的差别，将会是很明显的”；② 而西方一些法学者的研究，在很大程度上也已表明，法院的审判实践（包括刑事审判实践），乃是特定情境下的“未完全理论化”行动，③ 并内涵了大量超出规则模型的非正式制度和实践知识；④ 黄宗智教授关于中国清代民法的研究也表明，法律的表达和实践遵循着不同的逻辑，实践中存在着大量的对官方表达的背离；⑤ 苏力教授关于中国基层司法制度的研究也表明，基层法官在实践中适用的知识和技术，远远超过法律条文的规定和从教科书上所能学到的东西。⑥ 由是推之，刑事判决形成的实践过程，完全可能与法律规定的模型存在差异，因

① 请见［美］唐纳德·A. 舍恩：《反映的实践者：专业工作者如何在行动中思考》，夏林清译，教育科学出版社2007年版。

② See Pound, Roscoe, 1910, Law in Books and Law in Action, 44 American Law Review.

③ 关于“未完全理论化”观点的详细讨论，请见［美］凯斯·R. 孙斯坦：《法律推理与政治冲突》，金朝武等译，法律出版社2003年版，第二章。

④ 例见［美］理查德·A. 波斯纳：《法理学问题》，苏力译，中国政法大学出版社2002年版，第二章、第三章。

⑤ 详见［美］黄宗智：《清代的法律、社会与文化：民法的表达与实践》，上海书店出版社2001年版。

⑥ 详见苏力：《送法下乡：中国基层司法制度研究》，中国政法大学出版社2000年版，第八章。

为毕竟生产法律条文的条件并非产生实践的条件,① 而条件或者说变量不同，结果也很有可能不同。在笔者看来，单从满足好奇心的角度来讲，刑事判决形成的实践可能具有的这种特质，就值得我们加以关注和追问。

第二个理由与第一个理由直接相关，但更进一步，就是由于判决形成的实际情况可能与法律规范不同，使得这个问题本身变得相当重要：在相当大的程度上，无论是对普通民众还是对法律学习者，抑或对于专门从事研究的法学者，都是如此。这是因为，首先，对于普通民众而言，这是他（她）们的权利，毕竟“刑不可知，则威不可测”的时代早已作古，而民主已经构成了现代政法制度合法性的基础性来源；所以，借用弗兰克的说法，那些无意成为法律人的普通人，应当被告知他们的法院做了什么和为什么要这样做。② 其次，对于法律学习者而言，法学作为一门最终必然要落到社会实践中加以应用的专业，必须对实际的法律运作包括刑事审判运作有所了解和感悟，否则，完全可能出现书本上的专业知识与实际需要相差太大，所学无用，最终出现“学校学的那点儿东西，都还给老师了”的尴尬情形,③ 体现不了法学教育的价值。最后，对法学者而言，辩证唯物主义认识论早就指出，实践乃是检验和获得认识的重要途径，而脱离实际、不了解实践的理论，则可能潜存着相当大的危险性。④ 不仅如此，由于实践不同于书面上的规范，由于司法的无限丰富性，按照苏

---

① 原文是“由于生产理论知识的条件并非产生实践的条件”，请见［法］皮埃尔·布迪厄、［美］华康德：《实践与反思：反思社会学导引》，李猛、李康译，中央编译出版社 2004 年版，第 102 页。

② 请见［美］杰罗姆·弗兰克：《初审法院：美国司法中的现实于神话》，赵承寿译，中国政法大学出版社 2007 年版，第 1 页。

③ 请见苏力：《送法下乡：中国基层司法制度研究》，中国政法大学出版社 2000 年版，第 369 页。

④ 在笔者看来，毛泽东的警告至今在法学研究领域同样适用，关于这一点，详细请见毛泽东：《毛泽东选集》（第一卷），“实践论”部分，人民出版社 1966 年版，第 259～273 页。

力教授的观点，其更可能成为法学理论创新的基础，① 因此不关注中国自身的司法实践，很大程度上即意味着中国刑事诉讼法学者失去了一个重要的理论创新的基础。

第三个理由是，不了解刑事判决形成的实际情况，将会并在许多方面导致一些问题。首先，不了解实践，使得建基于此的刑事审判制度得不到有效施行。由于不了解刑事审判的实际运行情况，法学者在为相关立法提供建言时，理想化色彩通常比较浓厚，域外制度往往成了立法建言的主要论据，从而呈现出某种薄弱的简单化移植趋势，②使得采纳了这些意见的相关立法和制度由于种种实际原因而不能得到很好的执行，大量的刑事审判规则和制度被虚置和规避，法律权威丧失。其次，对刑事审判实践的不了解，使得刑事审判理论与司法实践严重脱节。由于不关注实际情况，法学理论者在面对实践特别是一些不甚符合应然想象的刑事审判实践时，容易陷入动辄以现代自由主义意识形态化、道德化的权利话语和程序正义观念来评判刑事审判实践的窠臼，③ 而不论司法实践者如此实践之超越法律的制度性根源；所提出的解决问题的建议，往往也属于早已耳熟能详的陈词，既不具有理论上的深度，也不具有可操作性；结果导致实践者不仅不甚认同理论上的批评，甚至进而认为理论者是“站着说话不腰疼”，并由此对理论者的批评采取一种“漠然”的态度，最终阻碍了理论与实践之

---

① 请见苏力：《法治及其本土资源》，“什么是你的贡献”，中国政法大学出版社1996年版，第X页。

② “薄弱的简单化”是斯科特教授对那些国家试图改善人类状况的项目失败原因的一个概括，这里借用其词义在表达类似的意思。请见［美］詹姆斯·C. 斯科特：《国家的视角：那些试图改善人类状况的项目是如何失败的》，王晓毅译，胡博校，社会科学文献出版社2004年版。

③ 黄仁宇教授认为中国封建经济没能向资本主义发展，原因在于“中国两千年来，以道德代替法制，至明代而极，这就是一切问题的症结”。这种以道德代替法制的观念，至今影响仍在，并构成了中国法制建设的一个障碍，只不过在学者那里由儒家道德换成了自由主义道德而已，这一点在中国法学者的泛道德化学术批评中有着明显的体现。请见黄仁宇：《万历十五年》，生活·读书·新知三联书店1997年版，“自序”第3～4页。

间的良性沟通，导致理论不能发挥应有的批判、促进实践之功效。最后，现代社会很大程度上是一个专业社会，普通人只能从专业人员那里获取相关专业实践方面的信息，尽管中国的法院刑事审判尚远没有英美法系诸国神秘（因为陪审团不说明理由的审判），亦不及大陆法系诸国精密（因为法学方法论的高度发达），但是对于社会公众乃至舆论而言，的确较为陌生。既然连法学者都不了解实践情况，自然这些公众更不可能了解。因此，一旦遇到冤假错案或有重大社会影响的案件，难免出现普通公众乃至社会舆论往往根据自己日常生活经验加以想象，对法院的裁判活动形成一些愤世嫉俗的观点，譬如把法院的审判活动与中国式的关系、人情乃至腐败紧密联系起来等。在笔者看来，要想从根本上缓解乃至解决这些紧张关系，驱除事实上的迷雾和误解，一个重要的前提就是弄清法院裁判形成的实际过程。

第四个同时也是最为直接的理由是，这个问题诉讼法学界还没有很好地回答。毫无疑问，如果他人已经把这个问题解决了，并且解决得很好，尽管还是可以继续深入研究，但是研究的必要性就需要更加详细的论证，研究的难度也会增加。然而，当笔者将目光集中在中国刑事诉讼法学者的相关研究上之后，结果多少让人有些失望，又让人有些庆幸。笔者发现，除了极少数学者，绝大部分学者似乎都不关心这一问题，或者不认为这是一个重要的、值得深入研究的问题。结果可想而知，除了在极少数学者那里获得了一些关于这一问题的富有启发的言说，① 绝大部分学者都让笔者空手而归。当然，这并不是说这些让笔者空手而归的学者闭门造车、不关注实践中的法院刑事审判。事实上，当司法实践中出现了诸如冤假错案、有重大社会影响的案件

① 例如左卫民教授、陈瑞华教授关于案卷的研究，陈瑞华教授关于刑事和解、程序失灵的研究等。请见陈瑞华：《案卷笔录中心主义：对中国刑事审判方式的重新考察》，载《法学研究》2006 年第 4 期；左卫民：《中国刑事案卷制度研究：以证据案卷为重心》，载《法学研究》2007 年第 6 期；陈瑞华：《刑事程序失灵问题的初步研究》，载《中国法学》2007 年第 6 期。对于这些富有启发的言说，笔者将在后面的几章中分别予以仔细分析和回应，因此这里不作详细的介绍。

等热点问题，他们也会非常积极地给予相当充分的关注，典型的如刘涌案、佘祥林案、许霆案等，有的还会以出具专家意见书的方式试图影响法院的裁判。只是他们关注刑事司法实践的方式，并不是为了全面搞清楚“法院实际上如何作出判决”这样的问题，而是以一套自成体系的现代刑事法治之价值标准和规则模型来直接衡量、评判这些案件。因此他们所看到的刑事审判的实践情况，也就是那些违背现代刑事法治基本原则的“疑罪从有”、“先定后审”、“程序滥用”等诸多痼疾；他们的最终落脚点，当然也就不是法院刑事判决的实际过程，而是诸如废弃“有罪推定”、严禁“刑讯逼供”、强化“当庭审判”、确立“直接言词”原则等符合现代刑事法治要求的制度措施。由此可见，学界在这个问题上，尚留存有较为广阔的可供研究的空间。

对于上述四个理由，从研究的角度讲，笔者更愿意特别强调其中第四个方面。这倒不是这个理由本身有着超乎寻常的重要性，而是因为它内涵了一个值得我们在下一步研究中需要特别注意的问题：为什么刑事诉讼法学者没能很好地解释刑事判决形成的实际过程？陈瑞华教授曾经指出，“法学研究中的几乎所有问题，在一定程度上都是研究方法问题”。① 受此启发，笔者经由详细阅读学界的相关研究，发现对于中国法院刑事判决的形成，中国法学者大多从两个应然层面加以介绍和框定。第一个应然层面是从价值追求的角度展开的，在这种研究进路支配下，法学者有意描述一幅理想的，但很大程度上实以西方国家为参照的刑事审判图景，其中内涵了符合人权保障、正当程序要求的作为价值衡量标准的诸多原则。第二个应然层面是以现代实证法的规则逻辑为中心展开的，认为刑事判决的形成过程乃是建立在普遍有效的刑事法律条文基础之上，具体案件的审判只不过是裁判者对相关刑事法律规则的具体适用过程，包括遵循法定的程序展开审判活动，按照证据规则认定案件事实，以及依循相关的程序和实体规则定

---

① 请见陈瑞华：《程序性制裁理论》之“如何研究法律问题（代序言）”部分，中国法制出版社 2005 年版，第 1 页。

罪和量刑等。显然，在刑事诉讼法学者这样的应然路数中，判决形成的实际情况几乎不是关注的重点，更不是被解释的对象。其后果，正如前文已经表明了的，就是导致了一种独特的以一套诸如程序正义之类的价值标准直接审视、批判实践的研究方式，进而，按照戴昕的说法，以“程序上的不正义必然为文明社会不能容忍”这样的激昂却难以经受细致推敲的断语，取消了进一步讨论的可能。①

如此看来，不是学者们不重视、不愿意弄清刑事判决如何形成的过程，而是因为他们的进路根本就没有提出并进一步深入追究此类问题的空间。看来，为了回答本节一开始就提出的问题，尚需要采用一种新的研究方法。

1.2 如何触及刑事判决形成的实际

前文的分析已经表明，要了解刑事判决形成的实际情况，要害不在于是否关注刑事审判的实践，而是关注的方式。那种以外在价值标准选择性地衡量刑事审判实践的方式，似乎注定难以真正地触及法院实践的全貌和实情。那么，如何才能真正地触及法院刑事判决形成的实际情况呢？哲学家维特根斯坦指出，“洞见或透识隐藏于深处的棘手问题是艰难的，因为如果只是把握这一棘手问题的表层，它就会维持原状，仍然得不到解决。因此，必须把它‘连根拔起’，使它彻底地暴露出来；这就要求我们开始以一种新的方式来思考”。② 由此看来，要回答这一问题，正如上一部分结尾处提到的，关键乃在于寻找到一种新的思考方式。

笔者以为，这种新的思考方式，首先可以从刑事诉讼法学界对待刑事审判实践之进路的反面去寻找。一如前述，目前学界的绝大部分

---

① 请见戴昕：《冤案的认知纬度和话语困境》，载苏力主编：《法律和社会科学》（第一卷），法律出版社 2006 年版。

② 转引自［法］皮埃尔·布迪厄、［美］华康德：《实践与反思：反思社会学导引》，李猛、李康译，邓正来校，中央编译出版社 2004 年版，第 1 页。

论者，对待刑事审判实践的进路都是一种外在的有选择的直接批评，缺乏必要的内在的整体性理解。因此，不妨从它的反面，也就是一种内在整体性理解的视角，来寻求对刑事判决形成实际的认知。这里的内在的整体性理解，并不是要以人类学的试图使自己成为某群体中的一员中的方式，而只一种是深入特定情境并在此基础上以整体理解为导向的进路。实际上，这种进路在近年来倡导实证研究的少数法社会学学者那里已经潜在地、部分地得到了应用，并产生了不少优秀的学术成果。① 当然，最终采用这样一种视角，除了反其道而行之的取巧以及受学界前辈的应用之启发外，还有着理论上的根据，包括社会学和人类学上的根据。对此，下面将分两个方面予以说明。

一方面，为什么采用内在理解而不是外部直接评判的视角，有着如下几个方面的理由：首先，正如社会学家布迪厄所言，当一个研究者面对一个他并不直接置身其中的世界，并从一种外在的角度观察这个世界时，在他的立场中就存在一种固有的唯智主义偏见。② 而这种偏见，正如前文的分析已经表明了的，不仅不利于了解刑事判决形成的实际情况，而且已经或多或少地导致了大量的实际问题。其次，正如苏力教授谈到的，“世界上的事情是复杂的”，从任何概念或命题出发，都完全无法解决甚至解释中国的问题，③ 包括刑事审判中的问题。更重要的是，大多复杂系统（法院的刑事审判就是这样的系统），都不可能展示出表面的规律，它们的秩序要从深层去探讨，而

---

① 例如朱晓阳教授的一系列研究，请见朱晓阳：《纠纷个案背后的社会科学观念》，载苏力主编：《法律和社会科学》（第一卷），法律出版社 2006 年版；朱晓阳：《语言混乱与草原“共有地”》，载《西北民族研究》2007 年第 1 期；朱晓阳：《“语言混乱”与法律人类学的整体论进路》，载《中国社会科学》2007 年第 2 期。

② 请见［法］皮埃尔·布迪厄、［美］华康德：《实践与反思：反思社会学导引》，李猛、李康译，中央编译出版社 2004 年版，第 106 页。

③ 请见苏力：《送法下乡：中国基层司法制度研究》，中国政法大学出版社 2000 年版，第 385 页。

“只有经过理解才能在复杂系统中看到秩序，而不是混乱”。① 最后，从交往的角度来讲，只要我们的目的是想弥合分歧并达成共识，而不是单一地追求批判的快感，那么，真诚地倾听和同情地理解他人，具体到本文而言，就是理解司法实践者的话语和行为，就变得十分重要。②

另一方面，深入情境进行整体性理解，实际是对那种外部视角，即那种只关注法律上的因果关系，只关注普遍的刑事实体法上的要件事实和程序法上的规则、技术以及三段论推理之法律思维方式的进一步反动。对此，笔者将分成两点加以详细说明。第一点，关于整体性理解。所谓整体性理解，主要是相对那种传统法律的教义学模式而言的。也就是说，整体性理解试图超越仅仅从法律上的要件、因果推理来理解刑事案件和裁判过程，主张不仅要关注法律的规定，考虑法律上的因果关系，更要关注与法律规定没有直接关系但实质影响法院裁判的诸因素，比如诸多政治的、经济的、社会的乃至文化的因素。因此，所谓整体性理解在本质上乃是一种社会学的而非法律教义学的解释进路。③ 第二点，关于深入情境。显然，从语言逻辑就可以看出，深入情境的目的是为了整体性理解。那么，为什么要深入情境进行整体性理解呢？这主要是因为，无论是刑事案件，还是法院的刑事审判活动，都只能在特定的时空、特定的社会氛围——也就是特定的情境——中发生。正是这特定的时空和社会情境中的诸多因素，包括特定的政治、经济、社会和文化因素，以及那些无法纳入法律要件的琐碎的前因后果，还有当时当地的人之常情，形塑了特定的刑事案件并影

① 请见［美］詹姆斯·C. 斯科特：《国家的视角：那些试图改善人类状况的项目是如何失败的》，王晓毅译，胡博校，社会科学文献出版社 2004 年版，第 178 页。

② 关于理解和倾听在达成共识中的重要性，请见［德］于尔根·哈贝马斯：《后形而上学思想》，曹卫东、付德根译，译林出版社 2001 年版，第 114 页。

③ 关于社会学的解释进路和法律教义学的解释进路的关系，请见［美］唐·布莱克：《社会学视野中的司法》，郭星华等译，［美］麦宜生审校，法律出版社 2002 年版，第 16～17 页。

响判决的形成过程。[①] 因此，要整体性理解法院的刑事裁判形成的过程，就必须深入到刑事案件和审判法院所在的特定的时空情境之中，否则就难以看到那些影响案件事实和法院裁判之情境化因素的细微、微妙之处，也就无法真正了解判决形成的实际情况：如果考虑到中国作为一个领土广袤、民族众多的大国，经济、社会发展不平衡，不同地区风土人情相差很大，而且正处于持续不断的转型、变迁之中，那么情形可能更是如此。

不过，仅仅从外部直接评判转为内在整体性的理解还不够，因为在相当大的程度上，它只不过是一个观察社会事实的前提性原则，还不够具体，通过它还不足以找到切入刑事判决形成之实践过程的着力点。因此，现在的问题是要找到一种能够再现复杂的刑事判决形成实际并能够对其进行清楚解释的、便于操作的方法，或者说一种研究策略。根据以往的实地调研经验和一些社会学家的理论总结，笔者发现，通过关注刑事审判实践中的行动者的行动，特别是由他们的行动所形成的事件性过程，能够较好地切近实践。[②] 当然，除了经验感悟和前辈总结之外，遵循这一切入进路还有着如下理论上的依据。

一方面，从刑事审判实践中行动者（法院法官）的行动切入，隐含着一个基本的，同时也是常识性的假设和认识，即实践中行动者（法院法官）同样都是理性的。这里的理性，按照林毅夫教授的定义，是指一个人在作决策的时候，在他所知的可能选择方案中，总是

---

① 这里参考了朱晓阳教授的观点，详细请见朱晓阳：《纠纷个案背后的社会科学观念》，载苏力主编：《法律和社会科学》（第一卷），法律出版社2006年版。朱晓阳教授还在其他地方对其观点作了进一步的或者应用性分析，前后请见《朱晓阳老师访谈录》，载《北京大学研究生学志》2006年第2期；朱晓阳：《语言混乱与草原“共有地”》，载《西北民族研究》2007年第1期；朱晓阳：《“语言混乱”与法律人类学的整体论进路》，载《中国社会科学》2007年第2期。此外，笔者并无把握地认为，苏力教授的语境论与朱晓阳教授的整体论尽管存在不同，但是似乎相当契合。关于后者，请见苏力：《语境论：一种法律制度研究的进路和方法》，载《中外法学》2000年第1期。

② 这里参考了孙立平教授的思路，请见孙立平：《“过程——事件分析”与当代中国国家——农民关系的实践形态》，载《清华社会学评论》2000年第1卷。

会作出他所认为是最佳的选择。① 林教授更进一步根据自己的研究体会指出，在任何时代、任何社会的人都是理性的，但是每个决策者所面对的约束条件、选择范围和机会成本是不同的，因此理性的表现方式是不一样的。② 进一步地，如果仔细注意林教授的这个定义，不难将经济学的理性概念与社会理论对行动者的认识关联起来，并可以发现，这里的理性，还内涵了吉登斯所说的行动者的认知能力、能动性、情境性以及受限性等内容；③ 并具有汪丁丁教授理解的为哈贝马斯所倡导的情景理性之特点。④ 由此可以推断，作出刑事判决的法官同样是理性的行动者，他（她）们所开展的刑事裁判活动，都不是

---

① 林毅夫教授曾对这个定义作了进一步的限定。笔者认为林教授的限定值得特别注意，并有必要在这里予以摘抄。林毅夫教授特别指出，在它的定义中，第一，“一个人”说明理性与否是从作出选择的当事人角度来衡量的，而非从他人或者社会的角度来看的，而且，即使所作的选择是关系到群体的公共事务，是否理性也是就决策者自己而非群体的角度来判断的。第二，“决策的时候”说明理性是就决策当时的情况而言的，情况变了，最佳的选择也可能改变，但并不能因此而否认当时的决策是理性的。第三，“所知的可能选择方案”说明理性与否是就决策者当时的认知而定，而且，仅就当事人可以选择的各种可能方案的比较而言，选择范围意外的方案不是决策者可以有的选择，所以，并不在考虑或者比较的范围之内。每个决策者的选择范围会受他自己的认知的影响，认知一方面决定于决策者所拥有的信息，另一方面决定于决策者处理信息的能力；选择的范围还会因决策者的预算、实践、能力，以及外在的相关群体、制度条件、政府的政策、社会的价值标准和意识形态的不同而有差异。第四，“所认为”说明理性是根据当事人自己对各个可选择方案的长、短期相对成本和收益的比较而言，这个比较可能会因为个人的知识、信息、经验的积累不同，或是内、外在条件的变化而改变。请见林毅夫：《论经济学方法》，北京大学出版社 2005 年版，第 39 页。

② 请见林毅夫：《论经济学方法》，北京大学出版社 2005 年版，第 9 ~ 10 页。

③ 参见［英］安东尼·吉登斯：《社会的构成：结构化理论大纲》，李康、李猛译，王铭铭校，生活·读书·新知三联书店 1998 年版，第 408 ~ 409 页。

④ 请见汪丁丁：《情境理性》，载《IT 经理世界》2004 年 1 月 5 日。这里之所以不直接引用哈贝马斯的观点，实是因为哈贝马斯本人并未直接提出“情境理性”这一概念，事实上，依笔者之见，此一概念乃是汪丁丁教授对哈贝马斯观点解读之结果。

被动地为法律或者其他因素（如经济、文化等）所决定的产物，而是在各种其所处社会认为可欲或不可欲的以及介乎其间的影响、限制、诱导甚至压力，即特定的时空、社会情境之下行使权力,① 并能动地理性选择的结果。因此，无论是否符合法学家的想象，行动者（法官）之所以如此行动，具体来说如此判决，必然都有其内在的实践理由。有鉴于此，我们在了解刑事判决形成的实际时，就不宜直接（注意，不是不宜，而是不宜直接）将自己的理性标准强加在这些同样具有理性的实践者头上，而必须关注这些理性的实践者在特定时空情境下如此行动的政治、社会、经济乃至文化等约束条件，以及行动者在具体实践中的认知内容和能动选择，然后，如果可能的话，展开进一步的、无论是肯定的还是批判性的外在分析。

另一方面，从刑事审判实践中行动者（法院法官）的行动及其过程切入，还有着研究便利上的考虑：通过对行动者行动及其过程的把握，可以较好地了解刑事判决形成过程的复杂性，再现行动者的行动所内涵的制度再生产过程。社会科学的研究成果表明，人类的社会活动虽然不是由作为个体的社会行动者一手塑造而成，但却由他们持续不断地一再创造出来;② 而实践的全部复杂性和微妙性，几乎都隐藏在行动者的行动及其过程之中，隐藏在他们日常的微小实践（minor practice）之中。③ 也就是说，那些影响行动者行动（包括法院法官的刑事判决活动）的各种政治、经济、社会和文化的情境性因素，

① 苏力教授曾经指出这一点，请见苏力：《基层法院审判委员会制度的考察与思考》，载《北大法律评论》（第1卷·第2辑），法律出版社1998年版。但是有必要指出的是，笔者的观点与苏力教授的观点还是存在一定的差异，笔者更愿意强调作为行动者的法官的能动性。

② 这是李康老师对吉登斯结构化理论的一个概括，请见李康：《结构化理论与现代性分析》，载杨善华主编：《当代西方社会学理论》，北京大学出版社1999年版，第223页。

③ 孙立平教授在一项关于中国国家农民关系的实践形态的总结性研究中指出了这一点，详细请见孙立平：《“过程——事件分析”与当代中国国家——农民关系的实践形态》，载《清华社会学评论》2000年第1期。

也就都可以通过对行动者行动及其过程的了解而得到进一步的、鲜活的展现；而行动者的认知能力和能动性，也可以通过考察这些行动及其过程而且加以把握。因此，把焦点对准行动者的行动，往往就成为一个旨在弄清实践过程的研究者的优先选择。或许与此相关，人类学家格尔茨强调，“如果你想理解一门学科是什么，你首先应该观察的，不是这门学科的理论或发现，当然更不是它的辩护士们说了些什么；你应该观察这门学科的实践者们在做什么”；① 威尔逊也指出，“各种规范或者行为的一般规则总是被翻译为现实的行为。这个过程终究是被个人在特定的状况下、为了实现特定的目的而操作的”，“因此，为了完整地分析复杂的社会过程，应该把研究的焦点放在现实中构成这些过程的个人行动层次上去”。② 具体与本文主旨相关联，在笔者看来，刑事审判作为一种社会实践，其复杂性同样也隐藏在作为行动者的法官的行动及其过程之中，因此为了把握刑事审判实践的具体情况，将焦点对准刑事审判实践中的主要行动者即法官，并通过法官的行动把影响他们判决形成过程的种种具体的情境性因素仔细地剖析出来，也就成了我们的不二选择。“法不只是评价性的规范，它也将是有实效的力量。而从理念王国进入现实王国的门径，则是谙熟世俗生活关系的法官。正是在法官那里，法才道成肉身。”③ 著名法学家拉德布鲁赫的这一则警句，可以说进一步表明从实践者即法官的角度切入刑事审判实践的适切性。

由此看来，从刑事审判之行动者行动及其过程切入，以一种整体性内在理解的态度考察刑事判决的形成过程，当是一个有效触及刑事

---

① 请见［美］克利福德·格尔茨：《文化的解释》，韩莉译，译林出版社1999年版，第6页。

② See J. van Velsen, “Extended Case Method and Situational Analysis,” in A. L. Epstein (ed.), The Crafts of Anthropology (tavistock, 1968). 转引自［日］棚濑孝雄：《纠纷的解决与审判制度》，王亚新译，中国政法大学出版社2004年版，第131、136页。

③ 请见［德］古斯塔夫·拉德布鲁赫：《法律智慧警句集》，舒国滢译，中国法制出版社2001年版，第8页。

判决形成过程之实际情况的不错进路。不过，要想切实地触及判决形成的实际过程，还需要依据此一进路展开一系列的细致工作。考虑到行动乃是基于两个方面的需要，即应对客观或被认为是客观的必然，以及实现意愿与梦想，① 因此笔者认为，在总体上，具体的研究工作应当收集如下三个方面的信息和资料：其一，获取和收集制约刑事判决的种种情境性因素，譬如他们行动时所在的时间和空间位置；他们置身于其中的社会状况，包括各种政治的、社会的、经济条件乃至文化因素；他们的利益所在，包括组织利益和个人利益，以及他们与其他利益相关者之间的社会关系；制约他们行动的各种社会规范，包括可以预想的因违反这些规范而引起他人采取的行动或者反作用等，以清楚刑事判决形成过程的客观条件。其二，关注特定情境下刑事审判实践者对其所在的社会状况、自身利益、与他者的关系以及各种社会规范的认知或者说他们如此行动的理由，他们在具体的实践中采取的实践策略和技术，形成的实践知识和性情倾向，遵循的实践机制，以及如此实践的后果，包括所谓“意外后果”② 或者说实践增

---

① 请见［法］蒂埃里·德·蒙布里亚尔：《行动与世界体系》，庄晨燕译，北京大学出版社2007年版，第1页。

② “意外后果”是社会学家吉登斯提出的一个重要概念。不过，吉登斯并没有给“意外后果”下一个严格的定义，但是他指出了可以考察意外后果的三种情况，这三种情况有助于我们把握“意外后果”这个概念。第一种情况如打开灯，窃贼受到惊吓，循路而逃。这里，“窃贼受到惊吓，循路而逃”是“开灯”的意外后果。第二种情况是指不是由单个事件引发的意外后果，而是由一系列个体活动复合而成的模式。在这种情况下，有待讨论的现象是某种确定的“最终结果”，它被看做是由有意图的行为一步步的过程累积而成的意外后果。第三种情况是指，定位在某一时空情境里的重复性活动，会在相对自身情境而言较为“遥远”的时空情境中产生例行化的后果，而这并不是参与这些活动的那些人意图之中的结果。详见［英］安东尼·吉登斯：《社会的构成：结构化理论大纲》，李猛、李康译，王铭铭校，生活·读书·新知三联书店1998年版，第74～76页。

量①等。其三，注意前述第一点所涉及的各种条件、因素的变化，包括未来可能发生的变化，以及第二点所涉及的行动者在认知上的可能变化，以为制度变迁之预测做准备。

当然，具体怎样操作才能有效地收集到这些信息，则不仅仰赖于细致的、有所限定的实地调查，也需要研究者对自身所处的日常生活以及刑事司法行动者的日常司法实践保持开放的心态、敏感于事实和细节并善于好奇和追问。对于前者，笔者将在接下来的部分予以重点说明。

1.3　进一步的限定与说明

毫无疑问，前述研究策略只不过是指出了如何触及刑事判决形成之实践过程的门径，但要知道其实践面目究竟为何，正如上一部分最后指出的，尚需要进行细致的实证调研工作。众所周知，实证资料的收集是相当繁复而重要的基础性工作，直接关系到研究结果的质量。综观学界已有的实证研究并结合笔者以往的调查研究经验，笔者发现，在开展具体的实证调研之前，有必要明确如下三个方面的内容：一是调研主题的确定；二是调研范围和对象的选择；三是调研步骤和技法的采用。对于这三个方面，笔者将在下文逐一加以明确并予以解释和说明。

关于调研主题，从大的方面来讲，毫无疑问是确定的，这就是实

① “实践增量”是孙立平教授根据布迪厄的观点总结出的一个概念。所谓实践的增量，意味着实践要比静态的结构多出来一块。布迪厄论述过实践的紧迫性和实践的总体性等特征，这些特征都是在静态的社会结构中没有的，是在实践的过程中“多”出来的。这些东西都只有在实践中出现和存在，在实践中起作用。正是这样的一些东西，使得我们可以对社会现象作出新的认识和解释。更进一步说，实践具有一种生成机制，在实践中新的因素在形成，即一种新的社会事实出现了。因此，实践是超越结构的，是不能还原为结构的。实践要比结构更多。请见孙立平：《社会转型：发展社会学的新议题》，载《社会学研究》2005 年第 1 期。

践中的刑事判决之形成过程。不过，刑事判决形成过程之构成本身相当复杂，从传统研究所遵循的程序流程角度来看，不仅包括庭前审查、庭前准备、法庭审理、合议庭合议、判决书制作以及庭外调查等程序和过程，有些案件还包括审判委员会讨论，向上级法院请示以及同侦查、起诉机关、党委政府协调等。在有限的精力和资源下，实证调研不可能面面俱到地关注到每一项程序和环节。不过，要研究中国刑事判决的形成过程，又必须兼顾判决形成的主要方面，同时关注其富有中国特点的方面。由此看来，有必要摒弃传统的根据审判流程研究裁判形成过程的做法，重新寻找一种判决形成过程之构成标准，进而以此为据确定实地调查的主题。

笔者认为，必须结合上文讨论的行动者视角来确定调研的主题。从集中火力的角度来讲，将本文行动者限定为法院法官是合适的，因为判决形成虽然与控辩双方的诉讼活动直接相关，但是最终下判的只能是法院法官。只是需要强调的是，这里之所以用“法院法官”而不直接用“法官”，乃是因为正如后面几章将要表明的，中国刑事判决的作出主体很多时候并不是法官个人，而是作为组织的法院，甚至法官个人在判决形成过程中的行为，也只是代表法院进行的一种组织行为；在这种情形下，用“法院法官”一词，既可以关照中国法院复杂的决策主体情况，也可以标明法官行为的组织特性。

经由上述对行动者的限定，判决的形成过程实际上就被转变为法院法官如何形成判决的过程。对于法院法官如何形成判决的问题，我们可以超越程序流程的常识性认知，从决策理论的构成角度来审视其构成。一般情况下，一项决策的作出，首先需要获得决策信息，然后再对这些信息进行判断。法院刑事判决亦是如此。由此，法院法官如何获取裁判信息和如何认定这些信息，简言之即“法官如何审判”，就构成了本文第一个调研的主题。但是，决策的作出许多时候并不是一种个体行为，而是一种有组织的行为，这样就涉及一个组织内的决策机制的问题。比如，在行政机关，重大事项往往不是对外的窗口人员决定，而需要经过行政机关内部的层层审批。在中国法院，同样存在一些内部决策机制，众所周知的如审判委员会讨论决定。由此，作为一个组织的法院如何决策，就构成了本书第二个调研主题。此外，还必须注意一个特殊的情况，即中国的法院还远不独立，其判决还受法律之外众多因素和力量的影响，因此还有必要关注法院法官在判决形成过程中如何与法律之外因素和力量交往的问题，这构成了本书调研的第三个主题。

概括而言，法官如何审判、法院如何决策以及法院在裁判中如何与法律之外因素交往，构成了本文调研的三个主题。需要强调的是，由于这三个方面中的任何一个方面本身又都相当复杂，可以说每一个方面都可以写出若干博士论文（综观已有的刑事诉讼法博士论文，可以发现事实已经如此），全面考察其中的所有方面，在具体的研究中实属不可能，在笔者看来也没有必要。对此，棚濑孝雄教授曾经指出，作为科学研究的一般使用方法，根据某种问题意识和一定的理论假设有选择地确定对象，乃是不可避免的程序。① 由此看来，现在的关键乃在于根据什么样的标准确定这三个大的主题中需要具体讨论的问题。

这里，苏力教授和黄宗智教授提供了两个有益的思路，有助于我们确定考察的主题。苏力教授在一系列的研究中，强调关注一个社会制度化处置社会常规性问题的方式，并将之作为需要解释、研究的对象。② 综观苏力教授的一贯研究，他所谓制度化处置社会常规性问题的方式，实际上是指一种较长时期存在并较为普遍存在的实践形态。与苏力教授的角度有所不同，黄宗智教授在其研究中，提出了一个颇有价值的认识方法，即从实际出发，使用“paradoxical society（悖论社会）”概念来突出它们违背西方理论信念的实际。他还进一步说明，英文“paradox”一词的含义指的不仅是个别违背理论预期的现

① 请见［日］棚濑孝雄：《纠纷的解决与审判制度》，王亚新译，中国政法大学出版社 2004 年版，第 7 页。

② 请见苏力：《也许正在发生：转型中国的法学》，法律出版社 2004 年版，第 236 页。

象，更指一双双相互矛盾、有此无彼的现象的同时存在。① 从限定研究对象的角度来讲，他的意思是要在关注实践的基础上拧出实践中的悖论现象并分析之。在笔者看来，将黄宗智教授和苏力教授的进路结合起来，关注实践中的已经成为社会常规的悖论现象，可以较好地、有重点地确定研究的对象，从而框定研究的具体范围。

有鉴于此，本书在具体研究中，关注的重心将落在法官如何审判、法院如何决策以及法院在裁判中如何与法律之外因素交往这三个主题在实践中形成行动常规，同时又与某些理想裁判模型和正式制度相背离的诸方面。考虑到本研究将在后文专门介绍这三个主题，因此这里暂不深述。只是除此之外还需说明的是，对于第三个主题即法院在决策过程中如何与法律之外因素交往的问题，由于法律之外影响裁判的因素太多，不可能一一地进行实证的调查或访谈，因此我们很难知晓法院与法院之外、法律之外的因素和力量交往的详细面目。但是考虑到法律之外的因素和力量影响法院的目的，最终在于获得某种特别的结果，因此从法院最终的判决结果即具体的定罪量刑出发，应该能够从一个侧面再现和反映法院法官这种围绕判决结果与外部因素和力量交往的过程。有鉴于此，我们在调研时，并没有从正面考察和分析法院在裁判中如何与法律之外因素交往的过程，而是从判决结果中有悖常理的定罪量刑出发反观这个过程。

在确定调研主题之后，一般来讲，调研的样本范围和具体对象乃是实证研究必须优先确定的重要内容。从当前刑事诉讼法学一些实证研究的情况来看，普遍采用的是多样本比较考察的方式，因此一般都会确定数个不同的样本进行实地调研。② 这里的不同，包括对象的不同，比如既调查法院，又研究检察院，还调查律师对刑事裁判形成的

---

① 请见［美］黄宗智：《悖论社会与现代传统》，载《读书》2005年第2期。

② 如左卫民等：《刑事诉讼运行机制实证研究》，法律出版社2007年版；王亚新：《实践中的民事审判：四个中级法院民事一审程序的运作》，载《现代法学》2003年第3、6期；王亚新：《实践中的民事审判（二）：五个中级法院民事一审程序的运作》，载《北大法律评论》（第6卷·第1辑）（2004年）。

看法；其中同样调查法院，还可以既调查基层法院，又调查中级法院、高级法院乃至最高法院的刑事裁判形成等，以形成对比；也包括在地域等方面的不同，比如在中国的东南西北中五个方位各找一个法院调查其刑事裁判形成的实践过程等。

本研究将调查范围和对象限定在一个省会城市的城区基层法院。① 如此限定有着如下方面的理由：

首先，将范围限定在法院而不关涉刑事审判形成中的其他机构或个人，主要有两个考虑：一是如此限定实属无奈，在相关资源和精力都甚为有限的情况下，很难同时关照所有参与判决形成过程的行动者类型，能够有机会细致地调查法院的判决形成实践已属不易。二是经由这样的限定，研究的范围变得更为清楚，不仅表明本研究中的行动者仅限于法院及其刑事审判法官，而且突出了这些行动者展开刑事审判实践的组织环境，标明刑事审判法官的行动实际上乃是组织性行动，有利于充分地借鉴组织社会学的相关理论成果展开研究。

其次，仅调查基层法院而不论中级法院、高级法院乃至最高法院，并不是这些法院的刑事裁判形成过程不重要。事实上，之所以如此限定，除了前述资源和精力上的因素之外，还是因为如下原因：一是基层法院审理的刑事案件数量占到了全部刑事案件的绝大多数，并且由于基层法院的刑事审判法官一般而言并不比中级以上法院的法官人数多，因此使得基层法院刑事法官的人均案件负担相对而言相当高，这使得基层法院在实践中面临的实践紧迫性更为突出。如何在这种实践紧迫性下进行裁判，可以说不仅是法官们需要思量的问题，同

---

① 该法院辖区属于“全国统筹城乡综合配套改革试验区”的重要组成部分，位于成都市区东北部，是成都五个中心城区之一。全区幅员面积110.6平方公里，辖14个街道办事处，常住人口62万（包括约1/3的乡镇人口），并有大量外来务工人口。辖区经济较为发达，2007年上半年，全区实现地区生产总值100.04亿元，同比增长14.1%；全口径财政收入18.25亿元，增长53.8%，其中地方财政收入6.5亿元，增长61.2%。

样也是一个极具学术意义的问题。① 二是法律与现实之间错综复杂的关系，往往在基层法院有更为直接、生动、鲜明的反映和体现，或者说与案件发生的情境联系更为紧密，与普通老百姓的生活遭遇得更为直接。② 在法律移植和国家、社会急剧变迁和转型的宏观背景下，刑事审判与社会如何关联，可以说是一个相当核心的学术问题。③ 三是，中级及其以上法院刑事裁判的形成机理，要么可以通过对基层法院的调研得以基本体现，从而在精力有限的情形下可以不予重点关注；要么与案件发生的情境存在一定程度的隔离，从而不是本文关注的重点。众所周知，中级及其以上法院审判的刑事案件由两部分组成，即初审案件和上诉案件。然而，这些法院审理的初审案件，除了案件本身的性质之外，从理论上讲很难说与基层法院的审判有多大的区别，因此研究基层法院的案件裁判，一般来讲也能够体现中级及其以上法院刑事初审的基本特点；而就刑事上诉案件的审理来讲，尽管其中事实会受到关注，但规则因素显得更为重要，而且由于上诉法官一般来讲与案件发生的情境已经有了一定的隔离，因此大量的（而不是全部）情境性因素在中级及其以上法院得不到体现，而本研究

① 实践紧迫性是布迪厄的一个重要观点，其中时间因素得到了特别的强调，请见［法］皮埃尔·布迪厄：《实践感》，蒋梓骅译，译林出版社2003年版，第125～127页。

② 关于这两点的详细分析，请见苏力：《送法下乡：中国基层司法制度研究》，中国政法大学出版社2000年版，第9～11页。

③ 本来，无论在何种社会，法律与社会的关系其实都是法律社会学关注的核心问题，只是在中国，由于法律移植和国家、社会剧烈变迁和转型，使得法律与社会的关系问题显得更为重要，因此更应当引起关注。关于前者，请见［德］尤尔根·哈贝马斯：《在事实与规范之间：关于法律和民主法治国德商谈理论》，童世骏译，生活·读书·新知三联书店2003年版，第33～50页；又见［日］棚濑孝雄：《现代日本的法和秩序》，“现代的理念和共同体主义”部分，易平译，季卫东审校，中国政法大学出版社2002年版，第3～117页，特别是第102～117页。与刑事司法相关的初步研究，请见肖仕卫：《刑事法治实践中的回应型司法：从中国暂缓起诉、刑事和解实践出发的分析》，载《法制与社会发展》2008年第4期。

恰恰非常看重这些情境性因素的影响，并力图揭示其发挥影响的方式，因此本文将基本忽略这些案件的判决形成过程。

再次，只调查一个基层法院而不是数个，当然也有着资源、精力等方面的考虑，但是除此之外，还有两个方面的理由：一方面，只调查一个基层法院，可以集中精力把调研做细，弄清楚这个法院的构成，全面把握影响该法院刑事审判的各个方面的情境性因素，以及进行深入细致的访谈等。另一方面，尽管只调查一个法院存在着相当的代价，比如可能看到的现象不具有普遍性，得出的结论不能得到推广论证等，但是只要这种调研做得扎实有效，至少有着为他人提供比较、参考之资料的作用，其结论，也可以作为他人研究的基础或者靶子，从而推动实证研究的进步。对于这后一方面，费孝通教授在研究江村农民的生活及其变迁时提及的一段话值得在这里直接引用，他说，“对这样一个小的社会单位进行深入研究而得出的结论并不一定适用于其他单位。但是，这样的结论却可以用做假设，也可以作为其他地方进行调查的比较材料。这就是获得真正科学结论的最好方法”。①

最后，选择一个省会城市中心城区的基层法院而不是其他地区的基层法院进行调研，主要有两个方面的考虑：一方面，目前大量关于基层法院司法的研究，主要限于农村地区，对大城市的基层法院司法关照不够。而且在理论上，一些观点认为，国家法律本来就是比照城市的特征制定的，因此一般来讲司法更可能符合规则模型。② 但这仅仅是一个假设，对于转型中国的城区法院是否成立，需要相应的实证研究。另一方面，被选法院辖区属于“全国统筹城乡综合配套改革试验区”的重要组成部分，目前正处于进一步城市化的过程之中，政治、经济、社会亦面临着较为剧烈的转型和变迁，具有一定的代表

① 请见费孝通：《江村农民生活及其变迁》，敦煌文艺出版社 1997 年版，第 15 页。

② 请见苏力：《送法下乡：中国基层司法制度研究》，中国政法大学出版社 2000 年版，第 8 页。

性和典型性。

研究主题和调查对象确定之后，接下来有必要交代的是调研的步骤和技法。一方面，在调研的具体步骤上，本研究主要采用了三步走的策略。第一步，广泛收集学界关于刑事审判的研究材料，找出其中最为关注的几个大问题，为实地调研做准备。第二步，在调研法院展开预研，确信第一步选择的若干问题确为实践中普遍存在并有必要认真对待的重要问题，并在此基础上对问题清单进行删减增益。第三步，深入调研，收集调研法院的相关文件、材料，特别是收集与法官们为何如此行动的看法和态度相关的信息。另一方面，在具体的研究技法上，本研究也主要采用了三步走的策略。第一步主要是文献收集，涉猎范围将会较广；第二步主要是阅卷、文件收集、旁听和初步访谈，带有一定的目的性，但同时也会保持相当程度的灵活性和开放性，并会在必要时对预先确定的主题作一定的修改；第三步主要是对刑事审判法官的深度访谈，以及对个案案卷的深度把握，并附带收集前两步调研可能遗漏了的文件性材料和其他信息。

需要特别强调的是，尽管本文强调个案性的社区研究，但是这并不意味着笔者在材料的应用上仅局限于这样一个法院的信息。实际上，由于各个具体的主题往往都涉及相当多的内容，而且为了全面素描判决形成的实践过程，需要涉及的某些内容在一个法院可能并没有相对应的实践，因此对一个法院的调研只是本研究的主要而非全部材料来源，全国各地其他一些基层法院的相关做法或者类似做法，也将构成笔者在具体研究倚重的重要素材。

1.4 本研究的基本内容

到目前为止，本书提倡了一种从行动者行动及其过程切入，整体性理解刑事判决形成实际的思路，并在具体的实证调查进路上作了交代。因此，本项研究的核心实际是裁判主体在判决形成中的行为方式。这不禁让人想起美国法官波斯纳2008年的一本著作。该著作以“法官如何思考”为名，探讨和解释了美国法官在判决形成过程中的行为，尤其考察了法官如何行为、为什么如此行为以及如此行为的后果等问题。① 可以说，从很大程度上讲，本文有着类似的意图，只是在波斯纳法官那里，裁判主体毫无疑问主要是作为个体的法官，而在本书中，裁判主体则主要是作为组织的法院。有鉴于此，笔者思考更多的乃是“法院如何思考”的问题。

经由上述简短联想乃至对比之后，现在回到本部分要重点说明的内容。坚持行动者视角以及在此基础上的整理体理解思路，或者说追问“法院如何思考”的目的，非常明显地都集中于一个问题，即如何触及刑事判决形成的实践。但是，从研究的角度来讲，了解刑事审判实践过程当然至关重要，但是重点肯定不是简单的描述和介绍。就笔者的认识来讲，了解实践过程，除了祛除法院刑事审判不必要的神秘，并避免某种理论研究上可能存在的蛮横评判之外，当然更是为了拧出一些非常关键的具有实践意义和理论价值的问题，展开细致的理论分析，并得出自己的让人信服的评判和结论。

为此，笔者将尽量做好如下工作。首先，尽可能地在细致描述法官如何审判、法院如何决策以及法院法官如何与外界交往的基础上，抽象出各自实践所内涵的基本模型或者规律性的内容，以便更好地把握判决形成的实践。其次，尽可能地展现行动者的各种看法和观点，弄清法院法官如此审判、法院如此决策以及如此定罪量刑的各自理由，析出影响法院法官如此裁判的各种因素，展现法院法官在判决形成过程中的能动作用。最后，尽可能地指出法院法官如此审判、法院如此决策以及如此定罪量刑的制度性后果，尤其希望通过重视刑事判决形成的实践过程，不仅可以看到学者们通常所津津乐道的东西，也能看到他们所没有或者不能看到的——用孙立平教授的话说——实践的增量，并尽量对其中可能存在的点滴创新保持敏感，以便能够得出一些有新意的观点和认识。

为了尽可能地实现上述理论追求，本书除了遵循前文已经明确

① 请见［美］理查德·波斯纳：《法官如何思考》，苏力译，北京大学出版社2009年版。

的、贯穿全文的从行动者行动角度整体理解刑事判决形成过程的进路之外，还会大量地汲取社会学、经济学等相关学科的研究成果，特别是实践社会学、组织社会学以及法律社会学的相关知识，采用一种六经注我的方式，对本书的三个主题进行考察、分析和论证。换句话说，本研究是以问题为中心展开分析的，但对问题分析的方法却将是多样的。只要有助于对问题的理解，完全可以为了解释同一个问题而适用十八般武艺，也可以在不同问题上适用同一种学科的知识。之所以如此，实乃因为，没有哪种单独的进路，能永久地捕获法律（包括刑事审判——笔者注）的复杂性。① 当然，这并不是说，笔者对这些相关的交叉学科的知识样样精通。其实，在相当大的程度上，敢用这些学科知识，只是为了不陷入在知识面前失去自我的悲剧，② 同时也只不过表明笔者的胆量更大，更愿意尝试，更不怕被笑话而已。

按照前文确定的主题，本研究将分为五章展开考察和分析。其中，第二至四章分属三个不同的主题，分别对应于法院刑事判决形成之两个过程性构成，以及一个从结果反观过程的尝试，第五章是对全文的一个简短总结。具体即是法官如何审判，法院如何决策，以及判决结果中所内涵的法院如何应对法律之外因素和力量的能动平衡过程。除了作为导论的本章之外，现将余下的四章内容概括介绍如下。

第二章将从法官如何审理的角度研究刑事判决形成的司法过程。在以往的研究中，人们也曾经关注过实践中的审判，但是主要关注的焦点乃在于所谓庭审方式的问题，而忽略了一个常识，即中国的审判实践，并不限于庭审活动。此外，更重要的是，中国的学者在将中国的审判制度与域外相较时，往往只是注意到了“审”的方面，而很少注意“判”的内容。诸如对抗式、审问式以及混合式审判的概括，

---

① 原文为“没有哪种单独进路，包括法律经济学，能永久地捕获法律的复杂性”。请见［美］理查德·A. 波斯纳：《超越法律》，苏力译，中国政法大学出版社 2001 年版。

② 原文为“我的悲剧是在知识面前失去了自我”，请见王朔：《无知者无畏》，春风文艺出版社 2000 年版，第 108 页；又见苏力：《法律与文学：以中国传统戏剧为材料》，生活·读书·新知三联书店 2006 年版，第 323 页。

其实主要都是针对审而言的。有鉴于此，本章在考察法官的审判实践时，将不限于“庭审”，也不限于“审”，而是既关注庭内也关注庭外，既考察如何“审”也考察如何“判”。为此，全章将围绕法官如何获取裁判信息和如何判定案件事实两个方面展开这些考察和分析。笔者首先将描绘一幅法官如何审判的实践素描，描述法官如何通过庭内庭外获取裁判信息，又如何在控辩争议中判定事实。然后，笔者将考察影响法官如此审判的诸因素，包括制度空间、实践压力和认知倾向等层面各自内涵的多种因素，以及这些因素究竟如何影响法官的审判行为。接着，笔者将指出法官如此审判的制度性后果，包括在发现真实和保障人权上的不利的后果，以及在制度创新上可能具有的积极价值。

第三章将从法院如何决策的角度考察判决形成的组织决策机制问题。以往的研究较多地注意到，在中国，许多案件的判决并不是法官说了算，而必须经由法院内部的审批或讨论程序。对于这种内部决策程序，学者多将其称为行政化的决策方式。但是笔者的调查表明，虽然行政化的决策机制仍然存在，但是经过最近十年的改革和实践发展，法院内部的决策机制已经呈现出更为复杂的面貌，并实际包括了三种具体的机制，即行政型决策机制，民主集中型决策机制和咨询顾问型决策机制。更重要的是，这三种法院内部决策在总体上形成了一种极为特殊的以行政权为纽带的多元化整体决策模式，并在许多方面区别于行政化决策模式。本章将详细描述法院内部的这些决策机制，并分析这种以行政权为纽带的多元化整体决策模式区别于行政化决策模式的诸多方面。当然，除此之外，笔者还会从行动者的角度分析这种决策模式形成的实践理由，指出其与法院内部各个层次行动者在面临各种现实条件、压力下的能动性、策略性行动紧密相关，尤其与刑事诉讼制度本身存在的问题，包括权利监督机制的阙如和整个刑事诉讼查明案件事实的制度能力较弱存在深层关联。

第四章将从判决结果反观判决形成中法院法官与法律之外因素和力量交往的过程，尤其强调法院法官在这种交往中的能动性平衡策略。由于很难对法官与法律之外因素和力量交往进行直接的考察和分析，因此我们在调研时，不会从正面考察和分析法院在裁判中如何与法律之外因素交往的过程，而将从判决结果中有悖常理的定罪量刑出发反观这个过程。在此基础上，全章首先将考察可能判决无罪案件所面临的外部构造，包括面临的来自党委政府的指示、上级法院的招呼、侦查、起诉机关的潜在压力以及被告人、被害人及其社会关系圈的要求等；然后将揭示法院法官在面对这些外部结构时的应对策略，包括撤诉、疑罪从轻、疑罪从缓等，并分析其如此应对的理由以及这些策略具体实施的方式；进而将结合前两部分的考察着重指出法院的这样一种定罪量刑实践，反映了一种与典型的规则模型极为不同的利益平衡模式，以及在这个过程中，法院法官呈现出的某种能动的、自我保护的形象和逻辑；最后将分析指出定罪的利益平衡过程对程序法治、法律职业群体、侦查能力建设等方面产生的广泛制度影响，以及对司法独立的意外效果等内容。

第五章是对全文的一个重构和总结。前述三章谈到了法院形成刑事判决的三个主要过程，应当说逻辑还是比较清楚的，并具有一定的整体感。但是，不容否认的是，三章之间确实也存在各自为政，关联性较弱的地方，特别是在原因或者影响因素分析中，各章几乎互不相干，显得整体性不强。有鉴于此，为了进一步强化全文的整体感，这一章将对全文进行整体性的总结，并尽可能地从理论上加以提升。因此，这一章不仅要从一个整体性的角度重新考察判决形成的实践面貌，而且试图提出某种解释这一实践样态的理论框架，并有意回应某种应然进路进而前瞻中国刑事判决形成制度未来可能发生的变化。

第2章　法官如何审判：判决形成的司法过程

2.1　问题的提出

从现代刑事法治的基本理念来看，刑事判决的形成过程毫无疑问应当是一个司法性的过程。这种司法性的过程的本质，简单地说就是中立的裁判者公正解决被告人和追诉者之间关于被告人是否有罪、应当承担何种罪责争议的过程。在规范构成上，这个过程主要由显明事实的规则、认定事实的规则和形成决策的组织规则三部分组成。考虑到本文下一章将专门分析形成决策的组织规则问题，因此本章主要关涉前两个部分的内容。现实世界中，由于种种难以一一列举的原因，判决形成的司法性过程在不同的国家有着差别不一的具体表现形式。不过尽管如此，我们还是可以从类型学的角度将这些不同的具体表现形式归纳为三种类型，即对抗/判定类型、调查/判定类型以及前两者的混合类型。① 一般认为，美国刑事判决的形成过程属于典型的对抗/判定类型，德国刑事判决的形成过程主要属于调查/判定类型，而

---

① 学界主要是从审判模式的角度进行了类似分类，一般将审判模式分为审问式审判、对抗式审判以及混合式审判。但是笔者同意王亚新教授的观点，即这种分类未能涉及判定的因素，因此有所缺憾，故这里采用了王亚新教授的对抗/判定思路。关于前者，较早研究请见陈瑞华：《刑事审判原理论》，北京大学出版社1997年版，第五章；关于后者，请见王亚新：《对抗与判定：日本民事诉讼的基本结构》，清华大学出版社2002年版，第5页。

日本和意大利刑事判决的形成过程则属于混合类型。

中国 1996 年刑事诉讼法典对 1979 年刑事诉讼法典作了较大幅度的修改，其中尤以对审判程序的改动为甚。从判决形成过程的角度来讲，1996 年刑事诉讼法一改 1979 年刑事诉讼法所确立的尚具有行政治罪属性的审判程序，确立了具有现代刑事司法基本属性的判决形成制度。这种制度重新配置了控辩审职能，改变过去由法官直接调查证据的方式，确立了控辩双方向法庭举证但不排除法官调查的"控辩式"庭审方式，保留了被告人如实供述义务和讯问被告人的做法；同时限制了庭前公诉机关移送案卷的范围，要求起诉时仅移送起诉书、主要证据复印件和照片，并确立了庭后移送案卷的制度。不过，这种制度对于如何认定事实亦即如何判定证据的规则未作过多规定，仅仅确立了相当粗糙的证据制度。对此，如果参照上文的类型化眼光加以审视，借用龙宗智教授的观点，修改后的刑事判决形成机制可以说是糅合了传统制度因素、现代职权主义和当事人主义三大要素、具有中国特色的混合式审判模式。①

对于中国刑事裁判的上述制度，学者们在给予充分肯定的同时，也从诸如人权保障、防止权力恣意以及正当程序等角度指出了诸多的不足。比如，认为规定被告人如实供述义务和讯问被告人的做法与不得强迫自证其罪的特权相悖；指出起诉时移送主要证据复印件和照片以及庭后案卷移送制度不利于庭审实质化；对法官的庭外调查持反对态度，或者对证据展示、交叉讯问规则的缺失持批评态度；以及对证人出庭作证制度的不完善感到遗憾，并对认定事实的规则包括证据能力规则尤其是传闻证据规则、非法证据排除规则的不完善表示担忧，等等。或许正是因为此，学界绝大部分学者都忙于中国刑事诉讼程序包括审判程序的完善工作，提出了不少好的建议，并产生了不少颇具

① 请见龙宗智：《刑事庭审制度研究》，中国政法大学出版社 2001 年版，第 120 页。

价值的研究成果。①

毫无疑问，在中国当下的语境中讨论如何完善刑事审判程序有着相当重要的现实意义，因为它不仅可以使得实践者更有章可循，防止权力的恣意行使并祛除不必要的外界疑虑，也确实可以——如果能够真正得到有效实施的话——更好地保障人权。不过笔者深信，要改善人类的处境，必须首先分析人类究竟做了什么，为什么这样做。② 因此换一个角度即从本文导论确定的实践进路出发，关注实践中判决实际上是怎样形成的，又为何会如此等问题，同样非常重要甚至更为关键。因为即便遵循一种对策论的进路，纸面上的程序再完善，也只有知道其是否于实践中得到有效的贯彻实施，才能明了其实际的效果；同理，也只有知道其为何有或者没有得到有效的贯彻实施，亦即明了影响司法实践的诸多因素，才能总结成功的经验乃至提出更有针对性的修正方案，甚至可能在此基础上清楚修法所具有的内在限度。

有鉴于此，本章的起点将是重点关注实践中刑事判决形成过程的实相。不过，需要限定并强调的是，一方面，一如导论所述，笔者主要关注的是作为司法决策者的基层法院法官如何形成判决，因此本章将侧重于从法官行为的角度考察判决形成的司法过程。不过，为了完整起见，对于法官行为之外控辩双方的诉讼行为，笔者也将在必要的时候略微涉及。另一方面，司法过程本身是一个内涵了多个诉讼环节和内容的完整体系，但是在笔者看来，法官如何获得裁判信息，又如

① 学界的这种忙于完善程序制度的倾向，在近年来关于刑事诉讼法典的再修改运动中体现尤为明显。请见徐静村主编：《中国刑事诉讼法（第二修正案）学者拟制稿及立法理由》，法律出版社 2005 年版；陈卫东主编：《模范刑事诉讼法典》，中国人民大学出版社 2005 年版；陈光中主编：《中华人民共和国刑事证据法专家拟制稿（条文、释义与论证）》，中国法制出版社 2006 年版；陈光中主编：《中华人民共和国刑事诉讼法再修改专家建议稿与论证》，中国法制出版社 2006 年版；田文昌、陈瑞华主编：《中华人民共和国刑事诉讼法再修改律师建议稿》，法律出版社 2007 年版。

② 请见［法］蒂埃里·德·蒙布里亚尔：《行动与世界体系》，庄晨燕译，北京大学出版社 2007 年版，第 2 页。

何认定这些信息，对于判决形成过程而言乃是两个最为主要的核心要素。之所以如此认为，乃是因为无论是对抗/判定型审判，还是调查/判定型审判，以及两者混合的混合型审判，对抗、调查以及两者的混合实际上就是一个信息获取的问题，而判定则主要是一个如何认定案件事实的问题。有鉴于此，同时出于主旨和篇幅的考虑，本章的考察将主要关注法官如何获取裁判信息和如何认定案件事实这两个核心问题，而对其他的诉讼环节和内容则基本不予涉及。

经过上述限定之后，论题其实就变成了“法官如何审判”这一问题。为了从经验层面回答这一问题，笔者以导论交代的一个法院为样本展开了调研，并广泛收集了相关的报道和研究资料。从笔者实地调查和收集的资料所看到的情况来看，一方面，就法官如何获取裁判信息而言，司法实践中的做法与刑事诉讼立法的规定存在相当大的不同，法官在审判过程中并不积极行使调查权，在庭外也不积极行使庭外调查权，只是乐于庭前预备性地阅卷或者庭后有针对性地阅卷，并喜欢在存疑时与控方进行非正式沟通，或者出于某些政策或者管理目标而采取一些法外程序获取信息；不仅如此，在控辩对抗严重不足的情况下，法官还倾向于放任控方任意举证和不当讯问，不热心证人出庭并限制辩方提供信息。另一方面，就事实的认定而言，在证据材料的可采信上，法官对控辩双方采取了不同的审查方式，呈现出对控方“宽”、对辩护方“严”的特点；在证明力的认定上，法官往往按照某种预定的证据采信优先顺序，总体上倾向于相信控方提供的案卷笔录，并优先采信证明被告人有罪的证据材料。

尽管厘清中国基层法院刑事判决形成的实际司法过程极为重要，但是笔者并不愿意仅仅局限于这种描述，而是希望进一步分析法官如此审判的原因。只是值得强调的是，本章并不打算单独（但不排斥）从规范层面回答这一问题，而是从行动者即法院刑事审判法官行动的特定情境出发，整体性考察和分析影响法官如此审判的各种因素，尤其是那些被规范论者习惯性忽视的实践和认知上的深层因素。除此之外，笔者还会对法院如此实践所具有的制度性后果展开详细分析，包括其在发现真实和保障人权上的不利后果，以及在制度创新上可能具有的积极价值。当然，所有这些考察和分析的前提，都必须以对判决形成司法过程中法官如何审判的详细了解为前提。因此，下一部分将首先开展这一工作。

2.2 法官如何审判：判决形成司法过程的实证考察

按照上面一部分的交代，本部分的考察将从法官如何获取裁判信息和如何认定案件事实两个层面具体展开。可能受学者批判天性的潜在影响，但更重要的是考虑到学界对相关内容的不甚了解，以下的考察将主要侧重于描述那些与理想裁判模型和正式制度相背离的诸方面，① 而对那些与正式制度相符合的实践则基本略过。当然，必须提前说明的是，这并不意味着实践中所有的实践者在司法实践中都如下文描述的那样行为。

2.2.1 如何获取裁判信息：主动收集与指挥庭审

从世界各国普遍的经验来看，刑事裁判的信息主要通过两种方式获得，一种是裁判者依职权主动收集，另一种是从指挥控辩双方的攻防活动中获得。在传统大陆法系国家，前一种信息获取方式占据上风；在英美法系国家，后一种信息获取方式占据主导地位；当然还有一些国家则兼采两种信息获取方式。从中国刑事诉讼立法的情况来看，1996 年刑事诉讼法确立的“控辩式”审判模式虽然有意要求裁判者主要通过控辩双方的攻防活动获取裁判信息，但是同时也赋予了裁判者通过职权主动收集裁判信息的广泛权力。实践中，这两种获取裁判信息的途径又呈现出与立法规定颇为不同的面孔：一方面，在依

① 马丁·夏皮罗曾经指出，“政治法理学的发展在很大程度上是以发现某些法院的行为对法院模型的背离并强调它们如何不像法院……为特征的”，笔者深知仅仅发现这种背离是不够的，但是仍然认为这种发现是相当重要的。关于夏皮罗的这一观点，请见［美］马丁·夏皮罗：《法院——比较法上和政治学上的分析》，张生、李彤译，中国政法大学出版社 2005 年版，第 1 页。

职权主动获取信息上，法官的行为呈现出庭审中消极而庭审外有选择的积极的局面；另一方面，在通过指挥庭审获取信息上，则呈现出放任控方同时限制辩方权利的面目。

2.2.1.1　依职权主动收集信息：庭审中的消极与庭审外有选择的积极

一般来讲，依职权主动获取裁判信息包括三种途径，即阅卷、法庭讯问/询问和庭外调查。中国 1996 年刑事诉讼法确定的控辩式审判方式，使得法官的依职权调查案件事实的权力受到明显削弱，控辩双方的积极性和主动性获得了相当的制度保障，但是仍然保留了法官通过职权主动收集裁判信息的广泛权力。其一，由于公诉机关需在起诉时移送证据目录、证人名单和主要证据复印件或者照片，并在开庭后移送全案卷宗，因此法官事实上可以庭前阅卷，并可以在第一次开庭之后阅读全案卷宗；其二，法律和相关司法解释明确规定法官在必要的时候可以在控辩双方讯问/询问之后讯问被告人和询问证人、鉴定人；其三，法律还赋予法官庭外调查的职权，即在法庭审理过程中认为证据有疑问的，可以宣布休庭，对相关证据采取勘验、检查、扣押、鉴定以及查询、冻结等方式予以调查核实。

从实践情况来看，尽管法官被赋予阅卷、法庭调查和庭外调查的权力，但是法官并不同等地对待这些信息获取方式，甚至在获取信息时并不限于这些方式。概括而言，绝大部分法官倾向于对不认罪的案件仔细阅卷，在庭后根据庭审情况有针对性地阅卷，在控辩双方讯问、询问之后进行补充性的讯问、询问，不喜欢采用法律赋予的庭外调查方式核实证据，相反乐于积极地展开一些法律之外的非正式庭外信息搜寻确认活动。可以说，在总体上，法官依职权主动收集信息的活动呈现出庭审中消极、庭审外有选择的积极的基本特征。

所谓庭审中的消极，主要是针对法官在法庭调查中讯问被告人、询问证人、鉴定人的活动，并与 1996 年刑事诉讼法实施之前的相关司法实践相较而言的。实践中，法官很少像 1996 年刑事诉讼法实施以前那样实践，即在公诉人宣读起诉书或者证人、鉴定人出庭后直接主导讯问被告人或者询问证人、鉴定人；而是在公诉人讯问被告人、辩护人向被告人发问之后进行补充讯问，或者控辩双方询问证人、鉴定人之后进行补充询问。从笔者阅卷和旁听的情况来看，一方面，只有极少案件的庭审笔录或者庭审过程中存在法官在控方讯问、辩护人发问之前讯问被告人的情形，而且这种情形一般见于法官庭前阅卷较为仔细并对案情存有疑问的被告人不认罪案件之中；未见有法官先于控辩双方询问证人、鉴定人的情形。另一方面也是更值得注意的是，与控辩双方比较，法官讯问被告人、询问证人、鉴定人的内容明显具有补充性质，讯问或者询问的问题一般都是控辩双方忽略或者没有问清的问题，讯问或者询问的次数也要明显少于控辩双方。①

所谓庭审外有选择的积极，主要是针对庭审前后阅卷和庭外调查等其他庭外活动而言的。一方面，就庭审前后的阅卷情况来看，实践中法官一般根据案件的具体情形选择不同的阅卷方式，对于认罪或没有争议的案件，法官阅卷活动趋于消极，对于不认罪或存在争议的案件，法官的阅卷冲动则可以说相当强劲。具体而言，对于认罪的案件，在庭前法官一般只是粗略地翻阅卷宗，有的甚至只是浏览一下起诉书；而对于不认罪的案件，法官则会详细地阅卷；此外，对于庭审中存在争议的案件，法官会根据争议有针对性地进行庭后详细阅卷。至于详细阅卷的方式，有的法官习惯性地做阅卷笔录，有的法官则喜欢在卷宗上做各种记号，还有的法官则乐意将卷宗材料折角以示重点。

另一方面，从法官的庭外活动来看，法官对于庭外调查相当消极，但却热衷于选择一些非正式的庭外活动获取信息。具体而言，从法官的庭外调查来看，与学界的普遍担心相反，实践中法官行使庭外调查权的情形非常罕见，法定的勘验、检查、扣押、鉴定以及查询、冻结等庭外调查方式，几乎完全存而不用。不过与此同时，实践中法官们却发展出了一些非正式的庭外信息获取方式，主要有两种类型：一种可以称之为解决证据疑问型，另一种可以称之为社会调查型。解

① 这一点已获得相关实证研究进一步证实，请见李昌盛：《缺乏对抗的“被告人说话式”审判——对我国“控辩式”刑事审判的实证考察》，载《现代法学》2008年第6期。

决证据疑问型主要发生在经过庭审、阅卷之后仍然对于某些案件事实仍然存在疑问的时候，方式主要是向检察院乃至公安机关打电话沟通、要求检察院或者公安机关作情况说明等。① 社会调查型主要是为了达到某些特定的政策或社会效果而采取的程序方式，就笔者了解的情况来看，主要有为了贯彻未成年人保护刑事政策而针对未成年人以及在校成年学生犯罪设立的社会调查程序，为了促进社会和谐而针对诸如邻里纠纷引起的刑事案件进行的促进和解程序，以及针对一些有特殊情况如不注意可能引起社会问题的案件进行的情况调查程序等。

2.2.1.2　通过指挥庭审获取信息：放任控方与限制辩方

按照 1996 年刑事诉讼法的规定，除了依职权主动获得裁判信息，法官还可以通过指挥和主持控辩双方的攻防活动来获得裁判所需要的信息，并且按照“控辩式”庭审模式的基本设想，这应当是获取裁判信息的主要途径。因此，从理论上讲，庭审主持者应当恰当指挥控辩双方进行攻防活动，并在指挥和倾听控辩双方的攻防活动时保持中立，以确保获取信息的充分性、准确性与正当性。但是在中国的刑事司法实践中，这种恰当指挥的中立特性体现得相当不充分，表现出一种倾向性相当明显的样态，并具体体现在对公诉人随意举证和不当讯问的放任、对被告人及其辩护人辩护权的随意限制上。

一方面，庭审主持者似乎并不关注控方举证信息的完整性和准确性问题，对于控方随意举证和不当讯问殊少干预。实践中，这种随意举证和不当讯问主要有四个突出的表现。一是举证几乎完全限于书证，控方证人很少出庭；二是为了突出指控的效果，在存在同一证人或者同一被告人多次证言或者供述时，控方往往选择最能支持指控的某一次证言或者供述加以宣读，而且对其他证据则不予宣读；三是为了节约时间，控方在举证时往往并不乐意详细宣读每一份笔录，而是

① 龙宗智教授曾经提到一种解决证据疑问型的非正式的庭外程序，即法官庭外询问证人、被害人，不过笔者在调查中尚未遇到此类情形。关于龙教授的观点，请见龙宗智：《刑事庭审制度研究》，中国政法大学出版社 2001 年版，第 386 页以下。

采取所谓“摘要式宣读”或“合并式宣读”；四是为了获取被告人的口供，公诉人在讯问时往往采取诸多策略“提醒”、“迫使”、“诱使”乃至“威胁”被告人认罪或者同其“合作”，比如明确告知认罪、悔罪有利于被告人，否则将会对其量刑产生不利影响等。①

理论上，就证人问题而言，一般认为，在控辩式庭审模式下，对证人的交叉询问被视为发现事实真相的最佳途径，② 因此原则上证人都应出庭提供信息。但是实践中，法官不仅不会主动提及证人出庭的问题，而且即便在辩护方要求有关证人出庭的情况下，法官一般也都不会予以积极回应。就宣读笔录的方式而言，在证人不出庭的情形下，了解笔录的详细内容可以说是法官掌握案件信息的无奈选择，因此原则上控方应当详细宣读相关笔录。但在实践中，庭审主持者几乎从不反对公诉人在宣读笔录上的“偷工减料”行为，相反有的时候甚至还会提示公诉人如此行为。就公诉人的不当讯问而言，本来法庭的设立就是为控辩双方创造一个相对平等对抗的空间，而法官的职责之一也就是确保双方在这一空间内平等对抗，因此法官有义务制止公诉人的威逼利诱，但是实践中法官似乎根本无意干预公诉人的不当讯问，即便辩护方提出异议，法官在大多数时候仍然听之任之。

另一方面，按照控辩式审判模式的内在原理，控辩双方之间的攻防活动虽然具有党派性，但是同时也有着“事实越辩越明”的效果，有利于法官获得更为充分的裁判信息，因此法官应当认真听取辩护方的举证和辩护，非遇法定情形不得任意限制。但是实践中，许多庭审主持者对辩护方提供信息并不热情，似乎极不愿意听到与控方不同的说法，并倾向于限制辩护权的行使。这一点集中体现为两种情形。一种是针对被告人的，在被告人的自我辩护与案卷笔录记载的内容不一

① 这一点李昌盛稍早的时候也注意到了，请见李昌盛：《缺乏对抗的“被告人说话式”审判——对我国“控辩式”刑事审判的实证考察》，载《现代法学》2008 年第 6 期。

② 转引自左卫民、周长军：《刑事诉讼的理念》，法律出版社 1999 年版，第 79 页。

致时，一些法官会显得极不耐烦，不仅经常打断被告人的辩解，而且比较极端一点的法官甚至会提醒乃至警告被告人，当庭翻供属于认罪态度不好或者没有悔罪表现，可能作为加重被告人处罚的依据，从而迫使被告人最终放弃当庭所作的与案卷记载的有罪笔录不一致的当庭供述。另一种是针对辩护人的，对于辩护人的辩护尤其是无罪辩护，一些法官习惯性的不耐烦并经常打断辩护人的辩护。对此，笔者基本同意一位律师的生动概括：一些法官在法庭调查时，遇有辩护人向法庭提供的证据不合其“口味”，就会“规劝”道：“你所提供的证据合议庭认为与本案无关，不要再举了。”如果辩护人坚持举证，合议庭定会拒绝审查证据的“真实性、合法性”……法庭辩论时，假若辩护人说的话审判长认为“不中听”，马上就会听到“劝阻”：“你讲的这些均与本案无关，不要再讲了。”律师如果“充耳不闻”，合议庭立即就会警告辩护人：“如不听法庭指挥，审判长将责令你退出法庭。”①

2.2.2　如何判定案件事实：证据材料的采纳与采信

裁判的作出不仅需要获得信息，而且需要对信息进行区分与选择。这不仅是因为信息过多可能导致信息堵塞，也是因为信息的真实性、合法性等需要进一步的认定。在刑事诉讼理论上，证据法发展出了一套专门的信息区分和选择技术，即证据能力和证明力制度。只不过在中国刑事诉讼制度中，证据制度远未完善，法官如何审查证据的证据能力，如何认定证据的证明力等关键问题，相关立法涉猎甚少。在此制度背景下，实践中法官的裁判行为呈现出某种任意判定的面貌：一方面，在证据能力的认定上，法官的审查总体上呈现出对控方“宽”、对辩护方“严”的特点；另一方面，在证明力的判断上，法官往往按照某种预定的证据采信优先顺序，总体上倾向于相信控方提

① 请见刘保成：《浅谈律师在法庭上的“说话权”》，载《律师世界》1998 年第 3 期；又见李昌盛：《缺乏对抗的“被告人说话式”审判——对我国“控辩式”刑事审判的实证考察》，载《现代法学》2008 年第 6 期。

供的案卷笔录，并优先采信证明被告人有罪的证据材料。

2.2.2.1 证据能力的认定：对控辩两方证据材料的不同审查方式

所谓证据能力，是指事实材料成为诉讼中的证据所必须具备的条件，及法律对事实材料成为诉讼中的证据在资格上的限制。某个证据材料是否具有证据能力，原则上取决但不限于法律的规定。① 从内容来看，证据能力规则通常包括关联规则、传闻规则、意见规则、自白任意原则、非法证据排除规则等内容，其实质乃是一种证据采纳的标准。② 尽管中国目前尚缺乏体系化的证据能力规则，但是一些立法和司法解释的条文已经体现了证据能力规则的基本精神，比如有大量的条文规定证据的形式合法性问题，还有条文禁止非法获得的口供作为定罪的依据等。因此证据能力的审查应当是中国法院事实认定活动的重要组成部分。在司法实践中，证据能力的审查总体上呈现出对控方“宽”、对辩护方“严”的特点，并具体表现在以下两个方面。

一方面，一些控方证据材料未经法庭当庭审查即直接作为事实认定的依据。这一点最明显的体现就是庭审笔录中载明的公诉机关举证的证据数量与证据案卷实有的证据数量存在着相当大的差值。比如，在笔者调查法院的一个盗窃案件中，庭审笔录中明确载明公诉人出示证据 11 份，但是从证据案卷的组成来看，却有 13 份控方案卷材料。也就是说，在这个案件中，有 2 份笔录材料没有经过当庭质证和法庭的当庭审查。从阅卷的总体情况来看，类似的例子并不少见，尤其在没有律师的案件中更为突出。实践中，这种未经当庭审查即直接作为事实认定依据的情形主要包括两种类型：一种是公诉人庭后移送的案卷材料包含了没有当庭出示的证据材料；另一种是法官庭外活动获得并载入卷宗的材料。由于法官在最终形成判决时考虑（翻阅）的乃是整个案卷载明的证据材料，而非仅仅当庭出示、宣读过的那些证据

---

① 关于证据能力的法定与裁量之间的关系，请见孙远：《刑事证据能力的法定与裁量》，载《中国法学》2005 年第 5 期。

② 请见陈浩然：《证据学原理》，华东理工大学出版社 2002 年版，第 131 页。

材料，因此这些未经当庭出示和审查的证据材料事实上也就成为裁判作出的最终依据。

另一方面，对公诉人和辩护人提供的案件事实信息，法官在证据能力审查时采取了截然不同的审查方式。对于公诉人提供的案件事实信息，无论是以笔录代替证人的方式向法庭出示的还是以各种简化方式提供的，如果辩护人不提出异议，法官一般都会直接照单全收。而且，即便辩护人对这些证据材料提出异议，比如以证言、陈述和鉴定结论的笔录未经交叉询问和当庭质证为由要求法庭不将其作为定案的根据，或者以被告人的审前供述笔录乃是被欺骗、诱骗乃至刑讯逼供所致为由，请求法院排除相应的证据，法庭通常也要么根本不予理睬，要么以种种理由采纳公诉人提供的证据材料。实践中，这些理由包括：以“证据相互印证”的判断标准，认为被告人供述笔录与其他证据相互吻合一致，辩护方对侦查人员“刑讯逼供”的指责不成立；以“经原审法院核实，不存在违法取证情况”、“经公诉机关调查，侦查人员没有实施刑讯逼供”为由拒绝辩护人的辩护意见；以辩护方“没有提出相关事实和证据”为由拒绝辩护方所提出的排除非法证据的请求；以需要合议庭评议——但实际上合议庭评议时根本不会讨论此问题——为由搪塞过去；特殊情况下还会通过要求侦查人员出具“情况说明”等书面材料，并以此为根据否定刑讯逼供或其他违法取证行为的存在而将相关笔录予以采纳。

与对控方证据材料的审查相对，对于辩护人提供的证据材料，法官一般都会仔细审查，而且只要关乎罪与非罪的问题，通常都会以种种理由予以排除；此外，辩护方提供的证据只要有一点点瑕疵，都可能成为难以挽回的致命错误，有时甚至公诉人还没有来得及提出异议，法官即已经将辩护人提供的证据材料给排除掉了。

2.2.2.2　证明力的判断：预定的证据采信优先顺序

所谓证据的证明力，是指证据事实对案件事实是否有证明作用和作用的程度，又称之为证据价值。在西方国家，历史上曾经出现过法定证据制度，即由法律事先规定某种证据的证明力大小，证明过程成为证据证明力的简单计算过程；如今施行的是所谓自由心证制度，即法律对证据的证明力不作规定，而由裁判者根据案件的实际情况自由判断个别证据的证明力以及全部证据对案件事实的证明作用。不过自由心证并非任意心证，它必须符合经验和逻辑，即接受理性的限制，同时须以制度设置保证其具有可检验性以及可矫正性。而且，自由心证必须达到内心确信的程度，并禁止法官根据似是而非的、尚有疑虑的主观感受判定事实。① 中国刑事诉讼没有确定自由心证制度，而是广泛存在着所谓相互印证的证明模式。② 但是无论何种证明模式，都对法官的事实裁量自由作出了限制。比如，在相互印证的证明模式中，单一证据是不足以证明的，须获得更多的具有内涵信息同一性的证据来对其进行支持。

与理论上对证明力制度的种种论说不同，实践中似乎存在着一种固定的证明力优先顺序，这种顺序很大程度上既不符合自由心证的要求，也不容于学者们总结出的相互印证证明模式，当然也不属于法定证明模式，而是似乎内涵了一种虽无法律规定却被实践者基本遵循的预定证明力模式。如果说法定证据模式、自由心证模式抑或相互印证的证明模式的特点都是“对事不对人”的话，那么这种预定证明力模式则大有“对人不对事”的味道。从笔者调研的情况来看，这种预定证明力模式主要有这样一些表现：同属于证据笔录，在证据笔录之间存在矛盾时，一些法官更愿意相信不利于被告人的证据笔录；同样是证人证言，只要出庭证人的证言不利于指控，则优先采信控方宣读的证人以往所作的证言笔录；同样是被告人供述，如果被告人当庭翻供，则一般认定控方宣读的被告人以往的供述笔录具有优先的效力。③

---

① 详细请见秦宗文：《自由心证研究》，法律出版社2007年版，第27～28页。

② 请见龙宗智：《印证与自由心证：我国刑事诉讼证明模式》，载《法学研究》2004年第2期。

③ 一些学者的研究已经注意到，在证明力上，法官习惯性地优先接受控方的案卷。但是实际情形远非如此，当控方的案卷材料自相矛盾时，法官优先接受的不仅是控方材料，而且是证明被告人有罪的材料。观察这些学者的研究，例见陈瑞华：《案卷中心主义——对中国刑事审判方式的重新考察》，载《法学研究》2006年第4期。

具体来讲，首先，对于证据笔录之间存在矛盾，尤其是证人或者被告人、被害人的数次陈述、供述笔录之间存在矛盾的情形，在有辩护人的案件中，辩护人往往会提出异议，或者要求法院宣读不同于公诉人当庭出示的其他笔录。不过在绝大多数时候，法院都会以“数次证言、供述细节上的不一致不影响采纳”、“第一次（初次）供述、作证更为可靠”、“指控证据能够与其他证据材料相互印证、形成锁链”等理由采纳公诉人当庭选择性出示的证明被告有罪的证据笔录。

其次，对于当庭证人证言与公诉人宣读的证人证言笔录不一致的情形而言，在涉及定性问题的事实时，法庭通常会以证人以前的作证笔录作为“弹劾证据”询问证人的当庭证言，追问证人当庭作出不同证言的原因，分析什么时候作出的证言更可靠，但是在结果上尤其是反映在判决书上，则通常或者以证人当庭作出不同的证言不能作出合理的解释，或者以证人以往所作并记载于案卷中的证言与其他案卷能够形成证据锁链并相互印证，或者当庭陈述与案卷材料相互矛盾，① 或者证人以往在侦查机关曾作过前后不一的证言，甚至不说明任何理由即不采信与案卷材料不同的当庭证言。

最后，从对被告人的当庭供述与案卷记载的供述不一致时法庭的处理方式来看，法院主要采取了如下做法：最常见的做法是以笔录证据之间能够相互印证为由否定被告人的当庭翻供；或者以“被告人的辩解意见与本案审理查明的事实及证据不符”为由不予采信；还有一种做法是，法庭默许出庭支持公诉的公诉人或者亲自宣读被告人向侦查人员所作的有罪供述笔录诘问被告人，以证明被告人当庭所作无罪辩解的不可信性或翻供的不合理性，并最终不采信被告人的当庭供述。

当然必须指出的是，上述预先的证据采信顺序主要适用于关于罪与非罪证据的认定，对于量刑，法官似乎普遍比较宽容，原则上辩方的量刑辩护都会得到认真和平等的对待。此外，在关乎罪与非罪证据的认定上，实践中也并非没有采信与控方出示的证据相矛盾的证据或

---

① 这一点并非什么特殊情况，类似的观点，请见张军、姜伟、田文昌：《控辩审三人谈》，法律出版社2001年版，第168页以下。

者被告人翻供的情形。只是这种情形之下的采信过程往往颇费周折，通常情况下都要超越司法程序进行内部讨论、审批或者向上级法院请示，有的甚至还要与侦查、起诉机关等相关部门进行协调，而最终的结果也往往不会体现为无罪判决，而是以检察院撤诉告终。

2.3 制度空间、实践压力与认知倾向：影响法官审判行为的诸因素

上一部分的考察表明，就判决形成过程中的法官审判行为而言，一方面，在如何获取裁判信息问题上，法官在审判中并不积极行使调查权，在庭外也不积极行使庭外调查权，而是乐于通过阅卷获取信息，喜欢采取一些非正式的手段获取信息，并在控辩对抗严重不足的情况下，倾向于放任控方任意举证和不当讯问，限制辩方提供信息；另一方面，在如何认定案件事实问题上，法官对控辩两方证据材料可采信的审查采取了俨然不同的方式，并在证明力的认定上倾向于相信控方提供的案卷笔录和优先采信证明被告人有罪的证据材料。非常明显，这些实践中的情形与我们的刑事司法理想乃至与刑事诉讼法的规定都相差甚远。情形何以如此？按照导论的观点，法院如此行为，必然有着相应的实践理由，因此有必要弄清影响法官如此行为的约束条件和因素，以期对法院如此运作刑事审判程序有一个情境性的、整体性的理解。通过观察与深度访谈，笔者发现，影响法官如此审判的因素主要包括制度空间、实践压力与认知倾向三大方面。

2.3.1 制度空间的促动

在制度主义看来，影响行为最主要的因素乃是制度。按照这种逻辑，基层法院法官在判决形成司法过程中的前述表现，也就首先必然有其制度上的根由。有鉴于此，以下将从刑事诉讼制度目的、刑事诉讼权力构造以及具体的诉讼规则三个层面对此展开考察和分析。有必要强调的是，由于类似的制度分析并不少见，为了避免重复，下面的考察将尽可能地言简意赅。

2.3.1.1 刑事诉讼目的

众所周知，刑事诉讼目的具有多重性。域外的理论一般将发现真实、保障人权和正当程序作为刑事诉讼的目的加以强调，而按照中国学者的理论，尽管存在一定的分歧，通说多将控制犯罪与保障人权作为刑事诉讼的目的。在制度上，控制犯罪一直以来都是中国刑事司法的主要目的，而近年来保障人权亦逐渐开始获得刑事司法制度的认可。不过，公认的事实是，长期以来，中国刑事司法制度始终在控制犯罪和保障人权之间徘徊，并更倾向于优先打击或者控制犯罪。①

从理论上讲，尽管刑事诉讼目的与制度实践的目的之间存在相当的区别，② 但是不可否认的是，制度目的总是会对制度实践尤其是实践者的行为产生相应的影响。从刑事诉讼的角度来看，刑事诉讼目的在打击或控制犯罪上的制度倾向性，当然更可能促使法官在观念上进而在司法行为中更强调控制犯罪而非保障人权，尤其在控制犯罪与后文将要分析的法院法官的其他组织目标、认知倾向合流之后更可能如此。从实践情况来看，无论是裁判信息的获取还是案件事实的认定，都不难发现控制犯罪的制度目的对法官行为的潜在影响。一方面，就裁判信息而言，犯罪控制的观念更可能使法官比较容易接受控方便利化的举证方式和对被告人的不当讯问，并反感辩护方提供的不利于指控的信息；另一方面，就事实认定而言，无论是证据的可采性还是证明力的判断，犯罪控制的优先性都使得法官更有可能忽略控方证据的可采性瑕疵，而同时对辩护方的证据可采性持严格态度，并优先采信控方证据材料中不利于被告人的证据。

2.3.1.2 刑事诉讼权力构造

在理论上，刑事诉讼权力结构分为以裁判为中心的权力结构和以侦查为中心的权力结构两种类型。长期以来，中国刑事诉讼制度形成

---

① 参见左卫民：《在权利话语与权力技术之间：中国司法的新思考》，法律出版社2002年版，第79页。

② 各种刑事诉讼目的理论基本上都指出了这种差别，例见宋英辉：《刑事诉讼目的论》，中国人民公安大学出版社1995年版。

的是一种以侦查为中心的一体化的权力结构。① 所谓以侦查为中心，是指制度将诉讼活动的重心置于侦查阶段，即将最终裁判所需要的证据信息押宝于侦查，而起诉、审判则仅仅是对侦查阶段所收集的证据材料进行确认与验证。所谓一体化的权力结构，是指尽管侦查、起诉与审判之间在立法上是互相配合、互相制约的关系，但是在更为深层的制度层面，他们往往都被视为党委领导下的“一个机体中的不同部分”。②

实践中，这种刑事诉讼的权力构造对于裁判形成的司法过程的影响在于，一方面，以侦查为中心使得审判的作用下降为对侦查和起诉材料的确认和验证，因此法官在收集信息时已经失去了积极主动的制度激励，而在听取辩方的意见时，也只需要根据自己验证的需要有选择地听取，对于自己认为无关的尤其是辩方的信息完全可以打断；并在事实认定的过程中，重点关注控方材料自身的完整性、可靠性和自恰性，以及在控方材料自身充满矛盾时判断何者更为可靠，而不会重视辩方对控方材料的可采性以及可信性的质疑。

另一方面，一体化的权力结构则与侦查、起诉机关内部关于定罪率等考核机制以及后文将要专门考察的政法职业认同相结合，使得他们之间往往配合多于制约，信任多于监督。实践中的具体表现，正如一些受访法官谈到的，针对一些证据上存在瑕疵的案件，控方在定罪率这样的控方内部硬性考核指标下，往往可能会采取多种正式或者非正式的途径促使法官配合控方的指控；而法官在这种权力结构之下，为了避免破坏检法两家关系，同时只要不给自己带来什么责任，很多时候也就往往顺水推舟作出一定的让步，对于某些证据形式上的瑕疵

---

① 笔者这里强调的权力结构，与陈瑞华教授所指出的刑事诉讼纵向构造类似，请见陈瑞华：《刑事诉讼的前沿问题》（第二版），第七章，中国人民公安大学出版社 2005 年版。

② 尽管达玛什卡教授是在考察毛泽东主席时代中国刑事诉讼的显著特点时指出的这一点，但是在笔者看来，这一特点至今仍然未有大的变动。请见［美］米尔伊安·R. 达玛什卡：《司法和国家权力的多重面孔》，郑戈译，中国政法大学出版社 2004 年版，第 295 页。

不予深究或者仅仅要求控方以“情况说明”之类的方式加以弥补，甚至对于个别从证据上看难以定罪的案件，仍然以控方证据为依据进行定罪量刑。

2.3.1.3　具体诉讼规则的不足

如果说刑事诉诉讼目的和刑事诉讼构造对判决形成司法过程的影响还是比较间接的话，那么刑事诉讼具体规则的缺陷则具有更为直接的影响。就中国目前的刑事诉讼规则而言，其存在的缺陷主要有三个：一是规则的可选择性执行，即对于某些诉讼规则，执行者可以根据自己的需要和偏好选择性地执行。① 这一点在审判阶段最典型的表现，就是在裁判信息的获取上，刑事诉讼法并没有刚性规定法官应该通过何种方式获取裁判信息，而是同时赋予了法官阅卷权、庭审讯问、询问权以及庭外调查权，因此法官既可以选择主要通过职权收集信息，也可以选择主要通过听审获取信息，甚至还可以通过自己创立的一些非正式方式获取裁判信息。二是某些诉讼制度尚未完善。在审判阶段，与判决形成的过程直接相关并最为典型的就是量刑调查程序的阙如和被害人保护制度的不完善，以及证人出庭作证制度等的缺位。三是规范事实认定的证据规则尚未完全确立。比如证据能力规则，包括关联规则、传闻规则、意见规则、非法证据排除规则等。

由于学界已经对刑事诉讼规则存在的诸多缺陷有着相当深入的认识，因此这里不作详细考察。这里要概要指出的是，这种不足对于判决形成司法过程的法官行为有着非常直接的影响：一方面，就裁判信息的获取而言，其一，由于可以在阅卷、职权调查和听审三者之间进行选择，而职权调查的成本相对较高，控方的简便举证、辩护律师的参与率低则使得通过庭审难以获得足够的裁判信息，要求控方充分举证又会导致庭审时间延长而影响效率；相反，阅卷既便利又相对能够获得较为充分的信息，与控方进行非正式的沟通比自己庭外调查更为方便和有效率，因此阅卷成了法官获取裁判信息的主要选择，庭审沦

① 选择性执法可以说是中国法制的某种整体性特点，相关讨论，例见戴治勇：《选择性执法》，载《法学研究》2008年第4期。

为补充，而庭外调查则基本备而不用，与控方进行非正式的沟通亦具备了存在的空间。其二，由于量刑调查程序和被害人保护制度的阙如，法官通过庭审能够获得的主要是与定罪和法定量刑情节有关的信息，但是政策层面对未成年的保护、对因邻里纠纷引起的刑事案件的特殊考虑以及要求办案不仅要追求法律效果也要追求社会效果、政治效果等，包括后面还要专门强调的法院内部要求审判“出新”、“出亮点”等，又都要求法官获取比定罪和法定量刑情节之外更多的信息，在律师参与严重不足的情况下，法官通过自己亲自调查的方式获取这些信息可以说也是不得已而为之的无奈之举。①

另一方面，就事实认定而言，其一，由于缺乏证人出庭作证的保障制度，② 加上法律虽然规定证人应当出庭，但却规定了相当宽泛的例外，同时现有制度没有厘清检察院和法院在证人出庭上的责任分配，③ 而在审判法官看来“证人出庭往往容易导致案情节外生枝”，

---

① 量刑调查程序在中国理论界尚未引起足够的重视，但是实际上其乃是与量刑程序是否应当相对独立于定罪程序直接关联在一起的一个重要理论问题。目前笔者仅见高一飞讨论过这个问题，请见高一飞：《论量刑调查制度》，载《中国刑事法杂志》2008 年第 5 期。

② 当然，实践中证人不出庭还有着更为深层的原因，请见左卫民等：《中国刑事诉讼运行机制实证研究》，第十三章“刑事证人出庭作证试点调研报告”，法律出版社 2007 年版。

③ 《最高人民法院关于执行〈中华人民共和国刑事诉讼法〉若干问题的解释》第 138 条规定：对指控的每一起案件事实，经审判长准许，公诉人可以提请审判长传唤证人、鉴定人和勘验、检查笔录制作人出庭作证，或者出示证据，宣读未到庭的被害人、证人、鉴定人和勘验、检查笔录制作人的书面陈述、证言、鉴定结论及勘验、检查笔录；被害人及其诉讼代理人和附带民事诉讼的原告人及其诉讼代理人经审判长准许，也可以分别提请传唤尚未出庭作证的证人、鉴定人和勘验、检查笔录制作人出庭作证，或者出示公诉人未出示的证据，宣读未宣读的书面证人证言、鉴定结论及勘验、检查笔录。而《人民检察院刑事诉讼规则》第 337 条又规定：证人应当由人民法院通知并负责安排出庭作证。对于经人民法院通知而未到庭的证人的证言笔录，公诉人应当当庭宣读。对证人证言笔录存在疑问、确实需要证人出庭陈述的，公诉人应当要求延期审理，由人民法院再次通知证人到庭提供证言和接受质证。

不利于庭审效率，因此无论是控方还是法官，在传唤证人问题上都互相推卸，对于证人出庭在态度上基本上持“多一事不如少一事”的消极态度，结果就如我们所看到的，对于控方直接宣读证人笔录，法官并不反对，甚至对于辩方要求证人出庭，也往往因为嫌通知证人出庭过于麻烦而作罢。其二，由于根本就没有关于证据能力的规则和完备的证据排除规则，特别是没有体系性的程序性制裁措施，如何采纳和采信证据实际上都成了法官的事实裁量权，在一体化的权力结构和后文将要提到的政法认同，以及马上将要考察的实践压力之下，法官对控方证据进行粗陋的审查并优先采信控方证据也就成了当然的选择。

2.3.2　现实压力的作用

现实总是比想象复杂。习惯规范研究的学者往往重点关注上文提到的制度性因素，而不大喜欢强调现实因素的影响。其实，在刑事司法的实践中，现实性的因素往往与制度因素互相纠缠在一起产生影响，而且许多时候现实因素如果不是比诉讼制度更能影响人的行为的话，至少也是能够与其平起平坐的。以下的考察马上就将表明这一点。

2.3.2.1　工作负担的加重

工作负担重是法官反映相当普遍的问题。从笔者调查的情况来看，工作负担包括两大内容：一是审判工作之外的工作负担；二是审判案件负担。就审判工作之外的负担而言，又包括经常性的审判外工作负担和状况性的审判外工作负担。前者一般包括法院内部管理规则确定的调研任务、因信息化需要而增加的材料录入工作（如在各个管理流程环节填写信息卡片）以及每周固定的政治学习（通常为半天）；对于刑庭庭长而言，则还包括每周的审判委员会讨论决定案件的时间（一般也是半天）。后者主要是法院被动或者主动承担的包括扶贫、创卫、综治以及地方政法委临时安排的其他工作等地方性的中心工作、重点工作以及法院自身确立的亮点工程等。①

就审判案件负担而言，一般包括量上的负担和质上的负担。量上的负担表现为人均案件数量的增加。改革开放30年来，我国犯罪率大有逐年升高的态势，法院受理的一审刑事案件总体上呈现大幅增长趋势。② 以笔者调查的样本法院为例，从2002年到2007年，调查法院分别收案776件、846件、690件、841件、925件、980件，呈波动增长局面，6年增幅达到26%以上。而此期间，无论是全国还是笔者调查的法院，刑事审判法官人数、书记员人数基本都没有太大的变化，比如笔者调查的法院基本上一直是法官5人，书记员3人，2007年平均每人每年承办案件近200件，平均每个工作日接近1件。质上工作负担表现为疑难复杂案件的增多，尤其是随着经济的发展，比较复杂的经济犯罪案件越来越多，贪污渎职类案件也越来越复杂；加上当前中国正处于转型期，涉群（如非法集资、集资诈骗等）以及涉及社会稳定的犯罪案件近年来也有所增加。这些案件的办理，远较普通案件复杂，不仅事实认定非常复杂，而且还需要关照各种可能的外部反映，因此相当耗费时日和精力。以笔者阅卷时的发现为例，稍微复杂点的经济犯罪、贪渎犯罪、涉群犯罪案件，案卷数量即达10余卷，最多的一个集资诈骗案甚至多达47卷，堆积高度达1米多；被告人6人，受害人多达30余名。接受笔者访谈的法官为此笑称，“像这样（47卷）的案子，不说别的，单单阅卷都要1个星期”。

工作负担的增加对于法官的审判行为有着重大影响。对于整体刑庭而言，审判外的工作如政治学习、庭长的审委会讨论是难以推托的

① 就在笔者调研期间，调查法院即主动承担了一项区政法委发起的关于纠纷解决的调研任务。尽管这项任务最终与刑事审判法官没有关系，但是设计之初，其实也包含了轻伤害案件的和解，以及自诉案件的调解内容，刑庭为此还做了不少准备工作，只是后来因为种种原因未及施行。

② 根据中国法律年鉴，从1997年至2006年，全国法院一审收案情况如下：1997年436894件；1998年482164件；1999年540008件；2000年560432件；2001年628996件；2002年631348件；2003年632605件；2004年647541件；2005年684897件；2006年702445件，10年间增长60.78%。

工作；而一些临时性的扶贫、创卫、综治等工作也总得派出人员参与；此外法院的亮点工程较一般工作更能出成绩，因此刑庭一般也不大可能不做。在此情形下案件负担的不断增加，对于刑庭乃至法院而言，也就只有通过引导法官在单位时间内追求最大的审结案件的数量，才能完成审判工作任务。对于法官而言，假定能够投入工作时间是固定的，那么随着非审判工作事务的增加，法官能够投入到审判工作的时间实际上就不得不减少，加上随着案件负担的不断增加，当然就可能促使法官在司法过程中尽可能追求诉讼过程的高效率，并可能使得法官在办案时滋生"能够通过其他方式绕过去的就绕过去"、当事人不反对的"能够简化就简化"、当事人不知道的"能够省略的就省略"之类的认知。实践中，法官对控方采取简便方式举证的容忍，对辩护方举证的打断，其实都与法官希望快速结案存在关系；而法官对控方证据可采信性审查的粗略，对案卷笔录的信任，也与法官在工作负担重压下的效率取向存在一定联系。

2.3.2.2　绩效考核带来的压力

对于中国的法官而言，影响程序运作的现实因素除了工作负担的加重之外，还存在着因法院绩效考核带来的工作压力。受访法官普遍提到，法院对刑事审判的要求大大提高了。笔者调研的基层法院在2006年前后确立了一整套审判管理体系，包括审判流程管理、质效考核、案件质量评查、目标考核等，其中，审判流程管理即涉及5大方面，100余个节点，相当烦琐；质效考核中各种指标要求，包括各种"率"的要求，比如结案数、超期审案数、结案率、当庭宣判率等，都使得法官备感压力；案件质量评查包括常规评查、重点评查和专项评查，每一种都对法官提出了要求，许多内容都关系到法官的收入乃至升迁；目标考核中的错案追究制度，则构成了随时悬在法官头上的达摩克利之剑；创新考核则要求法官的审判工作不仅要符合法律规定，更要具有良好的社会效果，要办出新意办出亮点。① 对于法院的这些绩效考核制度，概括来看，其特点在于：一是强调形式性，如流程管理中各个环节都必须填写信息予以反映，再如案件质量评查中对于错字、标点符号等的考核等；二是强调结果和效果，如结案数、超期审案数、结案率、当庭宣判率、发改率等，以及对审判工作中的“出新”、“出亮点”的要求等。②

法院绩效考核制度对于法官而言是一个相当现实的压力，因为这些考核指标中的任何一项都要么关系到法官的收入，③ 要么关系到法官的政治前途乃至职业前途。如果不是由于上文所考察的工作负担上的原因，以及还有考核制度本身的问题，使得实践中不少的考核指标多被各种高明的造假以及大量的例外所规避的话，那么这种压力可能更大。不过尽管存在大量的造价和例外，这些制度的存在仍然有一定的作用，尤其是一系列关于各种“率”的考核指标，以及考核中对“新”、“亮”的要求对司法过程有着相当的影响。一方面，由于从结果上强调结案数、超期审案数、结案率、当庭宣判率、发改率等，使得法官为了获得一个更好的考核结果从而提高自己的收入或者评优提干的筹码，而忽略达致这些结果的过程，并想方设法提高庭审的速度和效率。上一部分考察的判决形成之司法过程中许多忽略程序环节的现象，可以说都与这种结果导向的考核体系直接相关。典型的如信息获取和事实认定过程中不喜欢辩方的异议，以及对控方证据合法性审

① 关于法院内部管理和考核制度的出色分析，请见艾佳慧：《中国法院绩效考评制度研究——“同构性”和“双轨制”的逻辑及其问题》，载《法制与社会发展》2008 年第 5 期。

② 王亚新教授在研究民事诉讼运作时曾经指出类似的现象，即“出政绩”等改革的动机、“改革竞争”的现象和“模仿”效应，都规定制约着基层法院日常的程序运作。请见王亚新：《程序·制度·组织——基层法院日常的程序运作与治理结构转型》，载《中国社会科学》2004 年第 3 期。

③ 比如，在笔者调查的法院，办理一个案件支付几十元的办案费，有的法院法官为此可以在一年内挣得近 2 万元的办案费。对于法官而言，这应当是一笔不小的收入。

查的粗略等，其实都与绩效考核下忽视过程而过于追求程序速度的倾向直接相关。

另一方面，由于突出“新”、“亮”在审判中的地位，许多法官在案件负担不断加重的情形下，还得力争有所突破，诸如为了贯彻未成年人保护刑事政策而针对未成年人以及在校学生犯罪设立的社会调查程序，为了促进社会和谐而针对诸如邻里纠纷引起的刑事案件进行的促进和解程序，以及针对一些有特殊情况如不注意可能引起社会问题的案件进行的情况调查程序等，可以说都与这种考核机制存在相当的关联。

2.3.2.3　知识与生理上的局限

从笔者调查获得的情况来看，除了工作负担和考核压力之外，甚至知识和生理上的局限对于程序运作有时也会发生实质性的影响。一方面，一些法官提到，如今的案件越来越复杂并趋于专业化，尤其是少数经济犯罪案件，经常涉及法律专业和日常生活中很少用到的财经专业术语，涉及的证据往往是从银行、税务、海关等专业性极强的部门提取的原始票据，对犯罪事实的认定也常常以复杂的数学计算为基础。面对这些案件，法官要想有效地指挥庭审，就只有在庭前恶补相关专业知识并在庭前仔细地阅卷；对于遇到的疑难问题，法官也不大可能自己去庭外调查，而多半需要求助于控方的相关专业人员；对于庭审中的攻防活动，法官可能也只有听的份儿，而难以提出具有特别价值的问题；对于控方的简便化的任意举证问题，也可能难以提出有效的干预；当然在这种情况下，对于控方证据的合法性审查，以及证据证明力的认定，也就更可能依赖并倾向于控方了。

另一方面，一些法官还提到，法官在不少情形下还得面对自身生理局限的挑战。① 比如，对于上文提到的有着 47 卷案卷卷宗的案件多被告、多被害人的案件，如果要求审判法官对案件信息的获取和对

① 这一点梁玉霞教授曾经指出，请见梁玉霞：《听证事实主义及其局限性——以刑事诉讼为视角》，载《暨南学报》（哲学社会科学版）2006 年第 4 期。

事实的认定完全借助于庭审的感知能力、注意能力、记忆能力和分析、判断能力，估计很少有法官能够做到这一点。而一旦法官反映稍微有点迟钝或者因为疲劳而有所松懈，使得头脑未能及时注意或未能记忆，或者虽然注意但被错综复杂的事实情况弄得难以厘清头绪和内在逻辑，事实认定的准确性和适当性就会受到影响。在这种情形下，庭前阅卷和庭后的再阅卷，也就成了有效指挥庭审和获取裁判信息的重要选择。

2.3.3 认知倾向的影响

在诉讼制度和实践压力之外，法官的认知倾向对于判决形成的司法过程也有着或隐或显的影响。就笔者调研的感受来看，法官内心潜含的完成工作任务的认知，固有的有罪预设、政法职业认同以及对事实可靠性的常识性观点，构成了影响司法过程的主要认知倾向。当然，一般情况下这些认知倾向并不单独对司法过程产生影响，而是合力乃至于与前文考察的诉讼制度和实践压力共同作用于某些程序运作。

2.3.3.1 有罪预设

有罪预设是法官在办案过程中普遍存在的一种认知倾向，是一种对更可能有罪而非无罪这一结果的倾向性预测。① 从过程的角度来看，这种倾向的内涵是，在经过侦查立案、逮捕、起诉等多道工序的“筛选”、“甄别”之后，被告人更可能有罪而不是无罪，因此随后的审判活动顺势而为建立在他可能有罪的假定之上。② 不过实践中，这

---

① 对于事实层面实践者所秉承的有罪推定倾向的讨论，笔者以为帕克的论述相当精辟，请见［美］哈伯特·L. 帕克：《刑事制裁的界限》，梁根林等译，法律出版社2008年版，第161～163页。

② 其实这一点也并非中国所独有，波斯纳就指出，法官要比陪审团更可能认定一位刑事被告有罪，原因是：“由于对刑事司法体制有长期经验，法官了解除非有压倒性的不利被告的证据，检察官很少会起诉。相对于犯罪发生的数量，检察官的资源非常有限，因此他们会把资源集中于那些显然有罪的案件，而这种案件是很多的。”请见［美］理查德·波斯纳：《法官如何思考》，苏力译，北京大学出版社2009年版，第63页。

种有罪假定的倾向还建立在判决结果形成的概率基础上，即在法官经年累月判决的被告人中，绝大部分都是有罪的并且未被上诉或者改判这一事实。此外，法官的这种倾向还与建基于中国社会总体治安环境上的一般认知有关，一些法官认为，社会上违法犯罪的人数不胜数，“被抓到的都是少数”，“被抓住的多半就是犯罪分子”。

毫无疑问，无论法官有罪预设导源于何处，法官的这种倾向对于判决形成的司法过程有着相当程度的直接或间接影响。一方面，就裁判信息的获取而言，由于已经倾向于认为被告人更可能有罪，因此在辩护人提供质疑有罪的证据时，法官更可能潜在地反感而不是支持辩方。另一方面，就案件事实的认定而言，由于已经假定被告人更可能有罪，因此对于证明被告有罪的证据更容易接受并进行粗陋的可采性审查，而对于辩护人或者被告人就控方证据提出的合法性异议则倾向于漠然置之，并对辩方提交的导向无罪的证据进行较为严格的证据能力评判；同样对于支持有罪的指控证据，法院在有罪预设的认知下也更可能优先采信，而对证人当庭作出的不同证言或者被告人的当庭翻供等不利于定罪的证据则更可能持排斥态度，并以各种倾向于定罪的理由最终不采信这些证据。

2.3.3.2　政法职业认同

除了有罪预设之外，法官还普遍隐含着一种政法职业认同，① 而不是法律职业认同，即在心理上认同公安机关和起诉机关，而与辩护律师保持距离。在大部分法官眼里，公安机关、检察院和法院同属于国家政法机关，有着相同的公务员身份，行使国家公共权力，承担着类似的政治任务，拿着相差无几的薪酬，都受官僚文化的熏陶和塑造，因此基本上属于一类人，是真正的同行；与此同时，在许多法官看来，律师与法官虽然有着类似的教育、考试经历并掌握着相同的法律专业知识，但是其不属于国家公权力体系，只不过是当事人的

① 政法职业认同与陈瑞华教授的政法职业共同体概念存在来源上的关联，请见陈瑞华：《法律职业共同体形成了吗?》（下），载《中国司法》2008年第3期。

“代言人”，维护的是私人利益，除了赢利之外不可能有更高的职业动机，加上律师的收入一般来说远高于法官的收入，律师所从事的辩护工作又经常给法官带来麻烦乃至影响法官的考核成绩，而且在许多法官看来，“案件的主要工作都是我们做的”，难免产生“我办事，他拿钱”的不平衡心理，因此在心态上对于辩护律师如果不是排斥的话，至少也是没有多少亲近感可言。

法官的这种政法职业认同对于裁判形成的司法过程有着潜移默化的影响，并具体表现为要么对控方工作的表示认可乃至信赖，即要么认为经由侦查立案、逮捕、起诉等多道工序“筛选”、“甄别”的案件“不会存在多大的问题”；要么不愿意直接反对控方的观点。在笔者看来，这一认知倾向与裁判信息的获取和事实认定过程中的不少现象都有着相当的关联。比如，对于在信息获取中控方任意举证的问题，法官之所以不愿意干预，除了与控辩式的庭审方式有关外，其实也与法官认为“不好打断公诉人”有关；而法官之所以对于某些律师举证较为反感并喜欢打断其举证，除了因为律师的举证可能影响庭审效率之外，其实也与法官潜在的认为律师与检察官不在同一地位有关。再如，在证据材料的采纳和采信上，对于被告人或者辩护律师就控方证据的合法性提出的异议，法官之所以会寻找一些理由维护控方证据的合法性，或者容易接受控方所作的相关情况说明，除了诉讼构造层面的因素之外，其实也与法官对控方工作的认可存在着莫大的关联，即认为控方的证据材料在总体上是可靠的，不愿意否定控方的工作；而对于那些与控方指控证据相异的证据，比如当庭所作的不同证言或者被告人的当庭翻供，法官之所以总是倾向于优先采用控方证据，不能不说与法官对控方工作的信赖存在一定的关系。

2.3.3.3 对事实可靠性的常识性观点

除了有罪预设和政法认同之外，尚有一种对事实可靠性的常识性认知对判决形成的司法过程产生影响，并集中体现在对被告人供述和证人证言的可靠性认知上。一方面，就被告人供述而言，在一些法官看来，审前的供述往往是被告人在意志最薄弱的时刻心理防线被突破而作出的，只要取证程序合法，不存在刑讯逼供、诱供、骗供等违法取证的情形，那么这类侦查笔录绝大多数时候在真实性上可以说是可靠与可信的；而到了庭审的时候，被告人马上将会面临判刑，他可能会本能地翻供，或者可能会抱有侥幸心理，希望通过翻供逃避罪责，因此这个时候的陈述在可靠性上相对而言就要差一些。[①] 另一方面，就证人作证而言，不少法官则认为证人在案发后不久作证，一则记忆尚比较清楚，二则还没有来得及考虑可能存在的各种利害关系，或者某些利害关系尚未在心理层面形成（如还不知道被告人是什么样的人，是黑社会的或者是熟人等），或者侦查机关所形成的某种心理威慑力（通常情况下，老百姓都害怕公安人员）使得证人不敢考虑过多的情感因素，因此这个时候形成的证言笔录一般来说是比较可靠的；而在案发很久之后或者到了开庭的时候，不仅因为时过境迁使得记忆可能会模糊，而且证人可能已经知道了被告人的一些背景情况，从而可能或者因为记忆原因而说不清楚，或者因为害怕得罪人而有所顾忌，或者考虑各种感情因素而避重就轻，因此其可靠性更值得怀疑。[②]

在这种对事实可靠性的常识性认知倾向下，一旦出现被告人当庭翻供的情形，法官的潜意识反应就是被告人可能希望通过翻供逃避罪责而不相信被告人的当庭供述，或者在被告人的多次供述笔录不一致时，倾向于采信被告人的第一次完整供述。同样的道理，一旦出现证人出庭时作出不同于以往的证言，法官的第一反应是证人作出不同的证言可能是受到了一些外部的影响，并因此不相信证人当庭改变的证言而优先采信证人以往所作的证言笔录；或者在证言笔录之间存在不

---

① 类似的认识，请见龙宗智：《刑事庭审制度研究》，中国政法大学出版社 2001 年版，第七章。

② 美国国会在《联邦法院和司法官证据规则》第 801 条的“立法理由”曾引用加利福尼亚州法律修改委员会的意见说到，在许多情形下，不一致的陈述很可能比审理时证人的证言具有更大的真实性。因为在时间上，作陈述时与所涉及的事情的发生更加接近，而且受引起诉讼争论的影响可能很小。当作陈述人否认不一致性或试图辩解时，事实审理者还可以观察他的表情。详见沈达明：《英美证据法》，中信出版社 1996 年版，第 162 页。

一致乃至矛盾时，倾向于采信证人早期作的证言笔录。

2.3.3.4 完成工作任务的潜在心态

就笔者的观察，对于不是法官的人而言，审判工作乃是一个相当崇高乃至神圣的工作，因为其要决定被告人的自由乃至生命，在中国语境中甚至可能会影响某些家庭的命运；但是笔者在调查中发现，在许多长期从事审判工作法官的潜意识中，审判的这种崇高和神圣似乎已经退隐，而将审判视为一种工作任务的认知却逐渐占据上风。这种完成工作任务的心态可能是任何一种处于科层组织之中并长期从事某种批量生产工作的人都可能具有的心态。① 如果仔细剖析这种心态的构成，其大致有三个特点。一是意义丧失，即不再将审判作为一项关乎人的生命与自由、具有重大公共价值的事业来审视，而仅仅将其视为一项不得不完成的任务；② 二是一定程度的目标替代，即审判原本具有的公共性程序目标，某种程度上被法官自己的目标即迅速完成审判工作所替代；③ 三是结果导向和过程仪式化，即强调不出问题的办完案件，至于程序过程，则在一定程度只不过是一种不得不“走”的形式。

需要强调的是，尽管在我们就这种心态访谈一些法官时，大部分法官都回避这个问题，但是也有一些法官指出，长期的判案生涯，确实容易让人产生“审美疲劳”；案件负担的不断加重和各种考核机制

---

① 关于这一点，请见［美］罗伯特·K. 默顿：《社会理论与社会结构》，唐少杰、齐心译，第八章“科层结构与人格”，译林出版社 2006 年版。

② 虽然存在相当的不同，但是这一点似乎还是应了韦伯的预言，在韦伯那里，意义丧失被认为现代理性化社会中人的宿命，在《新教伦理与资本主义精神》中，其曾以一种悲悯的语气预言这一点：……完全可以，而且不无道理地，这样评说这个文化的发展的最后阶段，“专家没有灵魂，纵欲者没有心肝；……”请见［德］马克斯·韦伯：《新教伦理与资本主义精神》，于晓、陈维刚译，三联书店 1987 年版，第 143 页。

③ 目标替代是组织理论的一个经典论题，是指组织行为中行动者以自己的个人目标替代组织目标的情形。关于这一点的介绍，请见周雪光：《组织社会学十讲》，社会科学文献出版社 2003 年版，第 13 页。

的存在，则使得法官以尽快办完手头案件为第一要务。这种完成工作任务的心态，在笔者看来对于司法过程中的法官行为有着相当重要的潜移默化的影响。一方面，由于审判本身所内涵的诸多意义和公共价值目标的重要性被冲淡，因此对于诸如被告人的尊严以及建基于此的人权保障，法官可能会显现出某种淡漠；对于一些有损这些意义和公共价值目标的行为，法官亦可能不会给予特别的重视。另一方面，结果导向和对程序只不过是一种必须“走”的形式的认知，则会进一步地使得法官在审理过程中忽视庭审的作用，希望尽快地“走”完程序，尤其在有着可供替代并更为便利的信息获取手段（即阅卷）的前提下更可能如此。两者合力的结果，在笔者看来，至少部分地导致了本章第二部分所描述的诸多情形，比如对辩方行为的不耐烦，对被告人辩解的反感，以及法官庭审调查的消极，对控方任意举证的放任和对控方证据的某种程度的轻信等。

2.4　如此审判的制度性影响

在笔者看来，司法社会学的主要目的，首先在于研究司法实践中的社会事实，或者说把司法过程当做社会事实加以研究，并找寻影响这些社会事实的基本因素。① 经由本章前面两个部分的考察和分析，可以说基本实现了这样的目的。不过，从法律的角度来讲，仅说明了这两点是不够的，还必须从规范的角度对其进行总结乃至批判。这不仅因为法学者似乎应当具备一定的批判精神，而且也因为，法律制度改变的源泉之一就在于法学者的学术总结乃至批判。当然，需要强调指出的是，批判并不意味着不顾事实、不顾实际的指责，也不意味着看不到实践中某些做法的可取之处。前者意味着需要一种内在视角，因此是一种理解基础上的批判；后者意味着批判仅仅是评判的一个方

① 尽管并非专门针对司法社会学，社会学先驱迪尔凯姆（涂尔干）非常明确地指出了这一点，请见［法］E. 迪尔凯姆：《社会学方法的准则》，狄玉明译，商务印书馆 1995 年版。

面，对好的做法作出积极评价并总结相关经验，同样是其重要内容。正是基于这样的认识，本部分不仅要内在批判法院法官如此行为的实践，而且要指出这些实践的制度意义，尤其要揭示其作为制度创新基本源泉的重要价值。

2.4.1 保障人权与查明事实：不利制度后果的双重分析

既然要分析法官如此审判的不利制度后果，那么首先要做的事情，就是寻找一个赖以为据的评价判准。以往学者喜欢从所谓庭审实质化的角度对法官的这种审判行为进行批评，结论往往是庭审“走形式”、“空洞化”之类的观点。笔者以为，尽管庭审实质化相当重要，但是为了避免重复，同时也为了使批评更具实质意义，不妨从刑事诉讼的功能期待角度出发展开分析。一般认为，刑事诉讼应当具有如下功能：一是查明案件事实真相；二是保障人权。之所以突出这两个判准，乃是因为，一方面，查明案件事实被认为是符合自然正义的基本要求，在中国公众法律意识中更是被赋予了特殊重要的地位；而且从常识上讲，认定犯罪行为人并对其施以刑事制裁乃是刑事诉讼的当然之义，如果该目标丧失，该程序即应停止。① 另一方面，权利理论已经构成了现代法律的基本叙事乃至元叙事，② 并在事实上构成了现代刑事诉讼正当性的主要依据。有鉴于此，仍有必要从查明事实和保障人权这两个层面展开分析。当然，为了避免重复，笔者的分析将尽可能地从制度层面展开，并强调对未来可能进行的制度改革的潜在影响。

2.4.1.1 在查明案件事实上的制度后果

学界流行的观念认为，实践中普遍存在着一种“重实体、轻程序”的现象。对于这种现象，从法律的角度来讲，可以理解为重视

---

① ［美］米尔吉安·R. 达玛斯卡：《比较法视野中的证据制度》，吴宏耀、魏晓娜等译，中国人民公安大学出版社2006年版，第67页。

② 请见左卫民：《权利话语、实践的艰难展开：1996年中国刑事诉讼法典修改的反思》，载《中外法学》2002年第4期。

实体法的实现，而轻视程序法的实施；从司法过程的角度来讲，则可以理解为重视事实真相查明之结果，而轻视查明事实真相之过程。①与本文主旨相关，笔者在后一种意义上关注这一现象。我们的考察表明，正如人们所认识到的，“轻程序”确属事实，但是重实体即重视事实真相的查明似乎仅仅在法官的观念上成立，而在制度实践上则基本不成立。以下的详细分析将清楚地表明这一点。

众所周知，对于任何刑事诉讼制度而言，查明事实真相都是驱动性的目的。为了查明事实真相，目前，世界各国的刑事诉讼主要确立了两种策略：一种是赋予法官足够的职权，法官积极主动地去查明案件事实，同时赋予控辩双方充分的质疑纠偏的权利，从而形成以法官为主、控辩双方为辅的调查格局；另一种是赋予控辩双方充分的权利，通过对抗去查明案件事实，法官则充当消极的倾听者，或者补充进行调查，从而出现所谓对抗判定的格局。当然，无论何种格局，都是从庭审的角度而言，也就是都要通过庭审而非庭外查明案件事实。此外，为了事实的准确性，还确立了所谓最佳证据规则以及传闻证据规则等，以排除一些可能影响事实可靠性的信息。

中国刑事审判制度在条文上确立了以控辩双方为主，法官职权调查为辅的混合式事实查明机制。本来，从国外的实践来看，混合式也可能成为一种很不错的案件查明机制，日本、意大利等国的实践即是证明。但是，实践表明，在中国，这种机制被严重规避和扭曲了。一如我们所见，一方面，法官虽然在庭审中仅仅充当补充性的事实查明者，但是在庭外却是无比的积极——秘密性地阅卷、非正式地确认以及控辩双方不参与的非法定庭外调查的调查，更重要的是，他的这种积极乃是在认同控方，而对被告人持有罪预设的前提之下。也就是说，法官依照职权查明案件事实的行为，实际上是在带有偏见、没有控辩双方参与或者参与性严重不足的情形下进行的，缺少哪怕是补充

---

① 此类观点既可以见诸各类教材，也可以见诸各种学术论文，较为晚近的带有反思性的分析，请见邹立君：《“重实体，轻程序”命题的语境分析——兼论程序正义问题》，载《法制与社会发展》2008 年第 4 期。

性的纠偏机制，因此毫无疑问不利于事实真相的查明。

另一方面，就庭审而言，虽然法律规定控辩双方占据主导地位，但是实际情况是，律师参与刑事诉讼的比例极低，被告人处于被动接受讯问的地位，庭审几乎完全由控方主导，在这种情形下，所谓通过对抗查明事实的机制实际上根本不存在；更重要的是，在控辩难以形成对抗的情形下，法官在庭审指挥上甚至进一步地偏向控方，对于控方的任意举证并不限制，对于证人出庭也不热心，对于辩护方的发言权持排斥态度并进行限制，对于被告人的当庭辩解抱持反感倾向，使得辩方有限的权利进一步受到限制；其结果，就是法官对事实的查明，几乎完全建立在控方单方的证据材料上。更重要的是，法官所赖以为据的控方证据材料，实际上由于证人、鉴定人等普遍不出庭而完全建立在案卷笔录的基础之上，而案卷笔录的主要内容，又基本上就是侦查案卷笔录。在这种情形下，尽管法庭也会审查证据，也可以梳理案卷笔录的立证脉络以审查其是否符合逻辑与情理，可以综合考量以验证其是否在证据印证体系中协调，还可以通过听取诉讼对方的质疑而感知其可能存在的漏隙，但是对这种审查能够发挥的作用我们却难以乐观——在刑事警察与检察官已经反复筛选、认真组织的控诉证据体系中，案卷笔录的自洽性以及与其他证据的协调性在形式上通常应无明显瑕疵，诉讼对方虽然可以质疑，但是只要证人不出庭，质证也只能产生某种矛盾，充其量能构成某种疑问，而原始人证不在场，就难以戳穿虚假，法官也不能有效地辨识真伪。①

2.4.1.2 在人权保障上的制度后果

必须承认的基本事实是，在中国目前的刑事诉讼制度上，被告人人权的保障机制尚不健全，典型的如包括沉默权在内的不自证其罪特权即未获得认可。当然，这些正式制度的问题，可以通过立法修改逐步加以完善。当然应当看到的是，现行刑事诉讼制度相较 1979 年刑

① 这里参考了龙宗智教授的观点，但是不限于书面证言问题，而是扩展到了所有的案卷笔录。请见龙宗智：《论书面证言及其应用》，载《中国法学》2008 年第 4 期。

事诉讼法典，在人权保障上有了相当的进步，被告人的主体地位得到一定程度的承认，辩护权也获得了加强。不过，遗憾的是，从我们考察的实践情况来看，这些立法上的进步似乎也遭到了司法实践的某种反制，在许多案件审理活动中，被告人的处境并没有得到人们期冀的改善。由于法庭在许多时候实际上很难通过审判查明案件事实真相，因此在实体上难免出现无辜者被冤枉；更重要的是，在法官审判过程中，由于前面部分所分析的各种原因，被告人的各种程序性权利几乎完全被架空，从而使其处于极为不利的地位。

一方面，不仅立法将被告人视为重要的裁判信息来源，更重要的是实践中不少的法官已经习惯性地将被告人假定为有罪之人，并对于被告人的辩解持反感态度，并在一般情况下都不会采信被告人的当庭翻供，甚至可能将被告人的当庭辩解作为不利于被告人的态度证据。从理论上讲，即便被告人作为查明事实真相的重要信息来源，也并不意味着被告人的当庭辩驳就一定是“狡辩”或者“认罪态度不好”，因为完全可能的是，被告人的当庭辩驳才是真话，也因此才更符合“如实供述的义务”。如果我们从稍微有利于被告人的角度来理解“如实供述的义务”，那么这种义务在某种程度上实际上赋予了真正无辜的被告人说出真相从而洗清冤屈的机会，而司法实践中对被告人当庭辩驳的反感和不信任，实际上完全剥夺了这种机会。① 其结果，不仅被告人的自我辩护权变成了纯粹的自我证实有罪权，而且被告人的所谓最后陈述权，也在绝大多数时候变成了悔罪权。在这种情形下，如果未来的刑事诉讼立法赋予被告人沉默权，完全可能的是，被告人保持沉默将成为加重被告人处罚的态度证据，从而在事实上架空沉默权制度所具有的保护意义。

另一方面，1996 年刑事诉讼法典本来有意确立一种控辩式庭审模式，希望加强辩方的权利，进而使得控辩能够形成有效地对抗从而对定罪量刑产生更为实质性的作用。但是，其一，法官对于证人出庭

---

① 本来，法律规定如实供述义务并没有要求被告人只需要如实供述自己有罪的事实，完整地从字义上理解，其实也包括要供述自己无罪的事实。

作证的不热心，对于控方以各种简便方式举证的放任，实际上剥夺了被告人及其辩护人的对质权，从而大大削弱了辩方对抗控方的可能性；其二，除了实体法和程序法对律师辩护权的多重限制大大降低了辩护人当庭对抗控方的可能性，更重要的是，法官在庭外进行的广泛秘密性质的阅卷活动，在指挥控辩双方进行本来就已经没有多少对抗性的攻防活动时所采取的偏袒态度，在采纳证据时对两方证据材料宽严迥异的审查方式，在采信证据时对于控方材料、对被告人有罪证据的优先采信，等等，都进一步使得被告人的律师辩护权尤其是无罪辩护权显得没有多大价值。其结果，就是绝大部分律师的辩护都变成了有罪前提下的量刑辩护。在这种情形下，可以想象，即便被告人的辩护权得到了进一步的保障，比如律师的参与率进一步的提高，律师调查取证活动更为频繁，律师当庭辩护更为积极，也许被告人处境仍然难以获得实质意义的改善。

2.4.2 从诉讼效率、社会效果到制度创新：法官行为可能的积极效果

上文的分析指出了法官审判行为在查明事实和人权保障上的负面制度效应。应当说，许多学者都或多或少地注意到了这种效应，并对此持相当严厉的批评态度。毫无疑问，我们同样不愿意看到这样的制度后果。不过，笔者有意在这里指出的是，最好不要因此将这些实践者的行为“一棒子打死”，不妨暂时抛开那些某种程度上意识形态化了的价值观念，放宽观察的视界，或许能够发现司法实践中法官的实践行为可能内涵的更深层次的制度意义。

上述推测基于以下两个方面的基本认识。一方面，从理论上讲，实践者的实践乃是制度创新的重要基础。尽管对于中国刑事法治建设而言，借助外在知识资源乃至进行法律移植是完全必要的。但是，仅仅依靠外部知识资源和法律移植是远远不够的，甚至可能是误入歧途的。因为这些知识资源和法律文本与其所“嵌入”的社会结构之间

存在某种生存性关联，[1] 一旦这些结构性因素发生变化，或者出现了根本的不同，那么，这些知识资源是否能够继续保持相应的解释力，这些法律是否仍然具有实际的效力，必然是一个相当明显的问题。正是在这种背景下，司法实践者的实践具有了非常重要的制度创新上的意义。因为一旦这些借助外部知识资源移植而成的法律进入司法实践领域，实践者固有的文化观念、所处的实践情境必然作为一个重要的变量对法律的实际适用产生影响，并可能由此生发出一些新的、可能是好的也可能是坏的新做法和新技术。这些新的做法和技术，由于既充分地关照了既有的法律，又是实践者所嵌入的社会结构合力作用的结果，因此有着相当旺盛的生命力，其中好的方面，即可能成为未来制度发展的新方向。

另一方面，也是更为重要的方面是，中国经济和刑事法治建设有着建基于实践的制度创新传统和经验。这一点较早地体现在经济体制改革的历史中，当时大量的"土政策"、打"擦边球"或者"钻政策空子"的做法，就曾经不仅对于经济发展起到了重要作用，而且成为国家制定新政策的重要经验依据。正如一位经济学家所概括的，中国当代的"许多实质性的经济变革，都是在正式制度没有改、正式的'名称'没有变的情况下，人们首先在事实上采取了与正式规则相冲突的行动，改变了事实上的行为约束（behavioral constraints），创造出了各种新的经济关系，使人们得以捕捉获利的机会"。[2] 在刑事法律领域，类似的实践同样存在，典型的如普通程序简化审制度的确立。在 2003 年 3 月 14 日之前，刑事诉讼法制中并没有这一制度，但是实践中全国大多数地方法院都已开始施行这一制度，尽管理论上的批评声音并不少见，但该制度获得了法院、检察院以及其他利益相

① "嵌入性"是一个制度经济学的概念，其原意是指人们对某些经济行为和模式的选择，往往是他们赖以生存的那个社会的社会结构和社会生活方式所影响的结果。See Granovetter, Mark, Economic Action and social structure: The problem of Embeddedness, American journal of sociology, 1985, pp. 481 – 510.

② 请见樊纲：《中华文化、理性化制度与经济发展》，载《经济文论》，生活·读书·新知三联书店 1995 年版，第 166 ~ 167 页。

关者的高度认同，取得了较好的实践效果，因此 2003 年 3 月 14 日，最高人民法院、最高人民检察院、司法部通过司法解释正式确认这一新制度。

在上述认识基础上，有两类现象引起了笔者的关注。一类是，尽管在判决形成的司法过程中，法官的审判行为很大程度上既不利于保障人权也不利于发现真实，但是，这些行为中的不少实践技术却有助于诉讼效率的提高。而众所周知的事实是，诉讼法学研究早已指出，效率同样是刑事审判的重要目标（这里的所谓效率，不是帕累托最优意义上的，① 而是从日常意义上讲的，表示以既定的投入生产出尽可能多的产出）。这种对于效率实现的助益有着相当多的表现，比如，法官在庭审中补充性的讯问/询问并主要通过庭外阅卷获取信息，消极地对待庭外调查而喜欢通过同控方进行非正式沟通，其实能够大大地节约司法成本尤其是时间成本；再如，法官在主持庭审时对控方简便化举证的放任，不热心证人出庭作证，以及对辩护律师的某些限制，自然也有利于庭审的迅速进行。另一类是，法官在助益于效率实现的行为之外，还有一些有助于实现良好社会效果的特别行为，比如未成年人犯罪社会调查程序、刑事和解调查确认程序以及针对某些特殊案件的情况调查程序等。尽管这些行为的初衷乃是为了某些政策性考虑或者法院内部“出新”、“出亮点”的考虑，但其结果却有利于更为细微地关照被告人、被害人等所处的具体情境，因此有着更好的社会效果。

在笔者看来，尽管这两类助益于效率目标实现的行为，可能有损于刑事诉讼的其他价值目标，尤其是人权目标和发现真实的目标，也可能不符合程序正义的要求，但是除了这些消极的制度后果之外，它们同样有着积极的制度潜力。一方面，就第一类行为而言，其一，在

① 经济学上的效率一般是指帕累托最优，即“在不会使其他人的境况变坏的前提条件下，一项经济活动如果不再有可能增进任何人的经济福利，那么，该项经济活动就是有效率的”。关于这一概念，请见［美］保罗·萨缪尔森、威廉·诺德豪斯：《经济学》，萧琛译，华夏出版社 1999 年版，第 2 页。

案件负担不断加重，而刑事诉讼法典本身又没有给出相应的解决之策的情形下，法官的审判行为不仅大大提高了司法过程的效率，更重要的是，这种助益于提高效率的行为使得法院在不堪重负的情形下还能够大致顺利地运转，刑事诉讼法律还能够得到大致的实施。可以想象，一个法官一年要办理 200 多件刑事案件，而且还有许多审判工作之外的事务，而一年的工作日也就不过 200 多天，任何一个人，包括对某些做法持批评态度的笔者，设若居于同样的岗位，如果完全按照刑事诉讼法审判或者带着某种刑事法治的理想模型去审案，或许早已积案如山，而人们所诟病的超期羁押也可能就更为严重了。

其二，通过各种助益于提高效率的行为来确保法院在不断增加的案件负担重压下保持正常运转其实乃是无奈之举，关键还在于找出制度性的解决办法。正是在这个意义上，法官的审判行为方式内涵了刑事诉讼制度进一步改革的方向。正如 2003 年最高人民法院、最高人民检察院出台简易程序和普通程序简化审司法解释之前，地方各级法院其实早已在实践中开展了类似实践一样，那些有利于提高诉讼效率的行为方式，其实也暗含了某种实践先行的制度意味。其中，就笔者的感受而言，未来在被告人认罪案件上可能会出现较大的变革，其中现有做法的一些合理成分将被充分吸收，某些制度创新也将充分地关照实践者的看法，从而缓解实践压力。比如，对于被告人认罪案件，可以实行全案移送制度（这样既可以确保法官能够通过阅卷了解更为全面的信息，也可以使律师能够在庭前了解全案信息），对于辩方没有异议的证人证言，证人可以不出庭，控方举证可以实行合并式举证和摘要式举证等。

另一方面，就第二类行为而言，正如前面部分的分析表明了的，出现这样的行为，尽管从行为动机上看主要是因为政策要求和法院内部“出新”、“出亮点”的考核要求，但是在制度上其实也与缺乏量刑调查程序、对被害人的制度关注不够有关。在笔者看来，未来的制度发展，完全可能吸收目前实践者试行的未成年人以及在校成年学生犯罪社会调查、针对一些有特殊情况案件的情况调查以及刑事和解调查确认程序，建立一种参与广泛的量刑调查程序，并在此基础上进一步地突出被害人的地位，建立刑事和解制度。事实上，从目前一些刑事诉讼法再修改的建议稿来看，上述内容的大多数都已受到较为充分的关注乃至认同。

当然，强调法官在实践中开展的一些有助于提高诉讼效率和强化社会效果的行为中所内涵的潜在制度潜力，并不意味着笔者没有看到这其中隐含的机会主义以及潜含的危险性。实际上，一方面，不少做法都仅仅是为了“出新”、“出亮”一时兴起而为，“找一两个典型案例‘做做样子’，宣传宣传了事”，并没有类似制度化、常态化的打算；另一方面，也是更为重要的方面是，一些所谓助益于诉讼效率和社会效果的行为，很多时候可能违背了程序正义的基本要求，而成了一种基于组织理性强加于当事人的效率和社会效果。在笔者看来，后一方面对于制度建设尤其重要。在这个意义上，前述所谓制度潜力仅仅表明了一种可能性，最终是否成为某种新型制度建构的基础来源，还要看其在好的功能性效果之外，是否符合一些最基本的伦理要求。比如，关于被告人认罪案件的各种程序技术之设置，首先必须从制度上确保被告人认罪的自愿性；再如，在量刑调查和刑事和解制度的建立上，必须确保符合诸如参与、对等、合理、及时、终结以及裁判者中立等程序正义的基本要求，① 以尽可能地达到罗尔斯意义上的“纯粹的程序正义”，或者说程序正义与实质正义的完美结合，即尽可能通过“公正的诉讼程序”形成“公正的实体结论”。②

2.5 结束语

本章从一审法官如何审判的角度考察了判决形成的司法过程。并

---

① 关于程序正义的基本要求或者说构成，详细请见陈瑞华：《刑事诉讼的前沿问题》（第二版），中国人民大学出版社 2005 年版，第 240 ~ 246 页。

② 关于“纯粹的程序正义”，以及程序正义与实质正义的关系，详细请见[美] 约翰·罗尔斯：《政治自由主义》，万俊人译，译林出版社 2000 年版，第 448 页以下。

且，为了突出重点，全章主要从法官如何获取裁判信息和如何认定案件事实两个层面展开考察和分析。在此前提下，笔者不仅描绘了法官如何审判的大致现状，指出法官在获取裁判信息和认定案件事实上的行为特征，包括何时积极、何时消极地行使职权，以及对待控辩双方的不同态度等问题；而且考察了影响法官如此审判的诸因素，包括制度空间、实践压力和认知倾向等层面各自内涵的多种因素；进而指出了法官如此审判的制度性后果，包括在发现真实和保障人权上的不利的后果，以及在制度创新上可能具有的积极价值。

通观全章，读者也许会注意到，笔者描述的景象，似乎有意瞄准审判实践中的与正式制度或者理想司法模型相悖离的影像，而对法官完全按照正式制度运作的实践则极少关注。坦白地讲，情形确实如此。但是，笔者之所以如此选择，并非要“捅法院法官的篓子”，因为这种实践并非中国刑事司法所独有，类似的某些做法，其实在所谓刑事法治国家亦非罕见，① 实乃考虑到这些实践和行为其实早已为学界所察觉乃至批评，不同仅在于绝大部分批评者对于这些实践只是模糊的感觉，而无实在的认知。鉴于误识往往源于对事实的一知半解，因此有必要从事实层面揭开其面纱，此其一。其二，笔者并不限于揭开这种实践的面纱，而是进一步指出了影响这种实践的诸多情境性因素，目的乃在于表明，如此实践并非法官的道德或者素质存在什么问题，而是各种法官自身难以意识、难以克服的制度、非制度的因素影响所致。正因为如此，对这种实践的评价也就变成了内在理解基础上的评价，也正因为此，我们既能看到其不足之处，也能看到其可能具

① 比如，就法院倾向于相信检察院而言，英国刑事司法实践中同样存在类似实践，请见［英］麦高伟、杰弗里·威尔逊主编：《英国刑事诉讼程序》，姚永吉、刘立霞等译，法律出版社 2003 年版，第 462 ~ 463 页；再如，就日本而言，同样存在政法职业认同的问题，亦即法官、检察官与律师对立的局面，法官如果作无罪判决将被视为对检察官和警察工作的不敬重。See Koichiro Fujikur (ed), Japanese Law and Legal Theory, Dartmouth Publishing Company Limited (Aldershot. Singapore. Sydney: 1996), p. 196. 转引自顾永忠、苏凌主编：《中国式对抗制庭审方式的理论与探索》，中国检察出版社 2008 年版，第 349 页。

有的制度创新潜力。

当然，实践中同样存在法官完全按照法律规定进行审判，甚至存在带着某些刑事法治的理想开展审判活动的行为。笔者之所以对此没有做过多的关注，乃是因为一般而言，中国法学者对纸面规定的刑事程序条文和理想的刑事法治蓝图似乎相当熟稔，相关研究亦可谓汗牛充栋，如果再对这些程序运作进行描述和分析，不仅显得没有必要，笔者也没有厘出新意的把握。更重要的是，在笔者看来，这些刑事程序的运作实际遵循着相同的实践逻辑，同样受到诸多制度的、实践的和认知的因素影响，只不过在特定的情形下，严格按照法律规定的程序进行审判才是最佳的选择和做法；而在另外的情形下，像本章描述的那样行动或许才是遵循这种逻辑的最好结果。

最后需要说明的是，按照一般的研究路数，除了弄清楚“是什么”、“为什么”以及后果之外，还应当解决“怎么办”的问题。然而，除了在阐述司法实践可能具有的制度潜力时略有提及之外，本文基本上没有针对实践存在的问题提出针对性的解决方案。之所以如此，除了可能提出的建议基本上早已被偏向规则完善的学者提及之外，更主要的是，笔者的兴趣乃在于描述事实并解释事实，并希望通过描述和解释，弄清司法实践中的行动者如何改变正式制度的规划而另行一套，以及又为什么要如此行动，从而能够看清司法实践的复杂性，进而知晓在中国建设刑事法治的艰难。其实，经过前面几个部分的考察和分析，我们不难看到，影响法官行为的因素如此之众，规则的因素仅仅是其中的一个方面——甚至很难说是最重要的方面，实践压力和认知倾向也对法官的审判行为产生着持久的影响；可以想象，如果法院法官面临的实践压力没有得到有效的制度（不仅仅是诉讼制度）缓解，如果法官的认知倾向得不到改变，或许再次修改后的刑事诉讼法将难免再次遭受被司法实践扭曲的命运。

第3章　法院如何决策：判决形成的组织决策过程

3.1　问题的提出

上面一章主要考察和分析了判决形成的司法过程。很大程度上，司法过程是一个外显的因而容易为人们所观察和审视的过程。近年来学界所鼓吹的刑事诉讼制度改革，实际上也主要着眼于这个外显的过程。本来，按照经典的特别是西方的刑事司法理论，这种改革的着眼点毫无疑问是正确的，因为在西方政制语境中刑事裁判形成的关键即取决于此。但是在中国，情形大有不同。因为在中国法院，许多案件判决的形成，除了必须经过法定的诉讼程序之外，还必须经过一个远较法庭审判组织评议过程更为复杂的法院内部组织过程，这一过程往往包括大量正式和非正式的决策步骤和环节，而且这些内部环节对于判决的形成具有非常重要的实质意义。

更重要的是，正如后面的部分还将详细阐明的，这些组织过程与司法过程相比较，二者在性质上几乎完全不同。判决形成司法过程的根本特点在于其"诉讼形态"和司法性质，亦即控辩双方在中立的第三方主持下平等对抗形成的基本架构。① 而判决形成的组织过程乃是法院内部各层次行动者出于各种目的形成的决策机制的动态组合，

① 陈瑞华教授特别在意刑事诉讼的"诉讼形态"特征，详细请见陈瑞华：《当前刑事诉讼法学的四大前沿课题》，载《华东刑事法评论》（第八卷）。

基本上是一种法院内部各行动者的官方行动过程，虽然与控辩双方在结果上直接相关，但是控辩双方实际上都不直接参与到这些步骤和环节中来，更谈不上平等对抗。有鉴于此，非常有必要对判决形成的组织过程亦即这些法院内部步骤和环节进行专门的研究。

当然有必要首先强调指出的是，学界已对此已作了诸多颇具深度的研究。其中尤以关于法院内部的权力结构和司法管理的研究最为重要。比如，左卫民教授曾在20世纪90年代末专门研究过中国法院的内部权力结构问题，并分析了成因、指出了改良的目标和对策；① 同一时期，贺卫方教授也曾专门研究过法院的司法管理问题，尤其强调了中国法院内部管理的官僚化及其不良影响，② 苏力教授还曾进一步指出其中的关键问题在于行政管理与审判职能的混淆，并认为改良的方向应当着眼于制度功能的分离；③ 再如，最近陈瑞华教授则以他擅长的归纳抽象思维，将中国法院的决策机制概括为行政决策模式，并指出未来的改革应当着眼于与行政决策模式对应的诉权监督模式；④ 等等。

应当说，经过十多年的学术研究，与判决形成的组织过程直接相关的法院内部权力结构和司法管理等存在的问题已经基本厘清，原因也大致明确，而且理论的抽象化程度也越来越高。不过，客观地讲，除了陈瑞华教授的研究之外，其他诸位教授的研究都已过去了近十年，而在这十年中，刑事司法制度发生了相当大的变化，其中还经历了最高法院推动的两个司法改革五年计划，第三个五年改革纲要也已经出台，因此在研究上似已有传承接续之必要。另外，尽管陈瑞华教授的研究乃是极为晚近的事，而且理论抽象程度相当高，但是正如后

① 请见左卫民等：《法院内部权力结构论》，载《四川大学学报》1999年第2期。

② 请见贺卫方：《中国司法管理制度的两个问题》，载《中国社会科学》1997年第6期。

③ 请见苏力：《论法院的审判职能与行政管理》，载《中外法学》1999年第5期。

④ 请见陈瑞华：《司法裁判的行政决策模式——对中国法院“司法行政化”现象的重新考察》，载《吉林大学社会科学学报》2008年第4期。

文的分析将要表明的，由于其过于突出所谓“司法裁判的行政决策模式”之归纳与概括，而基本上只分析中国法院“司法行政化”现象，很大程度上未能充分关照司法实践中判决形成的组织过程内涵的决策机制的复杂性，因此尚有进一步研究的必要和空间。

毫无疑问的是，上述关于法院内部的权力结构和司法管理研究对于本章的研究仍然有着极为重要的启发意义，而且在相当程度上，引起笔者研究兴趣的正是这些前辈的研究。实际上，本章的基本问题意识，首先也就是弄清当今判决形成之组织过程的基本状况，包括详细考察法院内部诸决策机制的基本实践形态，尤其注重法院内部院长、庭长审批制度、庭务会制度、审判委员会讨论制度等在近十年内发生的变化，弄清这些决策机制的基本特点，进行适当的理论抽象，并与既往研究所注意到的决策机制进行对比，以期尽可能形成学术对话。稍有不同之处在于，一如既往，本章重点关注的并不是规范层面的法院内部的组织化决策过程，而是遵循导论所交代的基本进路，以法院内部的各层次行者及其行动为中心展开；而研究的素材，也将主要以实地调研获得的信息和各地的实践经验为基础。

以上述问题意识和行动者视角为前提，笔者经由实地调查并辅以相关报道和实证研究，发现判决形成的法院内部组织化决策过程，实际上包括三种具体的实践机制，第一种可以称之为行政型决策机制，这种决策机制曾经作为最为主要的决策机制发挥作用，但是如今作用范围和实际地位都大幅削弱；第二种可以称之为民主集中型决策机制，这种机制的地位仍然相当重要，但是作用范围已经大为缩小；第三种则是咨询顾问型决策机制，此种机制以往未受关注，属于近年来作用比较突出的决策机制，地位日益重要。这三种决策机制在总体上形成了一种极为特殊的以行政权为纽带的多元化整体决策模式，与学者们以往的观察和概括都存在相当的不同。更重要的是，这种决策模式的形成，实际上与法院内部各个层次行动者在面临各种现实的条件、压力下的能动性、策略性行动存在关联。本章的另外一个任务，就是要揭示这种内在关联，分析这些决策机制存在和发挥作用的内在缘由。

当然，笔者并不限于描述事实问题和分析法院内部组织化决策机制存在和运行的实践原因，而是要在此基础上，进一步分析这种整体性决策模式存在的深层诉讼制度上的根源，尤其要指出其不仅与权利监督机制的阙如相关，更与整个刑事诉讼查明案件事实的制度能力较弱相关。因此，概要来讲，本章将依次考察和研究如下问题：首先将考察法院内部实际存在的判决形成组织性决策机制的基本形态及其特点；然后与学界已有的概括为基础，指出这些决策机制实际上构成了一种独特的以行政权为纽带的多元化整体决策模式；接着分两个部分，一部分从行动者的角度追究这些决策模式存在的各种情境性和制度性原因，另外一部分从诉讼法的角度指出缺乏权利监督机制、刑事诉讼查明事实的能力偏弱构成了这种决策模式存在的深层制度根源；最后是一个简短的结束语。

3.2 判决形成的组织过程：实践中的法院内部诸决策机制

所谓判决形成的法院内部组织过程，在西方主要是从小群研究的角度而言的，一般是指审判组织如何评议、合议形成判决的过程，主要以陪审团和美国最高法院几位大法官如何合议形成判决为主要研究对象。① 但是在中国，正如第一部分已经大致指出了的，判决形成的组织过程是指并非法定审判组织的法院内部如何决议形成判决的过程，其不仅包括了审判组织合议决策机制这一内容，也往往包括了一些其他的非正式的组织决策机制。而且，考虑到通过独任法官尤其是

① 关于陪审团如何裁决的研究，请见［美］黑斯蒂主编：《陪审员的内心世界：陪审员裁决过程的心理分析》，刘威、李恒译，北京大学出版社2006年版；关于最高法院几位大法官如何合议形成判决，请见左卫民等：《最高法院研究》，“判决是如何形成的——美国联邦最高法院判决的意见形成机制研究”一章，法律出版社2004年版。

合议庭合议形成决策的理论和实践已经广为人知，① 因此本章重点关注的是除了这两者之外的当前司法实践中存在的判决形成之法院内部组织决策机制。鉴于在中国法院，一些法院内部决策组织机制有着相当的法律依据，并在司法实践中存在了相当长的历史，因此笔者在具体描述当前刑事司法实践中的法院内部决策机制前，将首先关注规范上和历史上存在的相关规定和实践。

3.2.1　规范与历史上的法院内部决策机制及其实践

从现行法律规定来看，除了独任审判和合议庭审判之外，法院在诉讼程序之外的内部决策机制实际上只有一种，就是审判委员会讨论决定案件的制度。依据法律，审判委员会是法院内部设立的最高审判机构，它不直接参与庭审，不直接作出裁判，但是对于疑难、复杂、重大的案件，其有权讨论决定。而且审判委员会的决定，合议庭应当执行，并以合议庭的名义发布裁判文书。② 按照司法解释的规定，审判委员会讨论决定的范围，包括以下五类疑难、复杂、重大的案件：(1) 拟判处死刑的；(2) 合议庭成员意见有重大分歧的；(3) 人民检察院抗诉的；(4) 在社会上有重大影响的；(5) 其他需要由审判委员会讨论决定的。启动审判委员会的程序，首先由合议庭提出申请，由院长审查决定是否提请审判委员会讨论，院长认为不必要的，可以建议合议庭复议一次。对于审判委员会的决定合议庭有不同意见

---

① 关于合议制的研究，请见左卫民等：《合议制度研究》，法律出版社 2001 年版。

② 《中华人民共和国刑事诉讼法》第 149 条规定，合议庭开庭审理并且评议后，应当作出判决。对于疑难、复杂、重大的案件，合议庭认为难以作出决定的，由合议庭提请院长决定提交审判委员会讨论决定。审判委员会的决定，合议庭应当执行。需要注意的是，《最高人民法院关于执行〈中华人民共和国刑事诉讼法〉若干问题的解释》第 114 条第 4 款还规定，独任审判的案件也可以提请审判委员会讨论决定。

的，可以建议院长提交审判委员会复议。① 在议事规则上，审判委员会的讨论实行民主集中制。② 不过，实践与立法往往存在一定的差距。司法实务中，不仅审委会讨论决定案件机制的运作与立法存在相当的不同；而且法院内部决策机制的种类亦不限于审委会讨论决定案件机制。

就审委会讨论决定案件机制的运作而言，正如许多论者都已发现的，一方面，在审判委员会讨论决定的范围上，立法的原意应是限于少数的疑难、复杂、重大案件，但是不同地区的司法实践中，审判委员会讨论的案件远不限于少数。比如，据学者 1997 年左右的调查，有的基层法院达到每年 10% ~15% 的刑事案件要由审委会讨论决定,③ 有的基层法院甚至刑事案件一般都要由审委会讨论决定。④另一方面，在启动程序上，法律只是规定合议庭认为难以作出决定的，可以提请院长决定提交审判委员会讨论决定，但是实践中合议庭并不直接向院长申请，而是先由庭长审批，然后由庭长报主管副院长审查决定是否提交审判委员会讨论，从而在审判委员会讨论决定的民主集中机制契入了较强的行政审批色彩。

就法院内部决策机制的种类而言，正如人们所注意到的，除了审

① 《最高人民法院关于执行〈中华人民共和国刑事诉讼法〉若干问题的解释》第 114 条规定，合议庭开庭审理并且评议后，应当作出判决或者裁定。对下列疑难、复杂、重大的案件，合议庭认为难以作出决定的，可以提请院长决定提交审判委员会讨论决定：（一）拟判处死刑的；（二）合议庭成员意见有重大分歧的；（三）人民检察院抗诉的；（四）在社会上有重大影响的；（五）其他需要由审判委员会讨论决定的。对于合议庭提请院长决定提交审判委员会讨论决定的案件，院长认为不必要的，可以建议合议庭复议一次。第 115 条规定，审判委员会的决定，合议庭应当执行。合议庭有不同意见的，可以建议院长提交审判委员会复议。

② 《中华人民共和国人民法院组织法》第 11 条规定，各级人民法院设立审判委员会，实行民主集中制。

③ 参见苏力：《送法下乡——中国基层司法制度研究》，中国政法大学出版社 2000 年版，第 104 页。

④ 参见强世功、赵晓力：《双重结构化下的法律解释》，载梁治平编：《法律解释问题》，法律出版社 1998 年版，第 234 页。

判委员会讨论决定机制之外，长期以来实践中还存在院、庭长审批决策机制和庭务会讨论决定机制。所谓院、庭长审批决策机制，实践中一般是指法院的院长、副院长、庭长、副庭长在不参与合议庭审理的前提下，对其他法官负责（承办）审理的案件裁判结论进行审查批准，或者对其他法官的裁判文书进行审核签发的裁判形成机制。这种审批决策机制不仅在启动审判委员会讨论决定的程序中有着明显的体现，即需要依次由刑庭庭长和主管副院长审批才能启动审委会程序；而且在非由审判委员会讨论决定的案件中也有极为广泛的应用。在1979 年《刑事诉讼法》修订之前，可以说大部分的刑事案件都要经过副庭长、庭长、主管副院长乃至院长的审批，① 1996 年《刑事诉讼法》颁布实施之后，院、庭长审批案件的范围有所缩小，但是仍然普遍存在。而且在早期，院、庭长审批往往还需要承办人撰写审理报告，并填写发文稿（这种做法在审判委员会讨论的案件中一直延续至今）；后来一般的案件不再需要撰写审理报告，但审批者仍要填写一个名为“案件审批表”的格式化表格，并在表格中标明自己的意见；在审批过程中，院、庭长可以直接改变合议庭的意见，或者直接表明自己的意见，要求合议庭遵守或者重新合议。

所谓的庭务会讨论决定机制，则是指由庭长主持召开的讨论决定庭内重大事务的决策机制。其讨论的内容可以是行政性事务，也可以是个案研究；参与的人员一般既包括承办人员和合议庭组成人员，也包括其他“在家”的审判人员；启动程序类似于审判委员会讨论程序的启动，需要庭长或者副庭长审查决定；庭务会的决定，合议庭原则上应当执行；议事规则也基本上遵循民主集中制。很大程度上，庭务会就是一个业务庭内的“审判委员会”，只是参与人员的准入基本上不存在门槛，审判人员乃至书记员都可以参与。实践中，据称具体个案的讨论构成了庭务会的主要工作。就个案研究的讨论而言，讨论

① 值得强调的是，并不是所有的案件都要经过所有的审批环节，笔者在阅读 1996 年刑事诉讼法实施以前的案卷时发现，几乎所有的案件都需要审批，最简单的案件则至少需要庭长一级的审批。

的案件范围相当广泛，在1979年刑事诉讼实施期间，许多地方的法院几乎所有的案件都要经过庭务会讨论；而1996年刑事诉讼法颁布施行之后，众多的研究仍然表明庭务会讨论决定案件的现象仍然广泛存在。很大程度上，庭务会与审判委员会制度一样，是民主集中决策机制和行政审批决策机制的混合体。

3.2.2 近十年来的新发展

前述三种法院内部的决策机制，可以说是学界周知的事实。如果追根溯源，不难发现这些事实实际上很早以来就已经为人们所熟悉，许多都是十年前一些学者所注意到的现象。但是由于缺少后续的研究，给人的印象似乎是，这些十年前存在的现象一直没有发生什么变化。但是实际情况是，最近十年来，中国刑事司法制度已经发生了不小的变化，其中最为集中的，就是人民法院经过了两个五年改革纲要的实施。更重要的是，在这两个五年改革规划中，法院内部的决策机制，恰恰是触动最为深刻和最为广泛之处。比如，在第一个人民法院五年改革纲要中，强化合议庭审判职能，向合议庭和独任审判员放权即是改革的重点，① 而在第二个五年改革纲要中，这两个内容仍然是

① 《人民法院五年改革的纲要》第18条提出，强化合议庭和法官职责，推行审判长和独任审判员选任制度，充分发挥审判长和独任审判员在庭审过程中的指挥、协调作用。2000年年底前，对法官担任审判长和独任审判员的条件和责任作出明确规定，建立审判长、独任审判员的审查、考核、选任制度。审判长和独任审判员依审判职责签发裁判文书。第20条提出，在审判长选任制度全面推行的基础上，做到除合议庭依法提请院长提交审判委员会讨论决定的重大、疑难案件外，其他案件一律由合议庭审理并作出裁判，院、庭长不得个人改变合议庭的决定。第22条提出，规范审判委员会的工作职责。审判委员会作为法院内部最高审判组织，在强化合议庭职责，不断提高审理案件质量的基础上，逐步做到只讨论合议庭提请院长提交的少数重大、疑难、复杂案件的法律适用问题，总结审判经验，以充分发挥其对审判工作中带有根本性、全局性问题进行研究和作出权威性指导的作用。

改革的主要内容。① 并且，为了与这种“放权”改革相适应，两个五年改革纲要都进行了行政权与审判权的适度分离的制度改革。如今，两个五年改革已经结束。那么，在经过两个五年改革纲要的实施之后，法院内部关于判决形成的决策机制难道没有发生大的变化？在笔者看来，回答应当是肯定的。暂且不论结论究竟为何，这个问题本身就值得进行详细深入的实证考察。

从笔者收集的资料和实地调查的情况来看，情形确实已经与以往大不相同。首先，基层法院审判委员会讨论决定案件的机制发生了相当明显的变化，尤其是讨论案件的范围明显缩小，实际讨论案件的比例也保持在一个相当低的水平。比如，在笔者调查的法院，审判委员会讨论以下案件：（1）拟免除刑事处罚、判处无罪的公诉案件；（2）申诉复查后拟进入再审的案件；（3）再审合议庭意见与申诉复查时审判委员会意见不一致的案件；（4）可能导致本院承担国家赔偿责任的案件；（5）政策性强、涉及重大稳定的案件；（6）合议庭认为应当提交审判委员会讨论，经分管院长审查，决定提交审判委员会讨论的案件；（7）院长认为需要提交审判委员会讨论的其他案件。② 实际讨论案件的比例从2005年一来一直在5%以内。此外，审判委员会的组成也发生一定的变化，个别专业素质和办案经验丰富的普通法官或者退居二线的资深法官得以成为审委会成员。

---

① 《人民法院第二个五年改革纲要（2004～2008）》第23条提出，改革人民法院审判委员会制度。最高人民法院审判委员会设刑事专业委员会和民事行政专业委员会；高级人民法院、中级人民法院可以根据需要在审判委员会中设刑事专业委员会和民事行政专业委员会。改革审判委员会的成员结构，确保高水平的资深法官能够进入审判委员会。改革审判委员会审理案件的程序和方式，将审判委员会的活动由会议制改为审理制；改革审判委员会的表决机制；健全审判委员会的办事机构。第26条提出，建立法官依法独立判案责任制，强化合议庭和独任法官的审判职责。院长、副院长、庭长、副庭长应当参加合议庭审理案件。逐步实现合议庭、独任法官负责制。但是，值得注意的是，《人民法院第三个五年改革纲要》没有提及这个问题，因此今后是否存在对前两个五年改革纲要关于“放权”的反动，还有待观察。

② ××市××区人民法院《审判委员会工作规程》，第8条。

其次，院长、庭长审批决策机制的地位大幅下降，但是在实行审判长选任制度之后，出现了类似庭长审批的审判长审核决策机制。一方面，正如人们所注意到的，在2000年以前，即便不包括审判委员会讨论决定的案件，其他案件中大部分案件也都需要经过院长、庭长审批。但是笔者在2008年进行实地调研时发现，随着法院“放权”和行政管理与审判管理逐步分离改革的日渐深入，审委会讨论决定的数量已经大幅减少，因此与之相关的院、庭长审批案件数量也相应地大幅减少。而审判委员会讨论决定的案件之外，院、庭长实质性审批的数量随着“放权”同样急剧下降；不仅如此，院、庭长审批的作用也有所下降，因为根据最高人民法院《关于人民法院合议庭工作的若干规定》，尽管院长、庭长可以对合议庭的评议意见和制作的裁判文书进行审核，但是已经不得改变合议庭的评议结论，而只能在有异议时建议合议庭复议，而且在合议庭复议后仍有异议时，也只能将案件提请院长审核是否提交审判委员会讨论决定；① 此外，在有些法院，院长（指主管副院长）审批的案件也已经仅限于特定类型，比如在笔者调查的法院即限于可能判处有期徒刑并适用缓刑的案件，而庭长实质意义上的审批也已经极为罕见。

另一方面，作为放权的结果，根据最高法院第一个五年改革纲要而推行审判长选任制度之后，选任的“审判长”从院长、庭长、审判委员会那里获得了相对独立的审判权，但是由于在审判长负责制下，案件被统一分配给审判长负责的审判庭，审判长代表本审判庭接受案件，组织合议庭进行法庭审理。审判长的职责包括：担任案件承办人，或指定合议庭其他成员担任案件承办人；组织合议庭成员和有关人员做好庭审准备及相关工作；主持庭审活动；主持合议庭对案件

① 最高人民法院《关于人民法院合议庭工作的若干规定》（2002年7月30日通过）第16条规定，院长、庭长可以对合议庭的评议意见和制作的裁判文书进行审核，但是不得改变合议庭的评议结论。第17条规定，院长、庭长在审核合议庭的评议意见和裁判文书过程中，对评议结论有异议的，可以建议合议庭复议，同时应当对要求复议的问题及理由提出书面意见。合议庭复议后，庭长仍有异议的，可以将案件提请院长审核，院长可以提交审判委员会讨论决定。

进行评议，作出裁判；对重大疑难案件和合议庭意见有重大分歧的案件，依照规定程序报请院长提交审判委员会讨论决定；依照规定权限审核、签发诉讼文书；依法完成其他审判工作等。① 从审判长的职责来看，审判长所负责的审判庭实际上类似一个微型刑庭，审判长则类似于一个小庭长，而且办案责任直接落实到审判长头上。在这种情况下，审判庭内的法官在承办案件时，往往都要征询审判长的意见，而审判长出于害怕出错的考虑，也往往不会局限于形式上的签发文书，而是对其他法官承办的案件进行实质性审核。于是，逐渐呈现出一种审判长审批的决策机制。这一点在笔者调研的法院基本得到证实，并为一些学者的调研所佐证。② 当然，也有一些法院现在已经不再坚持审判长选任制度，但是根据笔者以往调研所注意到的情况，③ 曾经试点但如今放弃审判长选任的法院同样存在类似的情形。

再次，庭务会讨论决定案件的决策机制的地位大大减弱，但是出现了另外一种广泛存在的笔者称之为讨论咨询型的决策机制。一方面，由于实行放权和强化合议庭职能的改革，法院庭务会的功能逐渐限于行政事务的研究和决定，而很少讨论个案裁判。实践中仅审判委员会讨论决定的案件中的极少一部分会通过庭务会的方式加以讨论。但是，这并不意味着“庭”作为法院内的一个中层机构，就对裁判的形成没有什么影响。实际上，这种影响通过另外的方式展现出来，即审判长联席会议或者庭上案件讨论会。审判长联席会议是在施行审判长选任制度的法院比较普遍存在的一种非正式的研究案件的组织形式。其提起虽然要受庭长的审查，但是其决定对于合议庭没有强制约

---

① 《人民法院审判长选任办法（试行）》（2000 年 7 月 11 日通过）第 5 条。

② 陈瑞华教授较早地注意了这一点，请见陈瑞华：《司法裁判的行政决策模式——对中国法院“司法行政化”现象的重新考察》，载《吉林大学社会科学学报》2008 年第 4 期。

③ 调查法院由于种种原因，试行审判长选任制度之后，没有继续施行这种制度。

束力，因此其实际上是一个咨询顾问机构。① 庭上案件讨论会是在没有施行审判长选任制度的法院比较普遍存在的另外一种非正式的研究案件的组织形式，根据笔者以往调研获得的材料，这种案件讨论会不同于庭务会之处在于，讨论的结果对于合议庭仅具有参考的作用，是否听取讨论的结果，合议庭说了算。而且，讨论的方式较为随意，基本上不存在行政权威的不当影响问题。讨论会的启动也非常方便，只要合议庭的承办人认为存在疑难问题或者需要讨论的问题，只要向副庭长或者庭长汇报，相关人员时间上方便，即可随时安排讨论。据称，有时候主管副院长都会参与这种讨论。

另一方面，除了庭上讨论会和审判长联席会议这两种新型决策机制之外，实践中还普遍存在一种更不正式的咨询决策机制。就方便程度而言，审判长联席会议和庭上案件讨论会毕竟还需要庭长、副庭长组织召开，而且相关人员也不一定在时间上刚好合适，因此通过庭上讨论会或者审判长联席会议讨论的案件，往往都是一些复杂程度较高的案件。实践中，一些承办人为了简便起见，对于不是特别有把握的案件，往往更愿意直接咨询庭内或者院内的办案能手或者经验丰富的资深法官——绝大多数时候，他们就是庭内的庭长、副庭长，或者是主管副院长，个别情况下还可能是退居二线的老领导。② 相对而言，这些法官可能办案经验更为丰富，某些方面体会可能更深；一般情况下，这些法官都会根据自己的经验和知识，给承办人相应的建议，从而有利于法官作出更为准确的决策。不仅如此，有的法官甚至还会咨询或者非正式请示上级法院相应庭室比如刑庭的法官，尤其是那些与上级法院法官保持良好关系的法官更可能如此；据说，通常情况下，只要上级法院的法官工作上不忙，也会给出一些相应的“个人意见”。此外，随着学术书籍和互联网络在法院内的日益普及，法官通

---

① 叶向阳：《试论审判长联席会议制度的运行机制及功能实现》，载《法律适用》2008 年第 7 期。

② 类似的情况，吴英姿在其博士论文中也曾注意到，请见吴英姿：《法官角色与司法行为》，中国大百科全书出版社 2008 年版，第 282 页以下。

过阅览专家观点来帮助自己决策，也已经成为一种常见的辅助形成决定的方式。①

3.3　行政权阴影下的多元化整体作业模式

上一部分描绘了判决形成的法院内部决策情况，指出了法院内部存在的各种决策机制及其历史变迁。从整体上看，不难发现，尽管笔者已经努力使得这些实践描述和原因分析显得更有条理、更清晰一些，但是由于实践本身的高度复杂性，涉及因素的多样性，似乎笔者这种努力仍然不甚成功。看来，“把只叙事实的材料集中起来”，使人“看到关联性”，这种办法并不足以深刻理解刑事司法的实践活动。② 有鉴于此，或许应当在此基础上进一步追问，在这些复杂的法院内部决策机制中，是否隐含了某种有助于进一步理解刑事程序运作的实践，并因此更为值得关注的规律性意涵？或者用按照孙立平教授所倡导之实践社会学的概念，是否内含了某种内在的实践逻辑？③ 以下将尝试就此展开分析。

3.3.1　法院内部诸决策机制的基本特征

如果单独地审视每一个判决形成的法院内部决策机制，不难发

---

① 这一点笔者在以往的研究中曾有指出，请见肖仕卫：《基层法院审判委员会“放权”改革的过程研究——以对某法院法官的访谈为素材》，载《法制与社会发展》2007 年第 2 期。

② 笔者在这里参照了布迪厄的观点，请见［法］皮埃尔·布迪厄：《实践感》，蒋梓骅译，译林出版社 2003 年版，第 27 页。原文首先为一个提问，即：“把只叙事实（原文如此——笔者按）的材料集中起来”，使人“看到关联性”，这种办法是否足以解释实践活动？然后，作者通过分析对这个问题作了否定式回答。

③ 孙立平先生将实践状态社会现象的研究概括为四个环节，即过程、机制、技术和逻辑，其中逻辑被认为是实践社会学的目标。详见孙立平：《实践社会学与市场转型过程分析》，载《中国社会科学》2002 年第 5 期。当然，需要说明的是，笔者这里并未全面按照孙先生的顺序和环节研究实践现象，而只是关注其内在实践逻辑。

现，各个机制之间实际上存在着相当复杂的关系，有的极为相近，如审委会和庭务会；有的前后包含，如审委会和院、庭长审批；有的则几乎完全不同，如审判长联席会议与审判长签审法律文书。因此在这个意义上，很难找到它们之间的共同特点。笔者以为，这种情形下，只有确立一个特定的参照系，并将之与参与系加以对比，才能完成这一任务。那么，以什么作为参照系呢？笔者以为，司法决策模型乃是作为基本参照系的不二之选。因为刑事判决在本性上应是一种司法判决，按理其决策过程也应是一种司法决策过程；而且刑事判决以一种司法性的程序作出，一直都是我们刑事法治的目标与理想。

司法性决策模型最典型形式就是合议庭合议。因此这里以合议庭合议为范例对其特点予以概括和分析，以便为分析法院内部决策机制特点提供具体的参照。一般认为，合议庭合议的基本特点在于：一是决策组织形式法定、人员固定，即必须是开庭前确定并在开庭时宣布的合议庭组成人员，且非因法定原因不得变更；二是决策者必须直接亲历庭审，并在庭审信息的基础上进行决策，没有直接参与庭审的人员不得成为决策者；三是决策成员享有同等的权力，并在此基础上独立判断和发表意见，即全体成员平等独立地参与案件的审理、评议、裁判，共同对案件认定事实和适用法律负责。与司法性决策机制的这些特点相较，法院内部诸决策机制呈现出相当不同的特点，因而不具有司法决策的基本属性。

首先，决策组织的非法定性和人员的非固定性。一如所知，司法决策的主体只能是法定的审判组织，按照我国相关法律的规定，也就是独任法官和合议庭；① 而且，合议庭成员一旦确定，除非因为回避等法定原因，合议庭成员不得更换。然而，在法院内部的决策机制中，一方面，除了审委会之外，无论是院、庭长审批还是审判长签

① 这一点学界存有争议，但是绝大部分学者都认为审委会不符合审判组织的基本特征。关于这一点的讨论，例见江晓阳：《审判委员会是法院内部的最高审判组织吗》，载中国法院网：http：//www. chinacourt. org/html/article/200502/17/150655. shtml，2009 年 3 月 10 日登录。

审，也不论是庭务会还是审判长联席会议或者案件讨论会，都不属于法定的审判组织。但是，在刑事判决形成的实践中，这些非正式的组织形态或者提供咨询顾问的人员，却实实在在地参与了实际的判决形成过程，并产生了或大或小的实质性影响，有的甚至是决定性的影响。另一方面，决策的主体除了承办人和合议庭成员之外，其他参与或者影响决策的人员并不是固定的，而是流动的，并随着具体决策机制的不同而有所不同。可见，司法决策的主体是人员固定、面目清晰的审判组织，而法院内部决策机制中的决策主体实际上是弥散和模糊不清的。①

其次，决策者的非亲历性。司法性决策要求决策者必须亲历庭审，其要义在于确保决策者赖以决策的信息的鲜活性、生动性以及对事实细节和对人之境遇的洞察。不过在我们观察到的法院内部决策机制中，无论是在行政审批型决策机制，还是在民主集中型决策机制，抑或在讨论咨询型决策机制中，通常情形下，除了参与合议庭审判的审判长之外，各种决策机制中的审委会委员、院长、庭长，以及其他参与讨论案件的审判长、资深法官等，实际上都没有亲自参加庭审，对于案件事实根本没有身临其境的感知，对于被告人、被害人、证人等亦未能通过“五听”判断真伪，其赖以判断的信息基础几乎完全来自承办人的汇报和叙述。也就是说，就是这些决策机制所作出的决策，乃是建立在间接信息和书面信息的基础之上，因此很大程度上丧失了对事、对人诸细节的敏感性。

最后，参与决策成员在权力上的不平等性和判断上的非独立性。司法决策要求参与决策成员之间的权力平等，目的在于保障法官个人判断的独立性，从而真正发挥“三个臭皮匠、顶个诸葛亮”的群体决策的优势。但是，在中国法院内部诸决策机制中，一方面，在审委会讨论决定机制中，虽然各个审委会委员当然都有自己的独立判断，

① 这一点强世功和赵晓力很早以前即已注意到，请见强世功、赵晓力：《双重结构化下的法律解释：对 8 名中国法官的调查》，载梁治平编：《法律解释问题》，法律出版社 1998 年版，第 237 页。

并且原则上一人一票，但是各个委员之间并不完全平等，法院院长在许多时候往往可以利用其行政职务影响整个案件的判决，以往比较普遍存在的庭务会亦是如此；在院、庭长和审判长审签机制中，合议庭或者说承办人与院、庭长、审判长之间不具有平等的地位，尽管许多时候院、庭长并不能直接改变合议庭的意见，但是院、庭长的意见无疑仍然具有相当的分量，决策的作出相当程度上仍然具有某种上令下从的色彩。另一方面，如果说行政职权影响了法官的独立判断的话，那么审判长联席会议、案件讨论会的存在，甚至审委会讨论以及院、庭长审批机制的存在，正如后面一部分将会详细阐明的，则不同程度地表明一些承办法官判决的基础并不是建立在独立判断的基础上，而是对他人看法有所依赖，一定程度上呈现出咨询型审判的特点；① 尤其在前两种决策机制所采取的决策方式实乃顾问方式而非表决方式的情形下，此点可谓表现得更为明显。

当然，除了上述以司法决策模型为参照的特点之外，法院内部诸决策机制本身还有着另外一些重要特征，其中最为典型的就是各个决策机制之间的关联性和行政权力在各种机制中的地位和影响。一方面，从前面部分的考察不难发现，所有这些决策机制并不是孤立存在的，而是紧密联系在一起的，一些机制之间相互衔接乃至环环相扣，从而形成一个相互衔接的连续统。比如，在施行审判长选任制度的法院，一个案件的判决书经过审判长审核签发时，如果审判长认为存在重要疑问，可以提请审判长联席会议讨论，或者直接报告院长提请审委会讨论；而审判长联席会议讨论的结果合议庭仍然有不同意见时，审判长联席会议可以提请院长交审委会讨论。再如，按照最高法院的相关规定，院、庭长对裁判文书具有审核签发权，虽然在有不同意见时不能直接改变裁判结果，但是也可以提请审委会讨论。另一方面，在不同的法院内部决策机制中，行政权的地位不尽相同，但又都几乎

① 关于这一点，笔者曾在以往的研究中有所提及，请见肖仕卫：《基层法院审判委员会“放权”改革的过程研究——以对某法院法官的访谈为素材》，载《法制与社会发展》2007 年第 2 期。

一直在场并发挥或大或小的作用。比如，在院、庭长审批和审判长审批机制中，行政权或者准行政权具有决定性的作用；在审判委员会讨论、审判长联席会议和庭上案件讨论决策机制中，行政权逐渐仅仅具有启动上的决定或者衔接作用；而在日常的咨询、询问中，行政权的这种衔接作用都几乎消失不见了，但却转化为某种历史权威而继续产生影响。下文的分析马上将表明，法院内部决策机制的这两个特点在与学界相关研究的对话中将具有非常重要的分量。

3.3.2　一种行政决策模式

从上述以司法决策为参照总结出来的特点来看，审委会、庭务会、院庭长审批、审判长签审、审判长联席会议、案件讨论会等诸如此类的法院内部决策机制，都不具备司法决策的基本属性，而是指向了一种颇为不同的决策模式。那么，这是一种什么样的决策模式呢？为了形成对话，同时也出于对前人研究的尊重，本部分将对于学界以往的相关研究作一反思性评析。

在以往的研究中，与判决形成的法院内部决策机制相关，人们普遍关注的是法院审判职能行使过程中的官僚化或者说行政化问题。学者们指出，中国的法院内部存在极为严重的官僚化现象，不仅法官本身分为若干专业等级，而且法院内部还存在庭长、院长一类的行政等级；不仅法院内部的人事安排、资源分配要受到这种等级关系的实质影响，而且这种等级关系还极为强势地侵入了审判活动，从而导致了司法行政化的现象，并在实践中呈现出一种行政决策的面孔。人们为此列举了相当多的例子和现象作为佐证，比如院、庭长对案件的审批，审判长审批，审委会、庭务会讨论决定案件等。有学者据此认为，在中国各级法院，虽然这种行政决策方式没有任何成文法上的依据，却已经成为长期得到奉行的司法决策方式。①

这种理论上的概括毫无疑问具有重要的启发意义。在很大程度

① 请见陈瑞华：《司法裁判的行政决策模式——对中国法院“司法行政化”现象的重新考察》，载《吉林大学社会科学学报》2008 年第 4 期。

上，这种分析和概括可以说是抓住了法院内部决策机制的主要环节，因此具有相当的解释力。但是，可能出于学者的批判天性，学者们在关注司法决策行政化的同时，却很少注意中国法院内部决策机制的其他方面，甚至对所谓的行政化司法决策机制也缺乏细致的分析。一方面，人们似乎没有注意或者不愿意提及的是，一个基本的事实是，在法院审理的案件中，并不是所有的案件都要经过这种行政化的决策机制，实际上不仅大量的案件已经不需要经过审批或者讨论而是由独任法官或者合议庭独自作出判决，而且正如我们上面已经看到的，即便许多案件并非合议庭独立作出裁判而是借助了法院的整体性力量，但是借助的方式也已经不限于行政审批而是日益多元化了。另一方面，只有个别学者注意到，① 审委会（以及庭务会）讨论决定案件时所遵循的民主集中制与严格意义上的行政化决策存在相当的不同；甚至即便在院、庭长的审批制度下，也不是完全地上令下从，而是存在相当的专业对话的色彩，因为法院毕竟不同于行政机关，规则和专业知识在法院的地位远远要高于行政机关。更进一步地，人们只注意到了行政管理对审判职能的侵蚀，没有注意到审判活动其实并不是完全地被行政化，而是存在着相反的情形，即审判活动存在着排斥行政管理的本性。

实际上，从笔者了解特别是通过实地调查获得的情况来看，单纯地用司法行政化这样的概念来概括中国法院内部的决策机制，实际上不仅是不严谨的，也是不全面的，甚至可以说时没有触及重点的。具体而言，说其不严谨，乃是因为，真正意义上的也是现代意义上的行政管理，是以严格的上下级科层关系为前提。但是在学者们惯常认为的行政化决策机制中的审委会和庭务会讨论决定机制中，除了启动过程的审批具有行政决策性质之外，讨论过程中虽然存在行政上的上下级，比如院长、庭长，而且有时候院、庭长的发言也会显得“更有分量”，但是发表意见的权利基本是平等的，而且原则上也是一人一

① 请见苏力：《论法院的审判职能与行政管理》，载《中外法学》1999 年第 5 期。

票，并不完全属于行政管理中“官大的说了算”的问题。而且在制度设计上，甚至还有防止“官大的说了算”的措施，即让“官大的”最后发表意见，以便于相关人员畅所欲言。①

说其不完整，乃是因为，法院内部实际存在的决策机制，并不只有所谓的行政化决策机制一种。虽然本节并不讨论通过司法程序作出决策的问题，但是我们必须看到，实际上已经大量的案件并不经过所谓法院内部决策机制而是仅仅经过司法程序之后就作出了判决。比如，适用简易程序审理的案件绝大部分都是如此，再如当庭宣判案件中的相当一部分也是如此。② 此外，如果我们对法院内部实际存在的三种判决形成的决策机制加以概括，不难发现，行政审批型决策机制是典型的行政性决策机制（但是与完全的行政机关的行政审批相比，其行政色彩要淡得多），民主集中型决策机制虽然内涵了行政审批决策机制的一些内容（即启动仍然是一个审批过程），但结论最终作出的行政化色彩逐渐减退；讨论咨询型决策机制中虽然也有着某些行政审批决策机制的影子（启动具有一定的行政色彩，行政官员带着双重身份参与讨论），但是行政化色彩已经极其弱化了，而日常的咨询、询问则除了某种行政权的历史积淀之外，几乎没有任何行政色彩。可以说，这种从完全的行政型决策机制到几乎没有行政色彩的讨论咨询型决策机制所形成的决策机制，基本上构成了一幅法院内部判决形成决策体系的完整画面。显然，与学者们所热烈讨论的司法行政化议题相较，这幅画面无疑要完整和丰富得多。

---

① 如最高人民法院《关于人民法合议庭工作的若干规定》第 10 条第 1 款规定：合议庭评议案件时，先由承办法官对认定案件事实、证据是否确实、充分以及适用法律等发表意见，审判长最后发表意见；审判长作为承办法官的，由审判长最后发表意见。对案件的裁判结果进行评议时，由审判长最后发表意见。

② 当庭宣判的案件并不都是经过庭审后就直接作出了判决，因为存在某种为了追求当庭宣判率而假当庭宣判的情形。关于这一点，请见兰荣杰：《制度设计与制度实践之间——刑事当庭宣判制度实证研究》，载《中国刑事法杂志》2008 年第 3 期。

最后，说其不触及重点，乃是因为通过上文的考察，我们可看到，经过近十年的司法制度改革，尤其是法院内部的“放权”改革和审判管理与行政管理适度分离的改革，以往人们所普遍关注的司法行政化问题，实际上已经没有以往的突出地位。不仅真正意义上的行政审批已经大大减少，比如院长审批有的已经仅限于审委会讨论决定的案件，有的则至多在此基础上加上判处有期徒刑适用缓刑的案件；而且文书的签发也逐渐不再具有真正行政意义上的上令下从性质，因为院庭长已经不能改变合议庭的决定，而只能提出意见；此外，审委会讨论案件的数量急剧下降，也导致因启动审委会所需要的院庭长审批地位大幅下降。与此相应，审判长联席会议、庭上案件讨论会以及日常的咨询请教却日益增多，更多的案件仅仅通过司法过程作出决定，进一步表明行政决策机制已经开始弱化。

3.3.3 行政权阴影下的多元化整体作业模式

以上分析表明，经过最近十年的司法改革和实践发展，法院内部决策机制已经发生了相当的变化，并显现出相当的复杂性，将目前法院内部决策机制概括为单一的行政决策模式，已经存在相当的问题。既然不能用行政决策模式来概括和分析法院内部诸决策机制，那么其究竟是一种什么样的决策模式呢？在笔者看来，目前法院内部诸决策机制，可以称为一种行政权阴影下的多元化整体作业模式。之所以如此认识，有着为如下事实和规范层面的理据。

首先，尽管经过近十年的改革和发展，行政权在法院判决作出过程中的地位有所削弱，但是不容否认的是，行政权对于判决形成仍然具有实质性的影响，法院内部诸决策机制可以说仍然处于行政权的阴影之下。其一，在院、庭长审批案件机制中，院庭长尽管不能直接改变合议庭意见，但是却可以否定合议庭的意见，而且原则上合议庭都得服从；其二，在庭务会、审委会以及审判长联席会议、案件讨论会等决策机制中，虽然政治性的民主集中原则取代了行政决策，但是院、庭长对于是否启动这些决策机制仍然具有相当大的决定权；其三，在最为日常的咨询、询问中，虽然无论是启动还是决定都与行政权无关，但是实践中咨询、询问行为往往发生在普通法官与院、庭长或者退居二线的老庭长、院长之间，也表明这种辅助决策的行为其实仍然暗含了行政权的影子。

其次，虽然行政权对于判决形成仍然具有重要的实质影响，或者说法院内部诸决策机制仍然处于行政权的阴影之下，但是正如我们已经指出了的，法院内部诸决策机制并不能用单一的行政决策模式予以概括，因为这些决策机制在性质上存在着明显的多元化特点：不仅存在纯粹的行政决策模式，如院长审批；也存在具有政治民主意味的民主集中性决策机制，如审委会讨论；还存在咨询顾问型的决策机制，如庭上案件讨论会等。在笔者看来，对于这种多元化决策机制存在的事实，我们不能削足适履甚或视而不见，而必须直接认可并在理论上予以反映。

最后，尽管存在多元化的决策机制，但是这些机制并非互不相干，而是一个有机整体，并在判决形成过程中呈现出整体作业的面目。其一，从规范上讲，虽然法定的审判组织只能是独任法官或者合议庭，但是判决书却要在合议庭或者独任审判员署名后加盖法院的公章；而且，中国司法制度不强调法官个人独立，而只是提及法院整体独立，这两点其实都非常清楚地表明法定的审判组织背后存在着法院这个整体性力量。其二，从现实情况来看，正如我们已经概括指出了的，这些决策机制并不是孤立存在的，而是紧密相关的连续统。正是在这种连续统中，我们不难发现，无论是单个的法官还是合议庭，甚至是刑庭，其实都不是孤立作战，而是随时可以请求支援并动用法院的整体力量来解决遇到的问题；法院也可以为了某种整体目标而在必要时介入到法官、合议庭的办案过程中来。

当然，除了上述事实和规范上的理据之外，“行政权阴影下的多元化整体作业模式”这一概念所具备的极强包容性，也是影响笔者坚持此一概念的重要因素。我们已经看到，这一概念既能用来指称历史上审委会和院、庭长审批占据主导地位的法院内部决策机制，也能解释当今行政色彩逐渐弱化的同时内部协作机制逐渐兴起的决策机制。不仅如此，在笔者看来，其还能解释将来可能具有的某些变化——比如各种审委会讨论决定案件功能进一步萎缩，同时院庭长和审委会委员亲自组庭审案的数量进一步增加；① 再如可能出现的为了防止司法腐败而强化某些特定案件的行政审批或者审委会讨论等。因为无论这些具体的决策机制如何变化，其内涵的整体作战的理念却没有任何变化，行政权的作用很大程度上仍然如影随形，发生的一些变化可能都只不过是“行政权阴影下的多元化整体作业模式”在不同条件下的不同表现形式而已。

3.4 为何如此决策：行动者的理由

通过对判决形成的组织过程即法院内部决策机制的考察，我们发现，一方面，法院内部决策机制因为近十年来的司法改革和实践发展而发生了巨大变化，以往大量乃至全部案件都需要院、庭长审批和审判委员会讨论决定的现象已经大为改观，庭长几乎不再审批案件，庭务会也几乎不再讨论案件而逐渐演变成为一种主管行政性事务的决策机制；另一方面，法院内部的决策机制变得更为复杂，不仅原来的审判委员会讨论决定机制和院长审批决定机制仍然存在，而且出现了两种新的决策方式，即审判长审批决策机制、审判长联席会议和庭内案件讨论会等形成的讨论咨询型决策机制，由此形成了行政性的、民主集中制的和讨论咨询型的法院内部决策体系。更重要的是，这几种决策类型共同构成了笔者称为“行政权阴影下的多元化整体作业模式”，从而呈现出一种相当独特的决策形态。那么，为什么会出现这样的决策形态呢？以下将按照导论交代的思路，从行动者角度出发首先逐个分析每一种决策机制中各个层次行动者的基本看法，希望能够看到影响法院法官如此行动的各种情境性因素或者约束条件。

---

① 这一点已经列入了人民法院第二个五年改革纲要，请见《人民法院第二个五年改革纲要（2004～2008）》第24条、第26条；以及《最高人民法院关于完善院长、副院长、庭长、副庭长参加合议庭审理案件制度的若干意见》（法发〔2007〕14号）。

3.4.1　为什么选择民主集中型决策机制

从上文考察和描述的情况来看，实践中民主集中决策机制包括两种，即审委会和庭务会。考虑到近年来庭务会已经很少讨论决定案件，而且其运作原理与审委会大同小异，因此这里将主要考察审委会存在的实践理由。从实践情况来看，审委会主要涉及三个层面的行动者，即合议庭法官、以各庭室一把手为主的审委会委员和院长、副院长。三个层面的实践者毫无疑问在审委会问题上存在一些共同的看法，但是为了逻辑上的清晰，下面将分别分析。

首先，从合议庭法官的角度来看，合议庭法官在是否启动审判委员会讨论决定上具有相当的主动权，原则上法院不会强行要求某个案件必须由审委会讨论决定，因此法官为什么采取这种决策方式的理由就非常重要。从笔者访谈的情况来看，法官的理由主要有这样几个：[①] 一是经过庭审之后，合议庭成员特别是承办法官认为事实认定仍然存在重大疑点，法律适用也仍然存在不少问题，而对于这些问题，合议庭解决不了，或者分歧很大，因此需要一个解决疑难问题或者分歧的决策机制。二是对于合议庭成员内部存在的分歧，难以完全按照法律规定的多数原则作出决定，因为这样可能会“得罪人”并使得同事关系不和谐，这个时候审委会也是一个解决合议庭分歧的较好途径。三是一些案件虽然事实和法律都比较清楚，但是按照法律裁判可能存在不稳定隐患，比如被害人或者其亲属纠集大量人员在法院门口闹事；或者有外部力量的干预，如果按照法律判可能会给法院带来麻烦，比如党委、政府、上级法院的干预；这两种情形下提交审委会讨论更为保险。四是由审委会讨论决定的案件，如果案件被上诉法院改判或者发回重审，合议庭虽然最终也要承担责任，但是法院内部在实际处理时“把握的尺度”会有所放松，因为最终的决策者是

---

① 有必要指出的是，这一点一些学者早已做过分析，请见强世功、赵晓力：《双重结构化下的法律解释：对 8 名中国法官的调查》，载梁治平编：《法律解释问题》，法律出版社 1998 年版。

审委会，也就是说审委会在合议庭法官看来还是一个不利责任的削减机制。

其次，从作为审委会委员的庭室一把手的角度来看，由于这些法官在法院内部的特殊身份，他们往往代表了某个法院内部的中层部门，不仅业务工作任务比较沉重，而且行政事务也比较繁忙；更重要的是，一般情况下这些一把手更重视自己部门的工作，因为部门工作更能出成绩，也更容易为领导所认可；① 但是与此同时，审委会讨论决定案件需要耗费相当的时间和精力。在这种情况下，不难想象，如果没有一定的激励，这些委员们可能对于审判委员会讨论决定案件并不“感冒”。从笔者访谈的情况来看，激励委员们参与讨论决定的因素主要有两个。一是各个部门都可能存在麻烦案件，审委会提供了一个不错的解决途径，而且本部门一把手参与讨论，在遇到涉及本部门的案件或者事项时，也有为本部门说话的机会，这有利于部门业绩不出大的问题，同时维护自己在庭室内部的权威地位；二是成为审委会委员本身是一个不错的待遇，具有一定的荣耀感和权威性，同时也是对自己能力的肯定，因此只要没有因公外出，原则上都会比较积极地参加审委会讨论。

最后，从院长的角度来看，必须注意的是，院长实际上代表的是法院的整体利益，因此法院的考虑也就与法官有所不同。从访谈的情况来看，法院层面对审判委员会的认识主要有这样几点：一是审判委员会作为院内最高的审判组织，通过集体智慧，可以解决一些疑难复杂案件，以及具有重大社会影响的案件，从而维护法院的公正和权威；二是在很大程度上，审判委员会讨论决定案件为解决疑难案件提供了榜样，有利于提高法官的素质，并有利于规则适用在辖区内的大致统一；三是法院目前受地方党委、政府的制约和影响仍然比较大，一些案件还会受到地方的不正当干预，审判委员会所具有的集体讨论

① 这一点笔者在以往的调查中也曾发现，请见肖仕卫：《基层法院审判委员会“放权”改革的过程研究——以对某法院法官的访谈为素材》，载《法制与社会发展》2007 年第 2 期。

决定机制，可以比较好地抵制外部干预；四是审判委员会讨论决定案件可以较好地防止司法腐败，不仅可以较好地防止合议庭法官的擅断，也可以防止个别审委会成员的腐败，因为个别成员在集体决策中难以决定裁判的结果。①

3.4.2　为什么选择行政审批型决策机制

一如前文考察所知，行政审批决策机制在实践中包括两种具体情形，即院、庭长审批和审判长审批，前一种属于过去一直存在而如今司法实践中有所萎缩的决策机制，后一种属于近年来随着审判长选任制度改革而生发出来的新型决策机制。由于两者的运作存在一定的差异，因此下面分别予以分析。

首先，对于院、庭长审批而言，实践中主要涉及两个层面的行动者，即普通合议庭法官、独任法官和审批者即院庭长。一方面，就普通法官而言，由于这种情形下合议庭或者承办法官并没有启动上的主动权，因此法官基本上属于比较被动的角色，总体上处于被审查和监督的地位。从理论上讲，法官当然不会欢迎这种审批，因为这是对审判权的分割，也是对法官自主性的约束，而在常理上——按照苏力的说法，“谁都不愿意老是被别人管着”。② 但是值得注意的是，实践中法官并非完全如此认识，在以往，由于法官素质普遍不高，据说法官并不反对院庭长的审批，而是认为院庭长审批也具有提高裁判准确性的积极作用；而如今虽然法官素质基本不是大的问题，但是由于经过改革之后，院庭长审批的方式发生了很大变化，他们已经不能直接改变合议庭的意见，同时审判长的审签很多时候也都带有讨论、商榷的性质，因此法官们认为这种审批对于审判权的分割并非不可接受，相

① 这一点苏力教授十多年前即以指出，如今仍然如此。请见苏力：《送法下乡：中国基层司法制度研究》，第三章“基层法院审判委员会制度的考察及思考”，中国政法大学出版社 2000 年版。

② 苏力：《送法下乡——中国基层司法制度研究》，中国政法大学出版社 2000 年版，第 99 页。

反一定程度上仍然有利于提高裁判的质量，特别是有助于弥补因为案件负担过重可能出现的办案疏忽，以及帮助法官抵御一些人情、关系的影响等。另一方面，从法院的角度来讲，院、庭长审批案件，主要目的除了避免因法官素质不高而出现办案质量问题，从而确保裁判的准确性之外，还有就是应对上级法院下达的控制二审改判、发回重审率的指标问题，以及控制法官，防止法官枉法裁判和司法腐败。① 最后一点在笔者调查的法院有着非常明显的体现，在该院，虽然伴随着近年来法院内部的放权改革，法院已经大量放权于合议庭，但是对于判处有期徒刑适用缓刑的案件，仍然规定要主管副院长审批，主要原因就是缓刑涉及自由裁量权较大，而且缓刑事关被告人“坐牢”与否的问题，滋生腐败的可能性较大。当然，就主管副院长、庭长个人而言，审批签发判决，本身也代表了一种权力，行使权力的“快感”可能也是这些院长、庭长们愿意审批的一个心理原因。

其次，对于审判长审批而言，实际上也主要涉及两个层面的行动者，即合议庭法官和审判长。一方面，对于普通法官而言，从我们了解的情况来看，审判长所在的审判组的其他成员并不反对审判长的审批，理由很简单，审判长要对这些成员的裁判负责，权力和责任是统一的，而且审判长可以通过考试等更换，理论水平高的法官都有机会当审判长；此外我们还要看到，所谓审判长审批，很大程度上并不具有严格意义上的行政性质，因为审判长并不是行政职务，因此与以往的庭长审批相比还是存在很大的区别，实践中审判长的所谓审批，一般情况下都会同意合议庭的意见，所谓签发也就是改改文字以显示自己的高明之处，如有实质性的不同意见，也基本上都是通过与审判组成员讨论后形成决议，而很少有纯粹的行政性审批和决定；这一点，可能也是审判组成员并不反感审判长审批的重要原因。另一方面，就审判长而言，其对案件的审批（审签），主要的原因在于确保自己

① 重庆市第一中级人民法院的调研证实了这一点，请见重庆市第一中级人民法院课题组：《合议庭职责和院庭长裁判文书签发权限制度的完善》，载《西南政法大学学报》2008 年第 3 期。

“心里有底”，尽可能地使案件裁判更为可靠，因为正如我们前面看到的，审判长在获得相对独立的审判权包括审签权之后，其承担的责任也相应地加大了，一旦出现错案，其承担的责任分量也相应地增多，在这种情况下他只有通过实质性的乃至于有些行政化的审核，才能确保尽可能不出错以避免承担相应的责任。

3.4.3　为什么选择讨论咨询型决策机制

就第三类也就是讨论咨询型决策机制而言，实践中其实际包含三种具体的决策机制，即审判长联席会议、案件讨论会和咨询请教机制，但是由于三种决策机制除了在组织化程度上存在一定差异之外，运作机理基本相通，因此这里将三者合起来一起分析。

审判长联席会议、案件讨论会和咨询请教机制实际上主要关乎两类行动者，一类是申请讨论的法官或者审判长，另一类是主持、组织和参与讨论的院、庭长和其他审判人员或者接受咨询的所谓“专家法官”。一方面，从法官和审判长的角度来看，在许多人看来，讨论咨询一定程度上反映的是自己的能力问题，一般来讲法官应该不愿意请教他人，更不愿意劳师动众要求召开审判长联席会议和案件讨论会。那么，法官为什么愿意采取这种方式呢？从访谈的情况来看，法官以及其他愿意参与讨论或者接受咨询的人们选择这样一种决策方式，主要有这样一些考虑：一是，合议庭或者承办法官在经过庭审之后，认为存在一些疑难复杂的事实认定问题、法律问题以及存在外部干预和社会影响的案件，合议庭成员自认为不是很有把握，但是随着制度改革的逐步推进，特别是最高法院的两个五年改革纲要推行的放权改革，庭务会包括院长、庭长审批逐渐衰落，审委会讨论决定案件的范围也大幅缩小，这种情况下，有一个讨论案件的平台或者向他人咨询，其实也是一个增强裁判信息基础的不错途径；二是，这种方式也有利于化解合议庭或者审判组内部争执不休的分歧，避免通过院、庭长的行政手段解决专业认识上的问题，避免审判长显得过于强势而导致审判组内部的不和。

另一方面，从主持、组织和参与讨论的院、庭长和其他审判人员或者接受咨询的所谓“专家法官”来讲，虽然这样一些会议和讨论以及咨询耗时费力，但是对于院长、庭长而言，却可以通过这样的会议和讨论了解和掌握庭上案件审理的基本情况，适时进行监督和指导，统一法律适用，并在此基础上思考庭上的各种考核和指标，避免可能出现的问题，提高部门业绩或者法院判案的可靠性；对于庭上的其他参与讨论的人员而言，确立和参加这样一个平台，不仅自己随时可能需要利用整个平台解决一些问题，而且通过案件讨论，也有利于自己专业素养的提高；而对于那些接受咨询的人员而言，通过接受咨询往往会获得一种满足感，也是一种得到认可的表现，因此只要不是特别耽误时间，当然也就愿意提供一些个人的意见。

3.4.4 为什么多元化整体作业

上述几个方面主要是从法院内部各个层次的行动者视角出发分析了各个具体的决策机制存在的实践理由。应当说，经过这些考察和分析，无论是民主集中的决策机制，还是行政审批的决策机制以及讨论咨询的决策机制，各自存在的基本背景和现实理由都比较清楚了。而且经过这样的分析，行政权在法院内部诸决策机制中仍然具有相当影响力的原因也得到了合理的解释。但是仅有这些分析，尚不能解释一个问题，即“为什么多元化整体作业”的问题。从调研的情况来看，之所以出现这种情形，与上述各个决策机制一样，不同层面的行动者有不同的理由。

首先来看为什么多元化。我们看到，多元化的决策机制之间并不是平行关系，而是在组织形式上逐渐正式，在功能上逐步深入，在解决问题的难度上往往也逐次提高。比如，庭上案件讨论会只是解决一般的问题，而审委会则解决相当复杂的问题。一方面，对于法官而言，不同层次、不同难度的问题通过不同的方式解决，既符合“不同案件适用不同程序”的要求,[1] 又可以节约成本、提高收益——因为决策机制越正式，启动难度就越大，决策过程也就越复杂，参与决策的成本相应也就越高。另一方面，对于法院院长、庭长、审判长、审委会委员以及资深法官而言，多元化的决策机制也有利于发挥不同层次组织机制的优势，既符合“放权”的改革要求，又有利于实现繁简分流，避免造成审委会讨论案件负担过重造成审委会管道阻塞和功能失调。

现在来看整体作业问题。一方面，从合议庭法官的角度来看，这种整体关系为合议庭解决各种麻烦问题，包括事实认定和法律适用上的疑难、内部分歧和外部干预等提供了系统性的解决渠道，很多事实、法律问题以及法律之外的各种协调可能并非某一个机制能够解决。在这种情况下，比如在施行审判长选任制度的法院，审判长签审文书时不能解决的问题，可以由审判长联席会议进一步解决，审判长联席会议还是不能解决的，则可以由审委会进一步解决，以便确保各种问题都能够得到妥善解决，或者说至少有解决的途径。另一方面，从法院各层领导的角度来讲，这种整体性的决策机制，不仅可以高效率地解决各个层次的疑难、复杂问题，以整体力量解决法律问题乃至外部干预问题，而且有助于实现法院各层级领导对在审案件情况的把握和了解，即有助于对法官行为的逐层监督，有利于审判指导工作的顺利开展，实现法官行为的可控化，防止枉法裁判和司法腐败，为法院提供审判管理上的便利。

3.5　内涵的制度根源，尤其诉讼制度上的根源

上文从行动者的角度考察了法院内部决策机制存在和运转的实践理由。由于侧重于行动者的看法，因此看到的主要是一些具有一定主

---

① “不同案件适用不同程序”是马明亮提出的一个原则，笔者在这里予以借用。关于“不同案件适用不同程序”，请见马明亮：《协商性司法》，法律出版社 2007 年版，第 326 页。

观性的理由。尽管这些行动理由非常重要，但是笔者认为必须进一步地追究内涵于其中的基础性和深层性根源。下面的分析将首先以上文的分析为基础，概括指出内涵于其中的影响法院法官选择这些决策机制的基础性因素，然后重点从刑事诉讼的角度展开制度分析。

3.5.1　司法制度上的根源

结合笔者的调查以及学界已有的讨论，这些行动理由所内涵的基础性和深层次性根源，主要在于以下三个方面。第一是法官的专业素质问题。这一点是学界习惯提到的问题，也是法院领导层普遍认同的问题，即法官专业素质不高，认定事实和适用法律的能力不强，某些法官道德素质低下，防腐抗变能力较差，因此需要众多的决策机制层层把关。第二是如何监督法官行为的难题，在司法腐败现象还比较普遍地存在，法院作为一个组织在现行制度下要对法官的审判行为负责的情况下，“如何管好人”是一个相当重要的问题，为此设置的错案追究制、案件质量考评制度等，则使得法官在作出判决之前更为小心谨慎，并在没有把握的情况下尽可能通过这些机制作进一步的确认；而庭务会、审委会、院长、庭长审批等决策机制，本身也有助于进一步实现法院的这种管理目标。第三是法院还受到外部环境的较大影响，法官和法院的独立还远未成就，法院的财政、人事还受制于地方，因此地方党委政府以维护社会稳定、保护经济发展等为由干预司法的现象还时有发生，在这种情况下，类似审委会这样的机构还有存在的空间。

对于上述三个方面的基础性根源，总体上可以说都属于司法制度上的问题，法官素质属于司法考试制度、法官准入制度需要解决的问题，法院内部的管理则属于司法管理学的问题，法院外部环境则是关乎整个司法体制的问题。毫无疑问的是，这些方面的因素对于法院内部判决机制的存在、运行产生了直接的影响。这一点可以说在前面一部分的行动者理由中有非常明显的体现。应当说，无论是法官素质问题还是法院不独立的问题，也不论是法院内部管理问题，实际上都不是什么新问题，不仅许多学者早已注意到，而且近年来的司法改革在相当程度上就是围绕这些问题逐步推进的。毫不夸张地说，如果这些基础性问题得不到有效的解决，可能整个刑事法治建设都难以取得实质意义的进展。不过，考虑到关于这些司法制度上的问题，学界相关讨论已经非常多，因此这里不拟从这个角度做重复工作。笔者关心的问题是，这样一些法院内部决策机制的存在，是否与诉讼制度也存在紧密的关联？下面的文字，就将着力回答这一问题。

3.5.2　刑事诉讼制度上的根源

在展开分析之前必须说明的是，从诉讼法的角度追问法院内部决策机制存在的制度根源，其实早有学者做过尝试。陈瑞华教授就曾在分析中国司法裁判形成的行政决策模式时指出，这种司法裁判的行政审批机制之所以盛行不衰，除了因为法院普遍存在着司法裁判职能与司法行政管理职能的混淆问题，使得具有较高行政级别的司法官员难以与普通法官平等地行使司法裁判权之外，另一个原因就是在现行司法程序中还没有建立一种“通过诉权来制约司法裁判权”的机制，使得控辩双方无法对法官的裁判权产生有效的制约。① 换句话说，在他看来，诉权监督与行政监督构成了一种功能替代关系，前者的缺乏，导致了后者的盛行。笔者基本赞同陈教授的观点。不过，由于本章所描绘的法院内部决策机制与陈教授发现的行政决策模式并不相同，尤其在成因上，正如前文已经分析指出了的，既有来自法院层面的监督考虑，也有来自普通法官层面的各种实用主义的考虑。从法院为什么要采取包括行政监督在内的诸种方式监督法官这一角度来讲，陈教授从诉讼法角度指出的缺乏“诉权监督”已经回答了这一问题。但是，普通法官为什么要选择这些方式来决策（或者说为什么愿意接受各种方式的监督），是否也有着诉讼制度上的根源呢？

之所以追问法官采取这些内部决策方式决策的诉讼法根源，起因在于一些法院内部决策机制的启动特点。正如前面的考察已经表明了

---

①　请见陈瑞华：《司法裁判的行政决策模式——对中国法院“司法行政化”现象的重新考》，载《吉林大学社会科学学报》2008 年第 4 期。

的，除了院长、庭长、审判长审签文书属于硬性规定之外，其他所有的法院内部判决形成机制如审委会、庭务会、审判长联席会议等，在启动上都以法官申请为前提。而法官申请讨论有着多重原因，但是最起源意义上的原因，却是因为案件本身疑难、复杂和重大，没有这个根由，其他的诸如害怕承担责任、怕得罪人等之类的理由都不存在。这里的疑难、复杂和重大，一般有三种情形：一是事实认定和法律适用上的难题；二是社会影响重大特别是可能涉及稳定问题；三是存在外部干预。根据笔者的调查，其中第一种情形又以事实认定上的难题为主，后面两种很多时候存在重叠，比如涉及稳定问题，同时也可能受到党委、政府的干预。按照笔者长期实地调研的经验，一个基本的判断是，后两种情况虽然有但渐趋减少，第一种情况占据绝大多数。也就是说，事实认定和法律适用上的难题是引起法官启动审委会、庭务会以及审判长联席会议等机制的主要原因。那么，这些事实认定和法律适用上的难题是怎么形成的？有人可能马上就会说，那是因为法官的素质不高，在认定事实和适用法律上能力较差，因此才会出现这些问题。这种回答毫无疑问有其合理性，尤其是在十年前更是如此。但是，十年后的今天，我们看到法官的素质普遍提高（特别是城市法院）——比如笔者调查的法院，刑庭的审判法官都是正规的法学科班出身，有的还有硕士学位；而且法院内部竞争激烈，专业素质低的法官实际上很难成为一线审判法官，因此现在已经很难说他们的法律水平低了。由此看来，出现事实认定和法律适用上的难题，特别是事实认定上的难题，必然还有其他深层的制度根源。

在笔者看来，内涵于法院内部决策机制之中的这个深层的制度根源，就是刑事诉讼本身查明事实真相的制度能力存在问题。也就是说，很多刑事案件，从理想的角度来讲，本可以不成为难办的案件，因此不需要经过审委会、庭务会、审判长联席会议、庭上案件讨论会等之类的决策机制来帮助决策；但是由于诉讼程序很大程度上没有查明案件事实的能力，或者说查明案件事实的能力较弱，使得大量的案件变成了难办案件。在我们的调查中，法官们也曾提到这一问题，认为很多案件，经过庭审之后，如果严格按照刑事诉讼法的规定，确实很难达到“犯罪事实清楚、证据确实充分”的标准，并为此感到困惑和无奈。实际上，本书第 2 章的分析已经表明，至少在庭审阶段，由于刑事诉讼制度设计存在问题，由于实践压力和一系列认知倾向的影响，通过诉讼过程查明案件事实的制度能力确实存在问题。不过，由于本书第 2 章着重分析影响法院审判的诸因素特别是实践压力和认知倾向方面的因素，因此并没有对刑事诉讼制度在查明事实的能力这一问题上作过多的制度分析。为了增强这一观点的说服力，笔者在这里拟通过比较法的材料来作进一步的论证。为简便起见，笔者这里仅将中国法院当庭查明事实的能力与大陆法系的代表德国以及英美法系的代表美国进行对比。之所以以这两个国家为例，乃是因为这两个国家的刑事诉讼制度分别代表了两种迥异但颇均有实效的接近事实真相的方式。

在对比之前，需要明确的一点是，无论是德国还是美国的刑事诉讼，查明事实真相都是其驱动性目的，并即便将之置于所有刑事诉讼目的清单中，其也是最为重要的目的之一。因为从常识上讲，认定犯罪行为人并对其施以刑事制裁乃是刑事诉讼的当然之义，如果该目标丧失，该程序即应停止。① 这一点在大陆法系刑事诉讼制度中表现得最为明显，比如德国刑事诉讼法就明确要求判决必须建立在事实真相的基础之上；而英美法系国家的刑事诉讼法虽然很少明文强调事实真相的重要性，但是最近美国最高法院的判决，似乎也明确了查明事实真相的重要性——在该判决中，美国最高法院经由对宪法制定者原意的审视，认为宪法制定者们对提高审判使用的证据的可靠性有兴趣。②

有必要进一步说明的是，尽管德国和美国的刑事诉讼都将查明事实真相作为重要的目的，但是在“真实”的内涵上，两个国家可能

① ［美］米尔吉安·R. 达玛斯卡：《比较法视野中的证据制度》，吴宏耀、魏晓娜等译，中国人民公安大学出版社 2006 年版，第 67 页。

② 陈光中主编：《21 世纪域外刑事诉讼立法最新发展》，中国政法大学出版社 2004 年版，第 209 页。

存在着不同的认知。在德国法官眼里，“真实”相当于某种可以通过科学调查方式查明的事实，亦即“真实”乃是脱离于丰富的社会生活并不受其污染的存在；而在美国法官眼里，“真实”则相当于哪种观点更可信的问题，亦即“真实”总是与社会现实紧密相关的，不同立场的人对真实的感受可能不一样，真相显得朦胧不清，只是大概的感觉和直觉。① 后面的分析将表明，这一点相当重要，因为其对查明事实的制度设计有着极为重要的影响。现在的问题是，无论德国和美国的刑事诉讼在对待“真实”的观念上有什么区别，为了实现查明事实真相的目的，大陆法系的德国和英美法系的美国都作出了哪些制度上的努力？或者说，两个国家是怎样从制度上接近真实的呢？

不妨首先来看看德国的情况。由于德国的法官在认知上将“真实”大约等同于某种不受社会生活污染的存在，因此德国的刑事诉讼制度强调类似于科学调查范式的事实调查方式。其核心在于裁判者的积极主动，其独立使用各种信息来源，且不依靠双方各自进行单方陈述的方法获得这些信息；他力求直接重新还原“整个故事”。② 这种调查方式主要辅以如下制度设置。

一是赋予法官强大的查证职权并辅以配套的制度设置。德国刑事诉讼法第 244 条明确规定，“为了调查事实真相，法院应当依职权调查一切对裁判有意义的事实和证据”，将在审判阶段查明案件事实的全部责任置于法院，初审法院被期望展示判决所需的所有证据，而当事人则不承担举证责任。为此设置了四个具体的制度。其一，赋予法官各个诉讼阶段广泛的查证权力，法院不受证据调查之声请限制：对检察官及被告均未提出要求之证据，法官亦得依职权主动调查之。此情形适用于每个诉讼阶段、中间程序、准备程序亦即审判程序。③ 其

① ［美］米尔吉安·R. 达玛斯卡：《比较法视野中的证据制度》，吴宏耀、魏晓娜等译，中国人民公安大学出版社 2006 年版，第 208 页。

② ［美］米尔吉安·R. 达玛斯卡：《比较法视野中的证据制度》，吴宏耀、魏晓娜等译，中国人民公安大学出版社 2006 年版，第 195 页。

③ ［美］克劳斯·罗科信：《刑事诉讼法》，吴丽琪译，法律出版社 2003 年版，第 115 页。

二，尤其强调法官的当庭查证主导权。对被告及证人的讯问，原则上由审判长进行，检察官、被告及其辩护人仅有延伸性的讯问权。对于这种延伸性的讯问权，达玛斯卡曾以讯问证人为例描绘指出，在法官结束讯问之后，双方当事人才可以向证人提问，他们试图找出遗漏的有利于自己的信息点，或者强调已由证人确认的某些特定要点，简而言之，大部分的证明信息是通过法官询问获得的，只有在一些琐碎信息上，当事人才有用武之地。① 其三，为了确保证人的中立性和可信性，明确所有的证据都是法院的证据，甚至一方当事人单独传唤的证人也是如此，② 因此不存在控方证人和辩方证人的说法。其四，为了确保法官询问证人的有效性，实行全案卷移送制度，亦即法官（庭长）在审判前获得全案卷宗，并阅读该卷宗以了解案件事实，以利于当庭讯问。

二是确立了直接原则和证人强制作证制度。法庭在其权力范围内尽一切力量查明真相的职责意味着，法庭必须争取使用可能获得的最佳证据：如果法庭可以传唤目击证人，就不能以听取询问过该证人的警官的证言，或者宣读询问该证人的笔录来代替。证人证言被置于优先于书面证据的地位。作为这一原则的重要制度支点，德国刑事诉讼法规定了证人强制作证制度。当然，这一原则也有例外，③ 不过需要强调的是，对于直接言词原则的大量例外，应当记住的是它们并未动摇法庭查明事实真相的绝对责任；只要作证是可能的，而且对证人证

---

① ［美］米尔吉安·R. 达玛斯卡：《比较法视野中的证据制度》，吴宏耀、魏晓娜等译，中国人民公安大学出版社2006年版，第194页。

② ［美］托马斯·魏根特：《德国刑事诉讼程序》，岳礼玲、温小洁译，中国政法大学出版社2004年版，第155页。

③ 审判前的司法询问笔录特别有价值，他们可以在许多场合被用做证据：证人死亡，或者有严重疾病，或者由于居所遥远不能被合理期望到庭，或者因为其他原因在不定期内无法出庭；陈述中包含被告人的供述以及公诉人、被告人及其律师同意宣读该笔录的。此外，经当事人包括辩护律师同意，甚至可以宣读非司法询问（即警察或者检察官的询问）的笔录或者证人的书面陈述，来代替审判中询问该证人。法庭还可以在证人出庭作证后宣读有关其先前陈述的记录，甚至在作证过程中为了唤醒其记忆也可以这样做。

言的考虑对案件作出判决是必须的，法庭仍然要（实际上也是）依赖证人证言。

三是被告及其辩护人的许多特权被巧妙地融入到查明事实真相的框架之内。在德国的整个刑事诉讼过程中，被告人自由参与对相关证据的调查。被告人及其律师有权独立收集证据并在法庭上出示，有权同检察官接触，在检察官提出控告后，有权同法院接触并要求他们审查额外的证据。除非存在少数例外规定的情况，法庭在审判阶段应当满足这些要求。在某种程度上，这些规则反映了对被告人自主权及其积极参与诉讼程序的权利的考虑。但是，这些规则的主要原则同审问式原则的基本目标，即要求案件的裁断者最大限度地接近事实真相相一致。审问式的历史经验表明，仅凭司法官员自己的工作难以全面和准确地查明案件事实，即使司法官员享有广泛的强制性处置权限。因此，审问式诉讼程序的现代形式建立在这样的观念之上，即法院如果让与案件有利害关系的当事人参与到查明案件事实的程序中来，法院就更有机会发现案件的事实真相。当事人可以参与收集证据，目的是为了扩展和增加裁决者所掌握的信息基础，而不是让当事人决定希望法院考虑哪些“事实”；因此，当事人不能通过提供特定的事实来约束法院。

与德国在追求事实真相的努力上相比，美国的刑事诉讼制度则呈现出完全不同的面孔。由于“真实”在美国刑事诉讼中相当于哪种观点更为可信的问题，因此其在查明事实真相上的认知，乃在于笃信真理越辩越明，因此强调控辩双方的对抗与争斗。其中心思想是：(1) 获得程序公正是保证最大数目的案件达到实体公正的最好方法；(2) 纠纷双方掌握证据的出示；(3) 中立的事实认定者（法官或陪审团）不参与案件的侦查和准备，负责判决案件；(4) 由法官裁决的一套详细具体的程序规则制约着抗辩双方。① 这种查明事实的方

① ［美］艾伦·豪切斯泰勒·斯黛丽、南希·弗兰克：《美国刑事法院诉讼程序》，陈卫东、徐美君译，何家弘校，中国人民大学出版社 2002 年版，第 86 页。

式，主要由以下制度设置构建而成：

一是强调法官消极听审，控辩双方控制信息来源，裁判者通过双方交替陈述的方式获得裁判信息。此一框架由如下制度得到保障：其一，起诉状一本，即检察官在起诉时，仅向法院提交一份记载一定事项的起诉书，表明起诉主张的内容。该起诉书不得记载可能使法官产生不利于被告之偏见的材料，更不得随同移送任何证据材料和证物。此项制度，目的在于保障法官之中立性。其二，控辩平等武装。抗辩式诉讼程序要达到实体公正，抗辩双方必须在竞技场上平等竞争。为此被告人享有一系列权利和程序保护，以均衡抗辩竞争过程中国家和被告人的力量悬殊。尤其是，为了确保控辩信息上的平等，实行证据开示制度，即控辩双方必须在审判前或者审判过程中按照一定的程序和方式相互披露各自掌握或控制的诉讼证据和有关资料的活动，美国尤其强调检察官必须披露为被告人开脱罪责的证据。① 其三，突出控辩双方对证据的控制，允许控辩双方帮助证人进行准备乃至训练证人，律师会在自己的办公室里告诉证人应作何证言。② 其四，对质与交叉质证制度。对质权是美国宪法第六修正案的重要内容，其允许被告人听取所有证人的证言，并可以利用相对而言不受限制的交叉质证和直接询问程序，尽可能地盘查对其不利的证据，以确保被告人“面对面地”对质全部证人；而交叉质证则是借第六修正案而得以保障的一项权利，其作用主要是使证人的可信度受到怀疑。③

二是为确保事实的准确性而设立的排除规则。这类排除规则考虑的核心是对证据之证明力的要求，排除的原因是害怕这些证据被误用而影响事实认定的准确性。这类排除规则具体包括三种类型：一种是

---

① 在 Brand v. Maryland 一案中，美国最高法院确定了这一规则。详细请见［美］艾伦·豪切斯泰勒·斯黛丽、南希·弗兰克：《美国刑事法院诉讼程序》，陈卫东、徐美君译，何家宏校，中国人民大学出版社 2002 年版，第 404 页。

② ［美］米尔吉安·R. 达玛斯卡：《比较法视野中的证据制度》，吴宏耀、魏晓娜等译，中国人民公安大学出版社 2006 年版，第 193、195 页。

③ 李学军主编：《美国刑事诉讼规则》，中国检察出版社 2003 年版，第 484 ~ 485 页。

关联性排除，即以某一证据的证明力非常弱小或者其于案件事实的关联性极小为理由反对采纳该证据，在英美法系（包括美国）的法庭上，这已然成为一种日常惯例。另外一种更为特殊也更为重要的是，那些基于证据的证明力可能会被过高评价或者其损害性会超出其证明价值——即可能导致事实认定者不公平地偏向于某一特定结果——的理论而确立的证据排除规则，典型的如传闻证据规则。第三种是对品格证据、附带恶行的证据或者某人以往生活中相似信息的证据进行排除的规定。①

需要说明的是，上述关于德国和美国为查明事实真相而进行的制度的努力考察，实际上建立在这样一个区分的基础之上，即区分哪些制度是促进正确认定事实的制度，哪些是服务于其他程序目的的原则和制度。然而，正如达玛斯卡教授所言，这种区分非常不容易，一些制度和原则看上去既具有促进查明事实真相的能力，又有助于实现其他诉讼价值。② 在这个意义上，上文的考察在很大程度实际是一次冒险，因此难免存在误置甚或缺漏的情形。

对于德国和美国刑事诉讼制度在查明事实真相上的上述努力，不同立场的人有不同的评价。一些人倾向于认为德国的审问式更有利于查明事实真相，而认为美国的对抗式不利于发现真实，美国不少学者即作如是观；③ 另外一些人则持相反的态度，认为对抗式审判乃是发现真实的最有效途径，如美国学者伯恩斯即认为，没有一种已知的替代物，作为一种企及真相的手段，可在有效性与正当性方面与对抗制

---

① ［美］米尔健·R. 达玛斯卡：《漂移的证据法》，李学军等译，中国政法大学出版社 2003 年版，第 19～22 页。

② ［美］米尔吉安·R. 达玛斯卡：《比较法视野中的证据制度》，吴宏耀、魏晓娜等译，中国人民公安大学出版社 2006 年版，第 66 页。

③ See Jonh H. Langbein, The Origins of the Adversary Criminal Trial. Oxford: Oxford University Press, 2003; Joseph D. Grano, The Adversarial - Accusatorial Label: A Constraint On The Search For Truth. Harvard Journal of Law & Public Policy Winter, 1997.

匹敌，① 而著名证据法学者威格莫尔则认为反询问是为查明事实真相而创立的最大的法律装置。② 还有学者从法系比较的角度认为，大陆法系的非对抗制程序与英美法系的对抗制相比，前者在发现事实真相方面付出了更多的努力。③ 应当说，无论何种评价，都各有其理由。不过，制度的意义不在于完美，而在于其能在合理可接受的层面运作。④ 在这个意义上，以及从如此之多的国家将二者作为刑事法治建设的样本来看，似乎德国和美国的刑事司法在查明事实的能力上，至少都不存在太大的问题。

那么，中国的刑事诉讼制度框架下法庭当庭查明事实的能力又如何呢？上述关于德国与美国查明事实的制度介绍，为我们提供了参照的样本。需要说明的是，由于德国和美国刑事法治的发达程度，上文考察的某些方面难以在中国的制度中找到对应物，因此下面将不会全面的一一对应进行比较。众所周知，中国 1996 年《刑事诉讼法》确立了一种糅合中国传统和固有的制度因素、现代职权主义亦即当事人主义三大要素的具有中国特色的混合式庭审方式。⑤ 这一方式基本确立了控辩对抗的格局，一定程度上出现了“当事人主义化”的趋势。⑥ 在笔者看来，与大陆法系代表德国和英美法系代表美国的刑事审判制度相比较，这一方式在当庭查明事实的能力上相当成问题。因为这个制度既不具有大陆法系国家通过调查查明案件真实的优点，也不具有英美国家通过对抗显明案件真实的优点，而是抠掉两种查明案

① ［美］詹姆斯·M. 伯恩斯等：《美国式民主》，谭君久等译，中国社会科学出版社 1993 年版，第 17 页。

② 转引自左卫民、周长军：《刑事诉讼的理念》，法律出版社 1999 年版，第 79 页。

③ ［美］米尔吉安·R. 达玛斯卡：《比较法视野中的证据制度》，吴宏耀、魏晓娜等译，中国人民公安大学出版社 2006 年版，第 175 页。

④ 请见［美］米尔吉安·R. 达玛斯卡：《比较法视野中的证据制度》，吴宏耀、魏晓娜等译，中国人民公安大学出版社 2006 年版，第 196 页。

⑤ 请见龙宗智：《论我国刑事庭审制度》，载《中国法学》1998 年第 4 期。

⑥ 请见左卫民、周长军：《刑事诉讼的理念》，法律出版社 1999 年版，第 77 页。

件事实方式各自优点之后的奇特混合。①

具体而言，一方面，审问式的关键支点在于法官的职权查证和直接原则，其一，正如达玛斯卡所言，“就我的理解而言，判决者的积极性乃非对抗制的精华所在，他可以亲自调查证据。如果缺失这一特征，那么该制度所有可能的裨益都不复存在”。② 一如前述，为了配合法官的职权，德国的法律强调法官的证明责任，赋予法官各个诉讼阶段广泛的查证权；尤其强调法官的当庭查证主导权，控辩双方仅具有延伸讯问的权利；明确所有的证据都是法院的证据，实行全案卷移送制度。而中国的法律不仅减弱了庭外查证权，而且大大削弱了法官的当庭调查权，举证和质证活动基本由控辩双方控制，法官的查证仅具有补充性的地位；更重要的是，由于实行主要证据复印件移送主义，法官审前看不到全部案件的信息，影响了其当庭查证的效果。其二，直接原则需要证人出庭作证，其目的在于确保法官获得最佳的证据，然而中国的刑事诉讼法对证人出庭的规定极为粗放，实践中证人不出庭已经成为原则而非例外，这使得直接言词原则根本没有在中国实施的条件。

另一方面，对抗式庭审的关键在于控辩平等对抗，为此确立了起诉状一本主义以确保法官之消极与中立；保障控辩平等武装，实行证据开示制度；突出控辩双方对证据的控制，允许控辩双方帮助证人进行准备乃至训练证人；建立了对质与交叉质证制度，确保作为判决基础的证人证言的可信性。而在中国现行制度下，尽管引入了一些对抗式审理的制度，但是几乎缺乏对抗式审判的所有制度配套，主要证据复印件移送制度使得法官的中立性难以确保，不存在证据展示制度以确保控辩信息的对等掌握，实体法的数个罪名使得辩护律师根本不敢

① 尽管中国的庭审方式也被称之为混合式，但是与日本、意大利等国的混合式审判方式相比较，其在查明案件真实上的制度能力上却无法与后者相比。因为后者的混合，实际上都是保留了对抗式审判本质之后的混合，因此通过对抗显明事实的制度能力相当突出。

② 请见［美］米尔吉安·R. 达玛斯卡：《比较法视野中的证据制度》，吴宏耀、魏晓娜等译，中国人民公安大学出版社2006年版，第203页。

帮助证人进行作证准备，证人出庭制度的缺陷使得对质和交叉询问几乎完全被架空，而即便有证人愿意出庭，因缺乏相应的交叉询问技术也难以当庭查明证人证言的可靠性。

从上述简单的比较不难看出，在加强当庭查明事实的能力上，中国现行的制度几乎没有吸纳两大法系的任何一个方面的优点，而是混合了大陆法系国家调查模式和英美法系国家对抗模式的一些边缘性内容。其结果，控辩双方无法通过对抗的方式显明事实，法官亦无职责和积极性去查明事实。最终形成的，就是笔者上一章描述的景象：法官在庭审中消极应付，在庭外怠于行使庭外调查权；证人不出庭，公诉人和法官也没有积极性传唤证人出庭；公诉人在庭审中不仅直接拿案卷材料作为证据宣读，而且经常选择性举证、摘要式或者合并摘要式宣读；面对被告人当庭的刑讯逼供辩护和当庭翻供，面对证人当庭作出的不同证言，法庭根本无法查证孰是孰非，而只能勉强应付或者依据与其他案卷能否印证来判断真假。在这种情况下，法庭当庭获得的信息几乎既不全面又不可靠，而很大程度上只能根据控方的案卷材料进行决策。而在中国的控方体制中，控方案卷基本上就是侦查案卷，在一个侦查几乎不受任何司法控制的侦查体制下，侦查机关的取证活动难免粗糙乃至造假，主要由其制作的案卷材料究竟有多大的可靠性，作为最终判决作出者同时也是政法系统中人的法官不可能毫不了解和毫无怀疑。而在相互印证的证明模式之下，[①] 法官虽然可以通过梳理案卷材料之间是否符合逻辑与情理，也可以通过综合考虑审视案卷材料之间是否相互印证并形成锁链，但却始终无法消除这种怀疑。尽管我们说在审判过程中，法官所具有的有罪假定、政法职业认同之类认知倾向可能会影响法官对案件事实的认定，但是在任何判断必须讲证据的基本原则面前，各种对案卷材料的疑虑必然是存在的。在笔者看来，很大程度上正是以这种怀疑或疑虑为基础，加上法院内部以责任追究为核心的法院对法官的控制意图，以及外部力量对犯罪

---

① 关于相互印证的证明模式，详细请见龙宗智：《印证与自由心证：我国刑事诉讼证明模式》，载《法学研究》2004 年第 2 期。

控制和维护稳定的强调，使得法官遇到问题时不敢贸然判决，而是倾向于从案件事实之外寻求帮助，由此为法院内部诸决策机制的存在和发挥作用提供了空间。

3.6 结束语

通过对判决形成的法院内部决策机制的考察与分析，本章注意到，经过近十年的司法改革，中国基层法院内部的决策机制已经发生了很大变化，原本由审委会和院、庭长审批主导的法院内部决策机制，演变成为由审委会讨论决定案件机制，院长、庭长、审判长审签决策机制，审判长联系会议、庭上案件讨论会等讨论咨询机制共同构成的行政权阴影下的多元化整体作业模式。这种模式存在的原因，从行动者的角度来看，既有法院管理监督法官的因素，也有法官的各种实用主义的考虑，因此总体上可以说是法院内部各个层次行动者共谋的结果。更重要的是，这种模式的出现，还有着刑事诉讼制度上的深层根源，除了缺乏诉权监督机制之外，更是在起源上与整个刑事诉讼发现事实真相能力不强存在直接关联。

必须承认的是，由于篇幅的限制，本文没有对判决形成的法院内部决策机制作出臧否评价，也没有进行对策分析。但是这并不意味着笔者对于这种机制没有自己的看法。一方面，就评价而言，考虑到学界对判决形成的类似决策机制的批评有如汗牛充栋，并且不乏真知灼见，因此笔者不拟重复，而是想在这里简要指出，其实绝大多数批评都是一种外部的批评，如果从现实条件出发，如果设身处地的考虑，可以发现，在绝大多数时候，这些决策机制的存在，一直以来都帮助法院和法官解决了相当多的事实认定和法律疑难问题，尤其是在通过诉讼制度发现事实真相能力较弱的现实下更是如此。而且，这种机制在司法独立尚未真正实现、法官待遇不高、各种外部诱惑较大的背景下，客观上确实发挥着抵御外部压力和防止司法腐败的作用。另一方面，就对策而言，在当前语境下，笔者以为或许更具现实意义的不是解决那些短时期内尚难以真正解决的司法制度问题，因为那不仅是一个牵一发而动全身的系统工程，有的甚至还需要政治决断，而在于刑事诉讼制度的完善，即确立陈瑞华教授所提出的诉权监督机制，以及本文特别强调的提高通过刑事诉讼查明事实真相的制度能力，从而通过功能替代从根源上压缩和减少类似法院内部决策机制存在的空间和影响力。

当然，本章只是给出了一个解决问题的新方向，而未能作进一步的详细阐述，因此尚有必要在今后的研究中进一步深入。尽管如此，笔者仍然特别想要强调的是，本章并非仅仅提供了一个新的解决某个具体问题的对策性思路，而是提供了一个新的研究司法制度的路径。以往学者们研究司法制度问题，往往囿于司法制度本身，因此看到的都是一些人们耳熟能详的原因，并且习惯于提出一些老生常谈的司法制度改革建议。但是，本章的研究表明，如果在研究司法制度的时候同时关注可能存在的诉讼制度上的根源，也许能够加深我们对相关问题的理解，并得出某些稍微不同的结论。比如，在以往人们的观念中，往往认为法院内部判决形成机制的存在（通常都以审委会为靶子），造成了审判分离，加剧了审判程序的形式化，使得刑事诉讼制度改革难以深入下去。但是本章关于判决形成的法院内部决策机制形成的深层根源，尤其是诉讼制度根源的研究表明，情形在很大程度上或许恰恰相反：正是刑事诉讼制度上的诸种缺失，包括诉权监督制度的不完善，以及上文重点强调的通过诉讼程序查明案件事实的制度能力不足，导致了法院内部决策机制的长期存在并发挥实质性作用。

第4章　判决结果中的能动平衡：以可能判决无罪的案件为重心

4.1　问题的提出

本文前面两章从行动者的角度讨论了法院刑事判决形成的两个基本过程，一个是外显的司法过程，另一个是内隐的法院组织决策过程。按照常理，了解了这两个过程，也就基本弄清了判决形成的主要过程。但是，如果按照一种由内及外的逻辑，我们不难发现，尽管判决形成的司法过程和组织过程也涉及了相当多的外部因素，但是这两个过程毕竟主要属于法院组织内的环节，对于法院究竟如何与那些法院之外、法律之外的因素和力量打交道，我们所知道的，尚限于第三章提到的通过审委会、院长、庭长审批之类决策机制抵御外部干预之类的认知，而没有更多的认识。考虑到在中国司法语境下这一问题的重要性，因此非常有必要就此展开进一步的研究。

那么，如何展开这样的研究呢？受制于现实条件，我们很难知晓法院与法院之外、法律之外的因素和力量交往的详细面目。因为外在的因素和力量太多，不可能一一进行实证的调查或访谈。不过在笔者看来，法院之外、法律之外的因素和力量影响法院的目的，虽然也会及于审理和决策过程，但往往是结果导向的，也就是说最终都在于获得某种特别的结果。因此，从法院最终的判决结果即具体的定罪量刑出发，或许能够从一个侧面再现和反映法院法官这种围绕判决结果与外部因素和力量交往的过程。有鉴于此，本章即将由此出发对判决形成过程作进一步的分析。

就判决结果而言，在理论上，刑事案件只要经过了审理和判决（决策）两个过程，按照无罪推定和罪刑相适应的基本原则，法院就应当随即作出有罪或者无罪的判决，并根据量刑情节作出合理的量刑，原则上不会在定性上出现罪与非罪之外的第三种情形，在量刑上也不会因为法律之外的因素而判轻或者量重。不过，历史与现实的经验表明，情形并非如此。其一，从历史经验来看，1979 年《刑事诉讼法》规定对于主要事实不清、证据不足的，可以退回人民检察院补充侦查，但是由于没有规定补充侦查的次数，① 结果实践中普遍出现了“疑罪从挂”的情形。其二，从现实经验来看，一方面，现行刑事诉讼法典规定对于“证据不足、不能认定被告人有罪的，应当作出证据不足、指控的犯罪不能成立的无罪判决”，而司法解释又规定对于这种无罪判决，“人民检察院依据新的事实、证据材料重新起诉的，人民法院应当依法受理”，② 结果实践中出现了不少“疑罪再诉”的现象；另一方面，一些关注实践的学者还注意到，③ 司法实践中存在不少疑罪从撤、疑罪从轻、疑罪从缓之类的情形，而且在量刑上存在不少超越法定情节和酌定情节量刑的情形。

何以如此？它反映了法院对外交往过程的什么特点？毫不意外的是，目前普遍的认识是法院受到了法律之外因素的影响，因此呈现出受法律之外因素和力量左右的特点。具体而言，在人们看来，此类情形的出现，乃是外部力量干预所致，亦即认为法院法官目前尚不独立，地方党委和政府等力量控制着法院，因此法院在面对这些外部干预时，不得不在判决结果上有所体现。更为极端的一些观点甚至认

---

① 请见 1979 年《刑事诉讼法》第 108 条。

② 现行《刑事诉讼法》第 162 条第 3 项，《最高人民法院关于执行〈中华人民共和国刑事诉讼法〉若干问题的解释》第 117 条第 3 项。

③ 请见陈瑞华：《刑事程序失灵问题的初步研究》，载《中国法学》2007 年第 6 期；龙宗智：《通过程序实现“宽严相济”刑事政策》，载《社会科学》2007 年第 5 期。

为，法院只不过是党和政府的一个下属部门，[①] 对于那些可能影响党和政府的维护稳定或者发展经济等目标的案件，法院法官只能按照党和政府的指示办理。

毫无疑问，上述认识能够一定程度地解释为什么会出现这样一些不同常理的案件结果样态，因为实践中确实存在一些外部干预，尤其是党委、政法委的干预，而且有时还相当直接——比如直接要求严惩、重判等。不过只要稍加追究，也会发现这种进路同样存在着明显的不足。因为单从客观层面判定法院法官乃是受制于党和政府的指令或者其他外部力量的干预，似乎客观决定论色彩过浓，看不到法院法官作为一个组织机体和行动者的生气和能动，而且实际上只能解释“疑罪从有”，却无法进一步解释“从有”之后为什么还要“从轻”、“从缓”。

实际上，法院法官远非想象的那么受制于外部力量，法院法官与外部交往亦远非如此简单。比如上面已经提到的，法院在面对外部干预时就会策略性地利用审委会讨论，院长、庭长审批等法院内部决策机制。而且如果不限于刑事诉讼，一些经验研究其实已经表明，在行政案件的处理中，尽管法院会受到相当多的党和政府等外在力量的干预和影响，但是法院法官总是想方设法维护自己的利益；[②] 在民事案件中，对于一些棘手的案件类型，即便党和政府等外部力量期望法院受理，法院法官仍然会想出许多办法使自己处于比较有利的位置。[③]

法院在刑事案件、行政案件和民事案件处理上的上述能动性表现，内含了一种相当不同的理解实践的进路。这是一种导论倡导的行动者进路，其中的行动者既受限于既定的结构性条件，又能动地利用

---

① 请见贺卫方：《中国司法管理制度的两个问题》，载《中国社会科学》1997 年第 6 期。

② 请见汪庆华：《中国行政诉讼：多中心主义司法》，载《中外法学》2007 年第 5 期。

③ 请见贺欣：《为什么法院不接受外嫁女纠纷——司法过程中的法律、权力和政治》，载苏力主编：《法律和社会科学》（第三卷），法律出版社 2008 年版。

这些条件。[1] 其结果，无论是有意还是无意，就是形成各种摆平理顺的策略和技术。循此进路，法院在刑事案件定罪方式上所呈现出的各种独特的实践样式，包括疑罪从撤、疑罪从缓、疑罪从轻以及“超越法律”量刑等，完全可能是法院因应外部力量干预的一些能动策略。在笔者看来，正是在这一能动策略展开的过程中，刑事判决形成的另外一个过程——政治过程得以部分的显现。

本章以一个基层法院可能判决无罪案件的判决为例研究了上述问题。需要说明的是，之所以选择可能判决无罪的案件为中心进行考察，那是考虑到如下两个原因：一是可能判决无罪的案件在事实与法律上的争议可能更多，因此分析的法律意义也更大；二是这类案件牵涉的各种政治、社会的力量关系可能更广，因而基本上能够覆盖法院在具体审判中可能遇到的所有外部影响因素和力量。

毫不奇怪的是，通过实地调查，前述推断尤其是定罪方面的推断基本上得以证实。概括而言，在调查法院的刑事司法实践中，检察院撤诉的案件不在少数，一些受访法官也坦诚存在疑罪从轻、疑罪从缓之类的情形。对于出现这些情形的原因，法院同样承认与大量的外部力量的影响有关，比如来自公安机关、检察院的影响，来自党委特别是政法委的干预，来自人大、政协和政府某些部门的影响，乃至来自被害人和社会舆论的声音等。在很大程度上，法院法官也都认同，主动将可能判决无罪的案件以各种非正式的方式告知检察院以让其主动撤诉，以及疑罪从轻、疑罪从缓等实践，其实正是法院在这些诸多的外部因素的干预、影响下采取的一种利益平衡策略和技术，目的是为了尽可能增加刑事判决在各方的可接受性，同时减少可能给法院带来的不便和不利。

当然，本章内容并不局限于上述方面。尤其值得强调的是，笔者将突出相关外部力量围绕定罪讨价还价形成利益平衡的政治过程，以与传统的规则模型形成对比。为了简便起见，这里不妨列出下文展开

---

① 关于这一进路的详细介绍，请见［英］安东尼·吉登斯：《社会学方法的新规则》，田佑中等译，社会科学文献出版社 2002 年版，第 277 页以下。

的基本架构，同时简要指出各个部分的主要内容。与前面几章略微不同的是，本章首先并不直接描述法院实际如何定罪的实践面目，而是以对一个法院的法官的访谈为基础，以可能判决无罪案件为中心，展示法院法官在定罪量刑过程中所可能面临的外部结构，包括来自党委、政府的指示，上级法院的招呼、侦查，起诉机关的潜在压力以及被告人、被害人及其社会关系圈的要求等；然后揭示法院法官在面对这些外部结构时的应对策略，包括撤诉、疑罪从轻、疑罪从缓等，并分析其如此应对的理由以及这些策略具体实施的方式；进而结合前两部分的考察着重指出法院的这样一种定罪实践，反映了一种与典型的规则模型极为不同的利益平衡模式，进而指出这个过程的政治决策性质，以及在这个过程中，法院法官呈现出的某种能动的、自我保护的形象和逻辑；接着分析指出定罪的利益平衡过程对程序法治、法律职业群体、侦查能力建设以及司法独立等方面的广泛影响；最后将是一个简短的结束语。

4.2　法院的外部结构：影响可能判决无罪案件判决的诸因素

以上一部分的交代为前提，本部分将以可能判决无罪案件的审判为例考察法院面临的外部结构。由于中国情况的特殊性，下面将首先交代可能判决无罪案件的构成，然后考察法院在处理这些案件时所面临的外部权力构造。

4.2.1　可能判决无罪案件的构成

既然以可能判决无罪的案件为中心进行考察，那么首先就有必要弄清楚哪些案件属于可能判决无罪的案件。本来，从常理上讲这个问题非常简单，因为在任何国家的刑事司法实践中，暂时抛开价值抉择不论，单从事实层面来讲，总是难免存在一些“两可”的案件，亦即那些判决有罪显得证据不足，判决无罪又可能放纵了坏人的案件。这种案件当然属于可能判决无罪的案件。中国的情况同样如此，尤其在侦查技术、侦查能力有待提高的背景下，这种情形显得更为突出。但是中国刑事司法的情况略微特殊，不仅那些“两可”的案件对于法院而言属于难办案件，而且对于那些在事实上并非“两可”的案件，而是根本就无法定罪的案件，同样也属于难办案件，从而也成了可能（而非一定）判决无罪的案件。这一点在笔者调查的法院中有着比较充分的体现，无论是从阅卷还是从访谈的情况来看，尽管数量不多，比例也不大，但是确实存在证据之间难以完全相互印证、缺少某一重要证据以及辩护人提出了质疑有罪的关键证据等情形；不仅如此，还有相当比例的公诉案件，如果仅仅根据案件事实实际上根本无法定罪。这两类完全应该判决无罪的情形，实践中却因为涉及了法律之外的因素和力量而成了难办案件。考虑到许多学者都注意到了这两类情形，而且它们相对而言并不复杂，因此这里不对这种现象作详细的考察和描述。① 从笔者访谈的情况来看，法官们普遍认为这两类案件极为难办，不仅事实认定本身更为复杂，而且还得直面与协调许多复杂的外部关系。

面对事实层面的疑难状况，或者根据案件事实根本就无法定罪的情况，如何处理在本质上是一个价值判断和抉择的问题。尽管在抽象的意义上，学界总是认为存在许多普世的、应当优先考虑的价值，而且根据这些价值序列，理所当然地应当“疑罪从无”，但是在实践中，不同的制度环境总是影响着法官的最终价值抉择，而且这些抉择往往并不一定符合理想的价值序列。对于法治发达国家而言，虽然其法官同样不可能完全生活在法律的理想国里，而总是要受外部结构的影响，② 但是在总体上，由于司法在制度上的高度独立性，这些外部影响似乎并不能决定他（她）们的判断，因此大致上，这些国家的

---

① 关于这一点的描述，请见肖仕卫：《刑事判决形成的实践/制度逻辑：以某基层法院无罪辩护案件为起点的调查与分析》，四川大学法学院 2005 年硕士论文。

② 比如在美国，虽说法官高度的独立，但是许多研究都表明，他（她）们同样受到外部力量包括政党意识形态的影响。请见鱼崇：《正义女神下的阴影：“美国式法治”断片》，中国法制出版社 2007 年版。

刑事司法似乎都能做到“疑罪从无”。而在中国，由于众所周知的原因，这种外部的影响更为直接和深刻，在不少人看来甚至具有决定性的作用。关于这一点，不仅相关报道甚多，而且很多学者已经从政治学/司法改革的角度作了很多的讨论；甚至许多稍微有经验的辩护律师也都深刻懂得，对于一些案件而言，法院最终形成什么样的判决，“工夫在法外”，而且事实上他们早就已经把我们通常所津津乐道的法律社会学发现应用到实践中去了。①

本文这里暂时不拟对这些外部因素对法官定罪的影响作道德上的评判，而是首先直面一个事实问题，即除了司法不独立这样一个众所周知的抽象因素之外，究竟是哪些具体的外部的因素影响了法院对法院法官声称难办案件的定罪？接下来的部分将马上着手回答这一问题。

4.2.2 围绕可能无罪案件的法律外结构

由于实践中法律之外的因素和力量对定罪的影响很难从刑事案卷、开庭情况中得到反映，因此这里笔者将主要通过访谈获得的材料素描疑难案件定罪的外部构造。从调研的情况来看，可能出于某种潜意识的对独立自主的渴望，调查法院受访法官普遍对这一问题反映积极，有的甚至比较激昂，因此获得的信息应当说是相当充分的。不过为了明晰起见，对于这些信息，我们将主要以基层法院及其刑事审判在国家与社会的基本结构中的位置、法院与其所处的各个背景性结构之间的关系为基本线索进行整理。我们希望能够通过这样一个整理，大致厘清司法实际中各种影响法院刑事裁判的非法律性结构因素。为此，我们把法官们所提供的信息归为以下四个类别加以描述。

首先是关于中央与地方法院及其刑事审判的关系。严格来讲，中

---

① 比如为布莱克所津津乐道的原告、被告、法官、律师的社会分层，文化、种族、职业、亲密度等，早就为许多很有经验的律师在实践中注意到并考虑进他们的实际行动中去了。关于布莱克的分析，可参见［美］唐·布莱克：《社会学视野中的司法》，郭星华等译，麦宜生审校，法律出版社 2002 年版。

央与地方的关系乃是一个宪政问题，因此这里无意深入。这里想要指出的是，从司法的角度来讲，国家如何通过应用法律实现一些全国性的政策性目标，国家的法律如何得到地方的统一实施，乃是中央与地方关系在司法层面的主要体现。从关乎法院的制度设计来看，这一点主要通过两个制度予以落实，一是全国性的刑事政策，二是审级监督制度。在我们的访谈中，法官们也都强调了这两个方面的内容。对于刑事政策，大部分法官都认为，以前是“严打”，现在是“宽严相济”对于刑事判决的定罪量刑有着很大的影响，“严打”时对证据的要求往往只做到了“两个基本”，即“事实基本清楚，证据基本充分”，其中某些案件事后严格按照法律来看完全可能属于难以定得起的案件；“宽严相济”在基层法院的司法实践中主要侧重于轻缓方面，因此对难以定罪的案件的影响相对于“严打”要小一些。但也有少部分法官认为，刑事政策虽然对定罪有影响，但对“明显定不起”的案件或者社会影响不大的案件影响仍然相当有限。需要指出的是，对于基层法院而言，实践中刑事政策主要通过县级党委、政法委和中级法院的指示予以贯彻，因此与后文上级法院和地方党委、政府对法院审判的影响紧密相关。

关于最高法院、上级法院对基层法院的审级监督，法院法官的看法是，从法律上讲，审级监督是没有问题的，问题主要出在法院的错案追究、绩效考评和由此引起的业务指导上。一位法官就曾说道：“基于上诉而引起的审级监督是确保法律正确施行，保障人民权利的重要方式，因此它的正当性是没有问题的。问题是法院把上诉率作为一个法官考评的标准，把上级法院改判、发回重审案件中的一部分作为错案追究法官的责任，使得许多法官在遇到稍微复杂一点的案件的时候都不敢独立裁判，而是先打探一下上级法院刑庭法官的意见，或者直接请示上级法院刑庭的庭长或者法官，从而使得审级监督成了审判业务指导，原来的监督关系成了领导关系。”另有法官指出，在这样一种“领导关系”下，“有时候我们不请示，上级法院的法官也会因为某些私人的目的而对裁判施加影响，我们通常也不得不慎重考虑他们的意见”。[①] 该法官还告诉我们说，“现在上级法院制定了一整套的考核标准约束我们基层法院，而且法院的助审员、审判员、副院长的任命都要受到上级法院的影响，有时院长都是从上级法院空降下来的，所以上级法院的意见对我们的判决来说影响就更大了”。[②] 有的法官甚至认为，这几年来的刑事司法改革使得法院相对于党委政府的相对独立性得到了一定的增强，但是上下级法院之间实质化的领导关系却使得基层法院的独立性受到了进一步的不利影响。[③]

其次是地方党委、政府等与基层法院及其刑事审判的关系。地方党委、政府、人大、政协与法官的关系，特别是党委、政府与法院的关系，一直都是学界重点关注的问题，学界也基本一致认为这是一个相当棘手的中国问题。许多学者都认为，地方保护主义、地方对法院人财物的控制，以及人大的个案监督都对法院的独立审判造成了负面影响。对于这个话题，受访法官们反映相当强烈。不过，法官们认为党委、政府的影响尤其突出，在他们看来，地方党委、政府基本上没有意识到法院工作的特殊性，而是将法院视为党委、政府的一个下属部门，并应当为地方党委、政府的中心工作服务。一个在调查法院具有一定领导职务的法官就曾愤愤不平地谈道：“在地方政府眼里，我们法院完全就是政府的一个部门，一个工具，根本不会理睬什么司法独立，司法权威，比如今天叫我们扫大街，由于财政和人事都由地方

① 比如，在我们调查的另外一个基层法院，就曾遇到一个中级以上法院的领导向该院刑庭打招呼，要求对某一在审案件判处极轻的刑罚，尽管十分不乐意，法院还是只好听从该领导的意见。虽然这个案例并不属于影响定罪的情形，但是也从侧面非常清楚地体现了上级法院对基层法院判决的影响。

② 参见《最高人民法院政治部关于进一步加强初任法官审核工作的通知》（法政［2004］59号）。

③ 实际上，相对于以往司法几乎完全从属于地方党委、政府而言，近十年的司法改革在很大程度上确实使法院显得相对独立了一些，由于这种相对独立的地位在很大程度上乃是法院系统内部特别是最高法院推动的结果，因此一个意外的后果似乎已经产生，即下级法院相对上级法院似乎显得更不独立了。从笔者了解的情况来看，这一点尚未引起学界的足够关注。

掌握，我们还不是就得去扫大街。"① 至于以往比较突出的人大、政协干预个案问题，现在已不是特别突出了，但是人大、政协对某些类型案件的处理，还是具有一定的影响力。

在上述"部门/工具"结构背景下，法官们提到，在刑事案件的审判中，地方党委、政府主要在两类案件上影响案件的判决，一类是涉及地方政府政绩利益的案件，另一类是关系到社会稳定的案件。所谓涉及地方政绩利益的案件，一个法官告诉我们说，主要有两种：一种是涉及重点企业、纳税大户的经济犯罪案件，对于这类案件，如果已经公诉到法院，地方党委、政府的领导往往会给法院"打招呼"；另一种是关系到投资环境的案件，比如抢劫外商的案件，地方党委、政府往往会要求"严惩"。而所谓关系到社会稳定的案件，则主要是指关系到群体性利益，群众意见很大乃至引起"民愤"的案件，比如集资诈骗、有权势者恶性杀人案件，或者案件本身就是涉群行为，再如与拆迁、物业管理、土地征收等相关的犯罪，对于这类案件，地方党委、政府一般也会出面。这两类案件，实践中主要通过党委、政法委出面"协调"，不过这位法官强调指出，如今政法委对法院刑事裁判的干预范围已经很小了，政法委主要管宏观政策上的事情，许多时候主要是提供一个协调的平台，但是在涉及社会稳定方面的案件上，政法委尤其是政法委书记出面进行的"协调"还是很有影响力的，主要是因为政法委书记是地方党委成员，甚至有时就是副县长、副书记兼任的。②

当然，除了党委、政府以公共名义影响某些疑难、复杂和有重大社会影响案件的定罪之外，也有法官在我们进行的个别访谈中告诉我们，地方党委、政府个别领导人员"打招呼"也时有发生，特别是

---

① 这一点虽然在调查法院时没有发现，但是却在笔者调研过的另外一个法院发生过，当时时逢该院所在的县级市创建省级卫生城市，市里的每一个"单位"都划分了一个清洁责任区域，法院也划到了一块。

② 类似的现象，可参见侯猛：《司法改革背景下的政法治理方式——基层政法委员会制度个案研究》，载《华东政法大学学报》2003 年第 5 期。

在关系到与某些政府官员有密切私人联系的个人犯罪或者企业经济犯罪案件中更是如此。法官们一致认为，对于地方党委、政府中某些个人的“招呼”，由于其身份特殊，法院一般都会特别慎重地予以考虑。

再次是公安机关、检察机关与法院在刑事审判中的相互关系。按照刑事诉讼法的规定，法院、检察院、公安三机关之间是分工合作、互相配合、互相制约的关系。但是从我们的调查来看，三者之间主要存在两种关系，一种是互相配合的关系，另一种是互相“照顾”的关系，并且这两种关系主要发生在法院与检察院之间，并通过检察院将这种照顾关系传递到侦查机关。所谓互相配合，主要是指法院在刑事审判过程中，遇到事实或者法律上的疑难问题，一般都会与检察院沟通；所谓互相“照顾”，主要是检察院对法院的刑事审判，一般都不抗诉,① 而法院则对检察院提起公诉的案件，在发现可能定不了罪的时候通知检察院撤诉。

法院之所以愿意“照顾”检察院和公安机关，根据一位法官的说法，主要有两个原因：一是因为检察院拥有抗诉的权力，而法院又把抗诉比例作为一个法官考评的指标，检察院、侦查机关则将无罪判决作为一个检察官考评的指标，因为这可能涉及国家赔偿。所以为了不为难“同事”（指检察官），“同时也就是不为难自己”，法院在审判的时候会主动考虑检察院或公安机关的内部考核和可能导致的国家赔偿问题而通知检察院可能判决无罪的情况。② 二是在感情上，正如本书第 2 章分析过的，法官有着较为强烈的政法职业认同，往往认为

---

① 根据我们以往对检察院的调查，发现除非案件确实问题很大，或者有着极为重大的社会影响，否则检察院抗诉往往都是象征性的，是为了完成考核任务，一年就那么几件，不会大规模的抗诉。

② 也有一个法官告诉我们说，他就听说某省有一个法院与检察院关系很不好，在“业务上”互相抬杠，法院“严格按照法律”判决，结果无罪判决率攀升，而检察院则疯狂抗诉，后来在兼任政法委书记的县委副书记协调下，双方才得以和好。

“大家都是一家人，抬头不见低头见，没有必要把关系弄僵”。①

最后是被告人、被害人以及社会与法院刑事审判的关系。“法院是社会正义的最后一道防线”，“有问题找法院”等民间谚语和口号都表明法院对于维持社会秩序的重要性。不过我们所关注的疑难案件的定罪问题，则主要是从社会对法院的影响这一角度着眼的。从我们访谈的资料来看，社会对法院刑事判决形成尤其是定罪的影响主要表现在如下几个方面：一方面是被害人及其亲属群体等群众的意见。据一位法官的说法，被害人和群众意见对于刑事审判影响比较大，有的案件民愤极大，被害人报复欲望强烈，即便案件事实上存在一些缺陷和问题，地方党委、政府也没有要求法院“严惩”，法院法官自己也会从维持社会稳定的角度倾向于有罪判决；有的案件群众集体请求从轻判处，法院法官一般也会从社会情理的角度考虑轻判。不过这位法官也强调说，群众意见主要对量刑有重大影响，对定罪有重大影响主要是那些涉及社会稳定问题的案件。

另一方面是被告人的上诉和被告人亲友的上访。从法律上讲，上诉是被告人的法定权利。但是正是这种法定权利的行使，却使该院法官们非常头痛，原因是在调查法院，被告人的上诉率是作为一个考评指标出现的，超过了一定的上诉率，法官们年终考核的相关目标“就要扣分”，从而轻者影响法官们的收入，严重者还会影响法官的升迁；而一旦上诉后上级法院改判，或者发回重审，就可能成为

---

① 在调查法院辖区，公、检、法三机关中午都在法院的食堂吃饭，间接地表明了这种相当“和谐”的关系。

"错案"，不仅影响法官的收入，甚至可能导致法官的降职。① 所以法官们在作出判决之前，总是尽可能地斟酌案件被上诉的可能性，避免被告人上诉。与上诉相比，法官们更害怕被告人或其亲友的上访。上访本是宪法规定的一项基本权利，是一种不得已"用脚投票"的权利，但是这种"用脚投票"的权利对于法官而言，却是一项非常沉重的政治任务，一个必须高度"认真对待"的大问题，一个法官透露说："现在许多被告人（的亲友）都很聪明，他们在判决之后，并不选择上诉，而是选择上访。而且他们不是向一般的普通职能部门上访，而是向领导直接上访，直接找法院院长，找县委书记，找县长，找人大常委会主任，找政协主席，或者越级上访，找上级行政部门或政法部门的领导，甚至跑到天安门、中南海去闹，结果事情一闹大，法院根本抵不住。所以我们在判决这种案子的时候，往往特别慎重。"②

此外，整个社会的一般认识对法院的刑事判决也会产生影响。比如，一位法官就曾悄悄地告诉我们说，对于检察院起诉到法院的职务

---

① 参见《××人民法院法官（执行人员）考核办法（试行）》第9条规定："办案质量分值为25分，主要考核法官办案的基本质量，包括上诉率、改判发回重审数、案件归档质量、错案及因办案质量原因引起不好的社会效果等内容。（一）上诉率，分值为5分。上诉率按法官全年所承办案件中的上诉案件数÷个人全年案件审结数计算。上诉率低于5%的计5分，低于10%的计4分，超过10%的计3分。（二）改判、发回重审数，分值为10分，指法官所承办案件被二审改判和发回重审案件的件数。1. 全年无改判（含部分改判）、发回重审案件的计10分；2. 部分改判1件扣0.2分，全部改判1件扣1分，发回重审1件扣3分，扣完10分为止。"第37条规定："考核结果是年度评定公务员优秀、称职和不称职的直接依据；是本人评先、晋职和晋级的参考依据。"第38条规定："考核结果是审判长（执行长）动态管理的重要依据，是一般人员的上岗条件。（一）审判长连续两年考核得分之和的最后三名，取消其审判长资格，但可参加下年度审判长选任。独任审判员或一般法官连续两年考核得分之和不足120分的，待岗学习一个月，待岗期间取消所有津贴和奖金。"

② 类似的实证材料和现象，可参见周庆智：《中国县级行政结构及其运行——对W县的社会学考察》，贵州人民出版社2004年版，第284页。

犯罪，只要没有外部力量的“招呼”，尽管律师有时候会作无罪辩护，但是他们认为判决被告有罪比较“稳当”，原因有三个：第一个是这些案件出现难以定罪的原因，主要是证据存在瑕疵，事实其实基本上是清楚的；第二个是“大家都知道，现在社会上当官的10个里面有9个严格按照法律来讲可能都存在职务违法或者犯罪行为”；第三个是“被抓到的一般都是靠山不硬的”。

从以上我们整理的四个方面来看，基层法院及其刑事审判实际上受到了四种结构性力量的约束，其中前三种属于国家权力结构层面，后一种属于社会力量与符号层面。在国家层面的三种权力结构之间，又存在极为复杂的关系，其间涉及中央与地方的分权、司法与行政的分立、党的领导以及社会稳定等重大宪政政治问题；在国家权力结构层面和社会利益与符号层面之间亦存在相互斗争、相互利用的复杂关系。法院的刑事裁判就处于这些“剪不断，理还乱”的结构关系之中，在某种程度上，法院要妥当地定罪尤其是在疑难案件中要妥当地定罪，必须认真对待和处理这些外在的结构性权力关系。

4.3　法院的应对之策及其理由

上面的考察从法律之外的层面考察了影响法院刑事判决形成的基本结构性力量。我们看到，法院（法官）实际上处于中央的全国性权力控制机制、地方党委、政府、侦查、起诉机关和被害人、被告人及其社会关系圈所组成的社会力量等多重结构的压力之下。必须注意的是，尽管没有强调，但是事实和法律因素同样是法官必须认真对待的重要因素，因为最终的裁判毕竟仍然要符合基本的格言——“以事实为依据，以法律为准绳”。这样，法院法官至少在可能判决无罪案件的定罪过程中面临着相当大的压力。考虑到这多重的结构性因素遵循的是不同的甚至相互难以调和的逻辑，比如法律遵循的普遍的逻辑，知识的论证逻辑，而权力遵循的则是命令/服从的逻辑，侦查、起诉机关关心的则是组织利益，而社会力量则在很大程度上遵循的是道德化、情境化论证的逻辑，那么一个自然的问题是，在这样的情形下，法院如何定罪，又如何判决？又为什么能够如此判决？下面的分析马上将回答这两个问题。

4.3.1 法院的应对之策

实际上，对于可能判决无罪的案件，如果仅仅只是事实上存在两难问题，并不存在外部干预的案件，问题相对简单，因为这种情形下完全可以直接依法判决。关键在于，实践中只要是可能判决无罪的案件，就不大可能不存在外部因素和力量的影响。如此一来，情形就变得复杂得多了：如果不关照任何“实际”的因素，而仅仅从法律的角度来考虑，结果同样当然非常明了，那就是按照法律的规定进行判决，但是如此一来，处于“实际”中的法院却可能遇到人事上的麻烦和财政上的困难；也可以不考虑任何法律的因素，单纯地从政治、地方利益的角度以及侦查、起诉机关和群众的角度考虑，根据他们的意愿进行判决，但是这样一来，判决就很难具有法律上的正当性，从长远来看，法院的存在还有没有必要就成了问题。当然，还可以不考虑任何法律或者非法律的因素，“跟着感觉走”进行裁判，① 但是这种判决与恣意之间的紧密联系，却不得不使人们对其可接受性产生极大的怀疑。

显然，无论单方面地从哪一个方面入手审视中国这一特定语境中法院的刑事裁判，尤其是遭遇复杂外部干预的可能判决无罪案件的定罪问题，都很难得出一个让法院“安心”同时又让其他各方包括那些遵循规则模型的学者“满意”的答案。而且即便从情理上推断，如果法院作为一个组织，② 法官作为行动者“同样是理性的”这一观念成立的话，那么在绝大多数时候，法院也不可能单独从某一方面出发决定如何定罪，而是要考虑众多的相关因素加以选择和权衡。我们

---

① See J. Frank, Law and the Modern mind, 1963, pp. 34 - 43.

② 关于组织理性，请见赵孟营：《论组织理性》，载《社会学研究》2002年第4期；关于个人的理性，请见林毅夫：《论经济学方法》，北京大学出版社2005年版，第39页。

不妨撇开理论上的各种答案，先看看法院在具体的司法实践中是怎么判决的，以便后文能够在接近实际的情况下继续寻求理论上的可能解答。

通过阅卷和访谈，首先引起我们注意的是，无论存在多少事实存在疑问的案件，在结果上，以调查法院的情况为例，法院的无罪判决率非常的低，5 年来判决无罪的案件仅有 1 起；[①] 与此同时，法院刑事案件的上诉率一直比较稳定，[②] 上访的情况也不多见，上级法院对调查法院的刑事审判总体上也比较满意，改判和发回重审的比率很低，几乎没有检察院抗诉的情况，调查法院与地方党委、政府以及人大、政协的关系亦相当良好。从这个结果来看，绝大部分案件的被告人似乎都接受了有罪的判决，而相关各方如地方政府、人大以及检察院等似乎都对这些案件的判决结果比较满意。必须指出的是，与任何国家的刑事司法一样，当然也存在极少部分的案件，被告人或者被害人不满意法院的裁判结果。

如果带着一种善意理解的眼光来审视上述结果，并将目光投向那绝大部分的情况，那么法院在多重相互冲突的结构性权力压力之下，能够在绝大多数时候作出这样一种各方都比较满意的判决可以说是非常不容易的。那么，法院是如何做到这一点的呢？从调查法院的情况来看，首先引起我们注意的是以各种方式暗示检察院撤诉。这种方式主要针对两种情形：一种是对于根据案件事实根本无法定罪，同时地方党委、政府的干预基本不存在的案件而言的，在这种情形下，法院法官通常以各种正式或者非正式的方式告知检察院可能判决无罪的情况，由检察院撤诉这样的方式来处理；另一种是对于某些可能判决有罪的案件，由于某些下文要讨论的外部干预或者协调，法院让检察院撤诉或者检察院申请撤诉。实践中主要存在的是第一种情况，第二种

---

① 这与全国的比例大致相当，关于全国无罪判决的比例，请见《中国法律年鉴》的数据。

② 相关统计，请见苏力：《送法下乡：中国基层司法制度研究》，中国政法大学出版社 2000 年版，第 420 ~ 421 页。

情形非常罕见。在调查法院，通过撤诉方式处理的情形所占比例不在少数，在近5年来的4000多件案件中，有103件就是通过撤诉的方式处理的。当然需要说明的是，并非所有撤诉的案件都是可能判决无罪的案件，因为其中有相当一部分是因为法院审限上的原因而“请”检察院撤诉的。

除了撤诉之外，我们观察到的法院另外一个重要应对之策是通过量刑以及刑罚的执行方式实现各方平衡。具体而言，这种量刑和刑罚的执行方式上的策略包括：疑罪从轻、疑罪从缓、疑罪羁押时间与判决时间大致相抵（判决刑期原则上为整数，与羁押时间相差时间一般不会超过一月，有的甚至相差不超过10天）以及免予刑事处罚等。对此，后来接受我们访谈的一位法官告诉我们说：“有些案件严格从法律上讲是很成问题的，但是或者正处于‘严打’时期，或者由于地方党委、政府打了招呼，或者由于上级法院出了面，或者有可能导致国家赔偿，都要求判，在这种情况下，只要事实基本清楚，证据基本充分，我们一般都会考虑判决有罪，但在量刑上会特别考虑从轻，比如免予刑事处罚，判缓刑，以及判处的刑罚与羁押的时间大致相当，等等。”

4.3.2 能够如此应对的理由

从法律的常识逻辑来看，让人不能理解的是，明明无法定罪的案件，以撤诉的方式处理，或者法院判决轻一些，亦即“免予刑事处罚，判缓刑，轻判乃至判处的刑罚与羁押的时间大致相当”，被告人就会接受这样的处理结果？以及，相关的各方包括地方政府和检察院为什么会接受这种轻判的结果？通过进一步的观察和访谈，我们发现，对于撤诉而言，问题相对比较简单，被告人接受以撤诉的方式处理，主要是因为除了因为审限原因撤诉的之外，检察院撤诉即意味着不起诉或者侦查机关的撤案，也就是意味着被告人不用继续承受关押之苦，意味着事情就此了结；而法院之所以愿意主动通知检察院撤诉，则既是因为法院在审限将近时也有求于检察院的撤诉来换取审理时间，也是因为法院不希望自己的判决面临抗诉的风险，更不愿意因此弄僵法、检两家的关系。

相对于撤诉的接受而言，法院通过“有罪轻判”以及刑罚的执行方式、免予刑事处罚等使绝大部分判决结果为各方所接受的原因则要复杂得多。从我们访谈的情况来看，主要包括如下一些方面。

首先是法院注意到并利用了两个促使被告人接受这种判决的因素：一是法院判决被告人免予刑事处罚、缓刑或者刑期与羁押时间相抵，许多被告人不但当庭表示接受判决，而且还会对法院和法官表示感谢，原因是“缓刑就相当于没有判”，“看守所条件太差，被告人害怕回去”，“关了很长一段时间，现在终于判决了，解决了一个长期的心理负担”；二是上诉成功率极低，使得被告人认为“相对而言缓刑等已经是一个不错的判决”，“上诉划不来”。

其次是法院注意并充分地利用了一个使地方党委、政府以及人大、政协特别是相关领导人员接受这种判决的有利因素，即“地方领导往往不懂法律，或者不精通法律，尤其是不懂具体案件的定罪和量刑”，所以在对具体的案件施加影响的时候，“往往措辞比较含糊”，绝大多数情况下并不会直接决定裁判的具体结果，① 而且一般都会加上“请依法××”之类的修饰语。在这种情形下，对于多数案件而言，通常只要法院在定性上考虑了地方党委、政府的意见，实际上也就是充分考虑了他们的意见，地方党委、政府也就不会“额外说什么了”。更重要的是，对于法院法官而言，如果党委、政府的指示不是足够的明确，那么在法律范围之内考虑这些指示就是风险最低的行事方式。②

最后是基层法院清楚地知道，一方面，对于上级法院而言，上级法院的法官本身对法律的规定就相当熟悉，对于定罪的法律和事实当

① 类似的观点，请见苏力：《中国司法中的政党》，载苏力主编：《法律与社会科学》（第一卷），法律出版社2006年版。

② 因为完全可能的是，法院按照党委、政府的意思作出了判决，但事后可能发现完全是错案，比如真凶被发现，那么最终承担责任的不会是党委、政府，而是法院和法官。

然非常清楚，在这种情况下一般不会硬性要求基层法院把无罪的定成有罪并且要求重判，因为如此要求明显违法，而且出于某种“系统认同”，也不会让法院系统内的基层法院过于为难；更重要的是，在大多数情况下，上级法院往往是外部干预力量尤其是地方党委、政府和上级法院介入基层法院所审案件的平台，其主要起一个传达、协调的作用，基层法院只要在定性上没有大的背离，上级法院一般不会深究，而且只要被告人不上诉、检察院不抗诉，上级法院也很难追究，或者通过审判监督程序再审的成本太高而不再追究。另一方面，对于检察院而言，一般只要在定性上判处有罪，为检察院避免了国家赔偿，避免了检察院及其相关承办人员在绩效考核中处于不利地位，检察院特别是其承办人自然心领神会，一般情况下当然不会因量刑问题而提起抗诉。

应该说，从法院的角度来看，如果能够通过定罪与量刑之间的巧妙搭配实现各方的“摆平”，自然是再好不过的事情，但是实践中总可能存在这套技术不管用的时候，比如被告人不服，上级法院和地方党委、政府的个别领导的要求明显违法且不具有腾挪余地，在这个时候，我们还注意到，法院一般还会配套采取以下策略：一类策略是针对被告人及其亲属上诉上访的。这种策略一般又有两种形式，一种形式强调法律和案件事实的刚性，比如暗示被告人“这个案子在事实和法律上都是‘铁案’，到哪个法院都一样”；另一种是有意识地利用地方政府对法院干预所造成的舆论效果，来尽可能地防阻被告人的上诉或者上访，例如通过律师转告被告人，“你这个案子受到了××（不会说出具体的名字）领导的高度关注，现在我们这么判决，对你来说已经相当不错了”，等等。

另一类策略是针对外部干预特别是上级法院和地方党委、政府中的私人干预的，这种策略一般表现为潜意识地利用当前的法治话语，来为自己的判决寻找合法性理由，以使自己的判决在地方党委、政府或者上级法院个人的进一步“过问”中处于有利地位，比如一位法官就告诉我们说：“现在讲依法治国，依法行政，尽管地方领导不懂法，但是他们都知道不能明显地与这些口号相违背，而是跟着象征性地喊这些口号，所以当地方以某些法律以外的因素来干预我们的判决，比如说对于明显定不起的案件，要求我们定，我们拿这些上得了台面的口号有时也还是可以在一定程度上抵挡一下。”不过他同时也指出，“不到万不得已的时候，我们一般都不会以这种方式来解决问题，因为大家都明白这些口号在实际生活中究竟是怎么回事，明说了难免面子上过不去”。

当然，也存在很少的一些案件，在这些案件上，这一套定罪量刑的技术并不管用，比如对于极少数在证据上存在问题的案件，同时又涉及社会稳定问题或者招商引资的问题，地方党委、政府相关部门“口气很硬”，不仅要求定罪，而且要求重判，遇到这种案件，法院尽管也会采取一些沟通策略，但是通常最终也就只能照办。但是尽管如此，一方面，法官们仍然坚持认为，重判也只是在法定刑幅度以内的重判，不可能超过法定刑的区间；另一方面，只要可能，法官往往以基层法院的裁判不是终局裁判为由，要求地方党委、政府通过上级法院出具书面意见，以避免自己的判决被上级法院改判或者发回重审。①

既然在无罪辩护这样的“最难办”的案件中，法院法官在绝大多数情况下都能够做到摆平理顺，那么在一般的案件上，法官们就更是游刃有余了。比如一位法官就曾给我们说道：“无罪辩护的案件最让我们头疼，因为它关系到定性问题，在中国，无论什么问题，只要一涉及定性，就总是很麻烦，而一旦性定了下来，其他的就好说了。”他还举例说，“比如，有的被告人平常表现很好，因为一时冲动犯了罪，他的亲朋好友以及他所在的单位、村庄给我们写求情信，我们一般都会在量刑或者处刑方式上予以考虑；再如有的被告人犯罪得罪的人很有来头，要我们重判，我们抵不住，也会在量刑的时候予以考虑”。

---

① 这样一种策略在后来左卫民教授组织的关于一审程序实证研究的课题座谈会上得到了进一步的证实，法官们认为这个策略是法院法官自我保护同时也是有效抵消地方党委、政府过于强势和压力的好办法。

从法院对无罪辩护案件的定罪和量刑所考虑的因素来看，法院实际上是充分意识到并利用了老百姓的一般法律文化心理和对犯罪处理的朴素认识，利用了现有制度给老百姓造成的风险和压力，利用外部干预力量在专业知识上的不足，以及利用了上级法院知法而不好太过明显地干预和检察院害怕国家赔偿和不利绩效考核的心理，来成就法院定罪量刑在各方的可接受性，并尽可能使自己处于有利的位置的。当然，这样的结果之所以能够成就，很大程度上也是因为相关各方绝大多数时候并不认死理而要求自己的主张得到全面的声张和支持。以认知科学的观点来看，这种行为方式可以说完全是符合情理的，因为受到信息、注意力等诸多的限制，人们往往追求的是满意化而不是最大化。①

以上分析表明，一旦遇到不能完全根据案件事实定罪的时候，撤诉和量刑实际上就成了法院游刃有余的“资本”和工具，其中后者尤其令人玩味。正如本部分一开头就已经指出了的，法院的这一套特殊的生存技术有着相当的实效，实践中尽管不少案件严格从法律上讲可能都存在或大或小的问题，但是绝大部分被告人都服判，被害人也不会继续纠缠法院，其他相关方也都不会存有太大的不满，从而不会给法院带来不利的影响。在很大程度上，甚至可以说正是在巧妙的撤诉和量刑技术之下，法院的判决似乎具有了“人情味”，因此也就得到各方力量进一步的认可和接受。难怪我们访谈的时候，一位具有一定领导职务并对刑事司法实践颇有心得的法官说，“定性准确的法官只算是合格的法官，量刑得当的法官才是优秀的法官”。

显然，以上法院刑事司法判决的实际做法，让我们很难看见什么法律形式主义，也看不见什么法律工具主义以及某种程度上的“直觉主义”，看到的只是法院通过巧妙的定罪量刑技术实现了判决的可接受性。这是一种从司法实践中发展出来的实践技术和策略，似乎并没有什么特别的理论深度，或者用孙斯坦教授的话说，这是一种

① 请见［美］詹姆斯·马奇：《决策是如何产生的》，王元歌、章爱民译，机械工业出版社2007年版，第13页以下。

“未完全理论化”的技术。① 然而，这样一种定罪的方式，与我们所想象的定罪量刑模型难道不是相差太远了吗？下面的文字，即将回应这一问题。

4.4　以刑易罪与定罪过程中的利益平衡

上面两个方面的考察和分析表明，虽然由于种种原因，基层法院在决定被告人有罪或者是无罪的问题上，尚受到相当多的案件事实和法律之外因素的压力，但是法院通过一套纯熟的实践技术，在相当程度上巧妙地化解了种种外在的压力，包括地方党委、政府的压力、上级法院的压力、侦查、起诉机关的压力以及被告人、被害人和社会的压力，并一定程度上确保了判决结果不致遭致相关各方的反对。我们看到，尽管很多时候如履薄冰，有时候也可能只能完全按照某些外部力量的指示照办，但是在法院的大部分判决之中，地方党委、政府的要求最终基本上都得到了有效的回应，上级法院、侦查、起诉机关的利益和社会的需要也都得到了适当的关照，而被告人、被害人也似乎满意于裁判的结果。这样的皆大欢喜局面，有着什么样的规律性内涵呢？以下的分析即将尝试回答这一问题。

4.4.1　以刑易罪的独特实践

对于成就这种多方满意结果的实践技术，如果单独审视之，其实相当简单，并各自有着相当的依据，有的甚至乃是法律明文所定。比如，撤诉即有着诉讼法上的依据，而量刑以及刑罚的执行方式，法官实质上也总是享有相当的合法自由裁量之权。在笔者看来，只有在将其与定罪联系起来的时候，我们才能发现这些实践技术的独特和微妙之处。因为在经典的传统定罪理论中，从实体法上讲，要么有罪，要么无罪，界分相当清楚明了；而且如果有罪，还要遵循罪刑相适应的

---

① 请见［美］孙斯坦：《法律推理与政治冲突》，金朝武等译，法律出版社 2003 年版，第二章。

原则，如果无罪，则应直接宣判无罪，原则上不存在除此之外的第三种情形。从程序法上讲，虽然在事实层面存在因证明难题而导致的中间情形，即有罪证据不足但又非全无证据，但是在价值选择上，现代政法理念都要求此种情形之下遵循“疑罪从无”的原则，从而也排除了这种中间情形存在的可能。而且在一般的逻辑上，从定性与最终的结果处理方式来看，也是定罪在先，以罪定刑，或者说以定性在先，而具体的处理方式在后，后者对于前者并无影响。①

然而在笔者调查法院的司法实践中，传统的定罪理论似乎很大程度上失去了效力。一方面，对于根据案件事实和相关法律根本无法定罪的案件，却并没有直接宣判无罪，而是以检察院撤诉告终；另一方面，对于证据上存在疑问的案件，也没有疑罪从无，而是疑罪从有，同时又不遵循罪刑相适应的原则，在量刑以及刑罚的执行方式上予以轻缓化。更重要的是，这种定罪的实践，实际上颠倒了传统定罪量刑的逻辑，即通过撤诉避免宣判无罪，通过轻判、缓刑等换得有罪的判决，从而以具体的处理方式影响了定性本身，并最终模糊了定罪量刑中的核心问题。在相当程度上，甚至可以这样认为，即在定性与定性之后的处理方式之间，存在一个交易，即以定性之后的处理方式换取某种特殊的定性，比如以轻判、缓刑换得有罪判决。在不甚严格的意义上，假设我们将撤诉、缓刑也视为一种量刑的话，实际上就是罪刑交易，或者更准确地说是以刑易罪。

无论从中国已有的制度实践还是从比较法上的考察来看，这种以刑易罪的裁判方式都是相当独特的。一方面，从中国已有的制度实践来看，类似的近乎交易的情形，我们似乎也能够在简易程序和“普通程序简化审”以及“宽严相济”的刑事政策中看到。因为按照刑事诉讼立法、相关司法解释和刑事政策的精神，对于被告人认罪的案件，尤其是同意适用简易程序或者普通程序简化审的被告人，法官应当酌情从轻处理，在近年来的实践中，这种从轻的政策得到了相当不

① 最近有学者对此提出了异议，请见冯亚东：《罪刑关系的反思与重构——兼谈罚金刑在中国现阶段之适用》，载《中国社会科学》2006年第5期。

错的贯彻和实施。这种规定和实践，实际上意味着被告人可以通过认罪换得量刑上的好处。但是，仔细审视简易程序和普通程序简化审所内含的逻辑，不难发现实际存在的类似交易是以被告人认罪为前提而换得量刑上的轻缓处理，而非以量刑上的轻缓置换定性问题。因此其与我们上文所见到的以刑易罪的实践还是存在根本的差别。另一方面，从比较法的角度来看，尽管英美法系国家比较普遍地存在辩诉交易，因此在罪刑关系上似乎也存在交易，但是这种交易同样不同于本文所指出的以刑易罪的情形。因为辩诉交易乃是以控辩双方的交易为基础的，而非法官的一种自我裁量内的交易（左手换右手），而且在辩诉交易的实践中，实际存在的情形乃是以承认此罪而换取检察官不起诉其他罪名，或者以承认一个较轻的罪而换取检察官不起诉较重的罪名，或者以认罪而换得检察官较低的量刑建议，① 三种情形在逻辑上都是定性在前，具体处理方式在后，而不是相反。

4.4.2　定罪的利益平衡模式

以上的分析揭示了中国法院刑事判决过程中存在的独特的以刑易罪的定罪方式。那么，为什么会出现这样一种独特的定罪方式呢？从前文的分析我们不难看到，根本的原因乃是因为法院在疑难案件的定罪过程中，受到了各种外部因素和力量的影响和制约，而且无论是来自当事人双方的论辩，还是地方党委、政府的干预和上级法院的影响，以及社会舆论的压力，对于法院而言都具有利益上的相关性，换句话说，法院都“得罪不起”，因此法院采用以刑易罪的定罪方式，通过诸如主动告知检察院撤诉来维系法院与检察院的关系，通过“疑罪从有”减缓被害人的复仇愿望或化解党委、政府的干预，通过轻刑、缓刑化解来自被告人的不满等，从而希望在不同的力量之间求得一个大致的平衡，同时也使自己处于一个比较有利的位置。从上述

---

① 关于美国的辩诉交易，请见［美］艾伦·豪切斯泰勒·斯黛丽、南希·弗兰克：《美国刑事法院诉讼程序》，陈卫东、徐美君译，何家弘校，中国人民大学出版社2002年版，第13章。

原因来看，此种定罪方式中，实质发挥作用的已经不再是传统定罪模式中的规则和逻辑，而是各个利益主体的利益。有鉴于此，笔者将这种因存在多种外部因素影响而经由罪刑交易所确立的定罪方式，称为定罪的利益平衡模式。[①] 为清晰起见，这里不妨结合定罪的传统模型对两种定罪模式作一详细的对比。

首先，在影响定罪的变量上，传统模型中影响定罪的变量是受到严格限定的，即只有案件事实和法律，所谓“以事实为依据，以法律为准绳”，最多还加上一个法官的“良心”，即所谓自由心证，其他因素概不能成为法院裁判的依据，或者至少不能明目张胆地影响法院的定罪，从而形成一个大致封闭而与外界相对隔绝的司法空间；而在利益平衡模式中，影响定罪的变量是多元和广泛的，外部力量进入定罪过程事实上不会遇到太多的障碍，只要与定罪存在关系——并不限于法律上的关系，而是包括各种可能的利益关系，比如是否定罪影响到社会的稳定问题，影响到政府的招商引资环境问题，影响到法院、检察院、公安机关及其工作人员的绩效考核、人事经费等问题，甚至影响了某些“具有重要能量”的个人的私利，都可能成为影响是否定罪的变量，从而形成了一个相当开放的定罪模式。

其次，在定罪方式上，传统模型遵循的是逻辑推理特别是三段论推理，即以法律规则为大前提，以案件事实为小前提的推理模式，并辅以法律解释的技术，因此严格来讲是一种专家的专业思维方式，其中尽管也存在相当的自由裁量，但基本上都是在法律规则之内的衡量，并有着极为精细复杂的法学方法论约束；[②] 而在利益平衡模式中，定罪所遵循的基本上不是三段论推理，而是一种摆平理顺的智慧，是一种寻求达成妥协的本事，其追求的是如何在大量的外部因素

---

① 此处受陈瑞华教授关于刑事和解研究的启发，请见陈瑞华：《刑事诉讼的私力合作模式：刑事和解在中国的兴起》，载《中国法学》2006 年第 5 期。

② 法学方法论主要是民事法律的理论说法，但是对于刑事法律具有同样重要的意义。关于法学方法论，请见［德］卡尔·拉伦茨：《法学方法论》，陈爱娥译，商务印书馆 2003 年版。

之中寻得一个各方都可能接受的结果，因此严格来讲是一种政治人物的政治思维方式，其中专业思维方式尽管也存在，但并不是唯一乃至最为重要的思考方式，而且随着外部影响因素的增加，专业思维方式的影响力在总体上将会受到不断的削弱。

再次，在定罪的判断标准特别是在规则的地位上，传统模型的判断标准只有一个，就是经由立法所确定的规则本身，亦即如果从法律上看构成犯罪，那么毫无疑问就应当定罪；如果在法律上不构成犯罪，那么也就理所当然要作出无罪的决定。而在利益平衡模式中，一方面，判断的主要标准除了规则，更重要的是权力、力量和影响力的大小，规则虽然也是一个重要的标准，但是却只是一个而不是唯一的标准，甚至不是最重要的标准，因此我们看到地方党委、政府一旦明确要求严惩被告人而且“口气很硬”，法院也就只能照办；另一方面，规则本身是被选择适用的对象，是法院的一种资本和策略载体，当某一方的要求超过法院能够容忍的限度时，法院就会将规则抬出来，所以我们看到，一旦党委、政府的某些私人的干预明显不合理时，法院常常将法律的规定拿出来作为“挡箭牌”。

最后，在取向上，定罪的传统模型更看重规则内的正义，即渴望实现刑事判决的合法律性，并注重通过正当程序吸收可能因结果的不正义性而造成的不满情绪。① 在初审法院，这一点体现为原则上不关注也没有能力关注法律之外的各种道德化、地方化的正义观念。而利益平衡模式看重的是结果的利益相关方的可接受性，其总是希望获得各个方面的基本满意，并注重利用相关各方的信息不对称而弥补判决可能具有的问题。后者最典型的表现是被告人对有罪判决或者量刑不满的时候，一些法官所采用的将其他力量干预的事实模糊的告知被告人，以让被告人知难而退的做法；以及党委、政府的干预明显违法并使法院风险过高时，法院要求党委、政府通过上级法院下达明文指示，或者明示法律规定以表明自己的确相当为难的策略等。

---

① 请见季卫东：《法制秩序的建构》，中国政法大学出版社1999年版，第36页。

除了上述四个方面之外，与传统定罪模型相比，这里需要特别强调的是，法院法官本身在这种利益平衡模式中的地位和角色特征。一如我们所知，现代司法理念中的法院法官应当严守中立，按照自然正义的要求，“任何人不得做自己案件的法官”，因此其在定罪活动中没有任何切身利益，其职责仅在于根据事实和法律以及良心作出有罪或者无罪的决定。

然而在利益平衡模式中，定罪的主体即法院法官虽然表面上中立，但实质上其与定罪活动存在相当的利益关联。比如地方党委、政府的指示如果得不到法院的遵循，那么法院很可能在人事和经费上受到诘难；再如，如果被告人及其亲属上诉、上访的比例较高或者引起高层重视，或者造成了群体性事件，那么也可能对法院在政法口中的考核造成不利影响，直接影响到法院的经费以及法官的待遇，法院的领导可能会受到政法委的批评，严重的甚至可能影响其仕途；另如，如果法院的判决引起检察机关的不满而被不断抗诉，则会使法院的许多工作难以开展，等等。

有鉴于此，中国在现实中法院的职责也就并不仅仅限于依据法律和事实认定被告人是否有罪，而是牵涉到相当多的关系协调。在这种关系协调中，法院作为一个利益整体和利益主体，也倾向于自我利益的最大化。① 这里所说的法院的利益，是相对于前文所提到的各种法律上的利益、国家利益、地方利益和社会利益而言的，是将法院作为一个主体，或者用单位社会学的观点，把法院作为一个单位，从法院的偏好角度进行定义的。一般来说，我们从两个方面来界定法院的利益：一是从消极的意义上界定的，指法院已经拥有的权力和资源；二是从积极的意义上界定的，指法院预期可能获得的权力和资源。

① 这是公共选择理论将经济学方法应用于政府、官僚研究的最大发现，关于公共选择理论的基本观点，可参见［美］布坎南：《自由、市场与国家》，吴良健等译，第三章“公共选择的观点”，北京经济学院出版社 1988 年版；以及［美］安东尼·唐斯：《官僚制内幕》，郭小聪译，中国人民大学出版社 2006 年版，第 2 页。

明白了这一点，与单位社会学密切相关的组织理论就能够给我们进一步的启发。现代组织理论认为，一个组织远不是达成既定目标的工具，从本质上，其是力图在特定环境中适应并生存下来的社会团体，并进而认为组织不但不是达成目的的手段，组织本身就是目的。① 如果组织理论的判断是有道理的，那么我们可以相应地推论，法院的判决活动，也就是以法院在多重结构压力下适应和生存为中心展开与形成的。这个适应和生存的过程，也就是不断确保已经获得的权力或者资源不会减损，尽可能地为将来获取更多的权力和资源而努力的过程。② 一旦意识到这一点，我们就可以理解，法院的刑事判决不再是单纯地依照法律进行裁判的，除非这种案件按照法律裁判既不会减损法院的现有利益，也不会影响法院的预期利益；也不是单纯地由外部力量决定的，比如由地方政府“说了算”，由上级法院“一锤定音”，等等，除非不服从地方政府、上级法院或社会力量的干预可能导致法院自身既得利益和预期利益的丧失；而是以法院自己的利益为中心，根据自己的利益取向有选择地进行裁判的。③ 其所内涵的逻

---

① 请见［美］W. 理查德·斯格特：《组织理论》，黄洋等译，华夏出版社 2002 年版，第 53 页。

② 综观法院发展历史，我们可以看到，尽管存在所谓的“司法工具主义”时代，但是却正是在这种工具主义时代中，法院获得了自己最为重要的资本。例如，在江华时代，尽管法院完全服务于政治，比如进行政治“平反”，但是正因为这些工作，法院确立了自己在中国政治格局中不可替代的地位；在任建新时代，尽管在很大程度上法院成了地方经济建设的附庸，但是正是在积极参与经济建设的过程中，法院的基础设施问题和福利待遇问题得以解决。请见强世功：《法律人的城邦》，上海三联书店 2003 年版，第 95 页。

③ 这里有必要强调的是，当我们说法院是以自己的利益为中心进行判决的时候，并不是说法院之外的因素就没有影响了，实际上，法院这种判决逻辑之所以得以凸显，在根本上就是因为存在这些外部因素的影响。不过，需要强调的是，正如霍布斯对他意义上的“法律”与“建议”进行区分时所明确指出的，君主“倾听”建议者的建议与“听从”建议者的建议完全是两码事，法院的刑事判决受到外部结构性力量的“影响”与判决由外部力量“决定”同样是两码事。参见［英］霍布斯：《论公民》，应星、冯克利译，贵州人民出版社 2003 年版，第 144 页。

辑，也就既不是一种纯粹的法律逻辑即知识逻辑，也不是纯粹的权力逻辑即命令/服从的逻辑，而是一种立基于实践，“从实践中来，到实践中去”的逻辑，这种逻辑实际上延续着一个自霍布斯以来就一直存在着的命题，即“自我保存”的命题。

从上述区别来看，无论是定罪过程上的分殊，还是定罪主体的不同倾向，都表明定罪的传统模型和利益平衡模式之间，几乎遵循着完全不同的逻辑。事实上，如果进一步追究，还可以发现，定罪的这一利益平衡模式其实内涵了一种与现代政法理念极为不同的模式。因为在理论上，定罪问题根本上是一个司法问题，也就是一个公共规则适用的问题。按照现代政治和法律的分化性结构，在处理犯罪的法律制定之前，各种利益相关者可以通过争论和论辩，竞争出相对多数公众能够接受的规则，并将之升格为立法。而一旦立法确定了这些规则，这些利益相关方就必须在规则的执行过程中遵守这些规则，所有的利益相关方都必须以这些规则为准绳来维护自己的利益，而不能再按照各自的利益选择和适用规则。① 这一点，可以说是现代政法制度的基本要义。但是，在中国的刑事司法实践中，正如我们已经看到的，定罪的利益平衡模式不是按照规则来调整和衡量利益，而是按照利益来选择性地适用规则。其中法院作为裁判者又作为利益相关者的参与，又进一步增加了这种利益平衡模式的复杂性。如果说政治过程的核心是参与者的利益博弈，② 法律过程的核心在于规则适用，那么这样的利益平衡过程，本质也就不再是一个法律过程，而是一个政治过程。

---

① 这里参考了张静教授关于农村土地规则研究，请见张静：《现代公共规则与乡村社会》，上海书店出版社 2006 年版，第 239 页。

② 科雷曼从参与者的角度将政治定义为参与者的标准框架，人们借用它实现自己或集团的目标，斯托克则将政治界定为“为权力而斗争”，都表明政治的核心乃是利益博弈。关于前者，See James Coleman, Market Contractarianism and the Ananimity Rule, Social Philosophy and Policy, No. 2, 1985；关于后者，请见［英］大卫·马什、格里·斯托克：《政治科学的理论与方法》，景跃进等译，中国人民大学出版社 2006 年版，第 8 页。

4.5　可能的制度性后果

前面几个部分分别以可能判决无罪的案件为例考察了法院在刑事审判中所面临的外部因素和力量，揭示了法院在面对这种权力结构时的应对之策及其具体的行为方式，并在此基础上归纳总结出法院这种定罪的实践实际内涵了一种不同于传统定罪理论的利益平衡模式，从而进一步地揭示了判决形成的复杂政治过程。更重要的是，通过这种模式我们指出，尽管相当一部分刑事案件的处理总是要受到不少来自外部的社会、政治和行政力量的影响，但是法院并不是完全受制于这些力量，而是通过策略性的利用定罪量刑的技术，利用各种外部因素和力量之间的互相牵制关系，腾挪出了些许自主的空间，并使得自己处于相对有利的位置。如果说上述分析属于策略分析的话，那么接下来的分析则属于制度分析，① 亦即进一步的追问，这样一种利益平衡模式和法官的能动角色，有着什么样的制度性后果？下面的文字将首先讨论前者的影响，然后分析后者可能给我们带来的意外后果。

4.5.1　利益平衡的负面后果

就定罪的利益平衡模式而言，如果要对其作进一步的定性的话，那么在根本上，定罪的利益平衡模式可以说是一种反司法的司法模式。② 因为正如上文已经指出了的，按照现代司法理念，一旦进入司法领域，在常规上尤其就本文研究的基层法院而言，无论什么利益和

① 策略分析和制度分析是吉登斯进行的分类，是结构化理论下的两种重要社会学分析进路。在制度分析中，结构性特征被视为社会系统周而复始再生产出来的特征。在对策略行为进行分析时，关注的焦点则是行动者在构成社会关系时，以何种方式利用了各种结构性特征。请见［英］安东尼·吉登斯：《社会的构成：结构化理论大纲》，李猛、李康译，王铭铭校，生活·读书·新知三联书店 1998 年版，第 417 页以下。

② 请见赵晓力：《基层司法的反司法理论——评苏力〈送法下乡〉》，载《社会学研究》2005 年第 2 期。

利益主体，都是接受既有规则衡量和调整的对象，而不能无视既有规则根据力量原则达致妥协和判决。然而，正如我们所看到的，定罪的利益平衡模式正是遵循的后一种逻辑，在这种逻辑中，虽然名义上是一种司法决策——因为决定最终仍然由法院作出，而且形式上也要经过特定的诉讼程序，但其因为遵循的是力量原则而非规则原则，因此实质上却是一种政治决策模式，这种政治决策模式，在现代分权逻辑下，实乃一种与司法逻辑相当不同的模式。

一旦认识到定罪的利益平衡模式具有反司法性质，那么自然而然的，这种模式的制度后果也就较为清晰了。最直接的，就是作为裁判依据之规则的地位被弱化，规则的形式价值在相当程度上荡然无存。相应的，现代刑事法治所冀望的通过形式化的规则约束权力进而保障权利的目标——这一点被视为现代刑事法治的核心假设所在，① 很大程度上也就化为乌有。实际上，我们在可能判决无罪案件的定罪过程中不难看到，一方面，从限制权力的角度来看，这种利益平衡模式只能发挥相当有限的作用，司法的大门几乎完全和始终为各种权力介入大开着大门。而且，这种对权力几乎不设防的模式，还可能会加剧权力机构和人员对规则的忽视，从而不利于权力机关和人员守法意识的确立。另一方面，从权利保障来看，对于那些从事实上讲根本无法定罪而被撤诉的案件而言，被告人基本上丧失了洗脱怀疑的机会，而且被剥夺了请求国家赔偿的权利。而对于那些有罪证据不足的案件被告人，如果按照“疑罪从无”的原则，本应获得无罪的判决，但事实上却因利益的衡量而背负有罪之名；尽管一些案件的被告人会因此获得较轻的处罚甚至不会深陷囹圄，但是此类案件实际上仅限于可能判处三年以下刑罚的案件，可能判处三年以上案件的被告人无论如何从轻，实际上都将难逃数年甚至十数年的牢狱之灾；而且，即便对于那

① 关于法治的两个核心假设，详见［美］R. M. 昂格尔：《现代社会中的法律》，吴玉章、周汉华译，译林出版社 2001 年版，第 172 ~ 173 页；又可见陈瑞华：《司法权的性质——以刑事司法为范例的分析》，载《法学研究》2000 年第 5 期。

些获得较轻处罚并未深陷囹圄的被告人而言，有罪之名实际上也将深刻地影响他（她）们的生活，因为诸如军人、公务员等职业都将他（她）们排除在外。

对于中国法学者而言，尽管无论怎么强调都不过分，但是考虑到西方自由主义法治在中国备受推崇，定罪的利益平衡模式在限制权力和保障人权上的不足问题在相当程度上都可以说是老生常谈，因此用不着在此论题继续花费笔墨。笔者在这里想要另外特别指出的是，这种利益衡量模式严重阻碍了法律职业群体的专业化发展。这一点具体体现在如下两个方面。一方面，对于法官群体而言，由于这种模式需要的并不限于法律思维的方式，而是内涵了政治家式的妥协、摆平理顺的技术和智慧，具体对于法院而言，主要就是在洞察各种因素和力量之间的复杂关系之后通过量刑和刑罚执行的方式加以平衡，因此法官的主要精力，可能会集中于揣摩外部力量的意图、协调外部关系以及斟酌量刑和刑罚的执行方式是否能为各方所接受的问题，而不是研习法律专业知识尤其是程序法知识。事实上，受访法官“定性准确的法官只是合格的法官，量刑得当的法官才是优秀的法官”的说法，相当程度就表明法官看重的是量刑以及量刑背后各方的接受度，而不是我们通常所想象的罪与非罪这样相较量刑而言更为专业化的实体和程序法律问题。

另一方面，对于律师群体而言，由于定罪的利益平衡模式并不完全由事实和法律决定，而是受相当多的外部因素和力量约制，因此律师并不仅仅注重证据和法律上的辩护，而是希望通过利用那些对己方有利的外部因素和力量去影响判决，并特别注重避免那些不利的外部因素。为此，律师的主要工作，除了专业辩护外，就是想方设法地接近法官并游说法官。许多时候，律师的这种游说甚至相当间接，即通过党委、政府、上级法院甚至本法院一些重量级领导人物“打招呼”的方式，来影响法官的定罪量刑。毫无疑问，律师的这种执业方式，不仅与基本的职业道德相违背，也非常不利于律师群体法律素养的提高。实践中，从事刑事辩护相当成功的律师大多数往往都是与党委、政府和检、法系统关系“过硬”的律师，而不是学历、专业素质高的律师，也从侧面表明，定罪的利益平衡模式对律师专业性的提高至少很难说有正面的促进作用。更重要的是，由于定罪的利益平衡模式使得无罪判决的可能性几乎可以忽略不计，加上其他刑事诉讼关于证据收集的制度障碍，① 实践中律师的辩护和证据收集实际上主要围绕量刑进行，这也使得律师群体在专业素养上的提高与法官群体一样，偏失了最为关键的部分。

除了对法官和律师群体的影响之外，笔者以为更重要的是这种模式对于侦查、起诉机关特别是侦查机关侦查能力建设的影响。如果仔细审视定罪量刑的平衡过程，不难发现法院关照侦查、起诉机关在各种考核中的组织利益占据了相当的分量，比如可能判决无罪的知会检察院、证据存在问题会与控方沟通等。而仔细分析侦查、起诉机关尤其是侦查机关之所以希望法院能够关照这些组织利益，侦查、起诉机关内部和外部不合理的考评制度当然是其中最为关键的原因，但是在诉讼制度上，正如笔者在第三章特别强调指出过的，还有一个直接相关的因素，就是侦查能力的问题。许多案件，并不是因为难以查证到足够的证据证明案件事实，而是因为侦查机关的侦查人员的疏忽和不细心所导致的证据缺陷使得案件成为疑难案件，以及因为侦查技术和投入不足而导致的侦查能力出现了问题。② 这部分案件中的前者无论如何都应当避免，后者则可以通过加强技术和增加投入而予以相当程度的避免。但是由于可以通过与法院协调的方式处理这些案件，比如

---

① 这里的障碍，主要是指刑事诉讼法对律师调查取证的限制，以及刑法对律师的控制。请见《刑事诉讼法》第 37 条，《刑法》第 306 条。当然，实践中的障碍远较法律规定为多，请见陈瑞华：《法律职业共同体形成了吗?》（上、下），载《中国司法》2008 年第 2、3 期。

② 这一点不仅法院的承办法官反映强烈，而且公诉机关的公诉审查人员同样深有感触。笔者对基层检察院公诉人员的访谈表明，他们在审查逮捕和审查起诉时，非常头疼的问题就是取证的粗糙问题和没有足够的技术提取证据的问题，比如侦查人员常常在笔录中只签一个人的名字，应当及时提取指纹、做 DNA 鉴定却因为没有相关的技术而失去了许多关键的证据，使得审查逮捕和审查起诉变得困难。

撤诉或者疑罪从轻，使得侦查机关在避免类似缺陷上的动力不足，也没有足够的反向激励使得侦查机关将有限的资源投入到加强侦查能力上来，起诉机关在面对这些问题时亦并不认真地去“侦查监督”，从而使得类似的很大程度上可以避免的问题长期存在。当然，其最终的制度影响，则是使得相当一部分可能的犯罪分子因为撤诉而逃脱惩罚，而相当一部分可能的无辜者则遭受了不白之冤。

进一步的，如果充分考虑被告人及其亲属、被害人在面对这种定罪模式时所可能采取的策略，我们还可以发现，这种定罪的平衡模式对于公众守法意识的确立也具有极为不利的影响，并可能由此产生极为不利的社会后果。规则如果得不到遵守，自然也就是一纸空文，从而失去了其存在的价值基础。而从比较泛化的意义上讲，规则得不到官方的遵守，普通公众可能由此心生效仿之意，从而更加不利于公众守法意识的确立。除此之外，更为严重的是，由于地方党委、政府包括公、检、法机关在社会稳定上都存在切身的利益，只要影响到社会稳定，法院在判决时就会非常谨慎。在这样的情形下，与案件处理结果相关的当事人或利益相关者很可能会充分地利用这一点，采取一些极端的同时在地方党委、政府看来属于影响社会稳定的方式影响法院的判决。而且，一旦当事人或者利益相关者在采取这样一些方式取得了切实的效果之后，比如获得了比较轻的刑罚乃至于检察院撤诉，那么可能会形成一种危险的社会预期，普通老百姓可能会产生“只有闹才管用”、“会闹的孩子有奶吃”之类的认知，① 从而埋下群体性事件或者准群体性事件频发的隐患。实际上，近年来频频曝光的许多因刑事案件处理不当而引发的群体性事件，很大程度上可以说都与这种群体心理存在密切的关联。

当然，定罪的利益平衡模式的负面制度后果还不限于此。如果我们把目光投向近年来愈演愈烈的司法腐败问题，那么我们不难发现，定罪过程中规则地位的下降和利益衡量地位的上升，正是刑事司法腐

① 关于普通老百姓的这种认知的有趣而优秀的描绘，请见应星：《大河移民上访的故事》，生活·读书·新知三联书店 2001 年版。

败以及相关联的腐败得以滋生的重要制度根源。由于判决的形成过程在相当程度上乃是一个利益博弈的过程而不是完全按照既定规则办事的过程，因此有关各方总是希望穷尽各种可能的办法增强己方“说话的分量”，以获得一个有利于己方的判决结果。① 在这个过程中，最容易出现腐败问题的就是律师和法官的关系这一环节。律师为了影响法官的判决，除了收集更多有利于己方的证据和法律上据理力争之外，按照力量逻辑，正如上文已经暗示指出了的，还有两条道路可走，一条是直接游说法官，另外一条是通过党委、政府、上级法院乃至管辖法院的领导人物影响法官。由于中国法官普遍地对收入情况不满，② 尤其对律师群体的收入远远超过法官群体不满，法官通常情况下并不愿意接受律师的法内游说，这种情形下能够使法官偏向于己方的重要途径，就是通过各种方式与法官“搞好关系”和“套近乎”，司法腐败由此滋生。更重要的是，绝大部分谨慎的法官可能并不愿意直接与律师存在类似的关系，这种情形下律师只能通过第二条途径即党委、政府、上级法院乃至管辖法院的领导人物“打招呼”的方式争取有利己方的判决。所谓“天下没有免费的午餐”，这第二条路径之中，围绕判决的形成，不仅容易滋生司法腐败，而且潜含着党委、政府、上级法院相关官员腐败的极大空间。

4.5.2 法官策略行为的意外后果

以上内容乃是就定罪的利益平衡模式所可能具有的负面制度影响展开的，实际上也是笔者对利益平衡模式的一个初步评价。按照本部分一开头即以指出的顺序，那么接下来的问题就是，又如何看待内涵于这一模式之中，但又别具一格的法院的自利性行为和倾向。笔者以为，在回答这个问题之前，有必要交代目前学界对于法院看法的两种

---

① 与这一点相关的分析，请见何远琼：《站在天平的两端：司法腐败的博弈分析》，载《中外法学》2007 年第 5 期。

② 请见艾佳慧：《中国法官最大化些什么》，载苏力主编：《法律和社会科学》（第三卷），法律出版社 2008 年版。

观点。一种观点同时也是一些理想人士的看法，认为法院乃是一个高度中立的组织，其独立于立法和行政，不仅自己在案件的审理中没有利益，而且应当对与案件处理过程和结果相关的利益、相关方的利益保持中立；另外一种观点同时也是一些对现实较为敏感的人士的看法，认为至少在中国，法院根本不是什么中立的机关，其人事、财政都受制于地方，其只不过是地方党委、政府的一个部门和控制社会的一个工具。① 本文初步考察的结果表明，实际的法院地位可以说与这两种说法都不相同。从目前的资料看到的情形是，现实中的法院在许多案件的处理中很难保持中立，而且事实上也没有保持中立，但是法院又并不是完全的被动和受决定的对象，而是有着相当的能动性和策略性，很大程度上擅长周旋于各种权力结构之间并基本上确保自己处于一个相对有利的位置。

这种在诸多权力结构中寻求有利位置的策略性行动，由于其乃是内涵于定罪的利益平衡模式之中的，因此毫无疑问带有前述利益平衡模式所固有的诸多负面的制度效应，甚至某些时候还会进一步地加剧这些效应。但是如果从司法制度的角度来看，我们不得不承认的一个事实是，尽管相当程度都是出于法院的“自我保存”乃至“自我发展”，但是在客观上，这些行动和策略的确产生了具有正面价值的

① 请见贺卫方：《中国司法管理制度的两个问题》，载《中国社会科学》1997 年第 6 期。

“意外后果”,① 即造就了一个虽然不稳定但却相对独立的司法空间,在这个空间内,尽管法律的、非法律的因素混杂其中,当事人和非当事人喧嚣其上,党委、政府、上级法院、公、检、法机关纷纷亮相,但是在绝大多数时候,任何一方都很难说具有单独的决定性作用,“在表面的铁腕般的控制、貌似平静的表面下,存在着冲突、压制、抵制、竞争、妥协和合作等涌动的逆流”,② 更重要的是存在着法院和法官的能动选择和策略性行动。正是在这种非决定论、相对独立的空间之中,特别是此一空间中法院和法官的策略性行动当中,尽管被告人在许多时候仍然可能蒙受非司法力量的直接治罪,比如证据不足本应疑罪从无,却因外部的治理性力量而被定罪;但是刑事法律规则仍然在发挥作用,法官的中立性裁判立场仍然若隐若现,一些案件因此被撤诉,一些被告人至少获得了较为轻缓的处罚,如果不局限于笔者调查的法院,还有一些被告人甚至因此保住了生命。

当然,对于这种不稳定的相对独立的司法空间,我们不宜过高地评价,甚至不应给予正面的评价,因为它毕竟仍然深陷于国家的政治权力结构之中,仍然嵌在其所在的时空环境和制度环境之中,因此在总体上腾挪的空间相当有限,独立性的基础亦相当薄弱。而且更为关

① “意外后果”是社会学家吉登斯提出的一个重要概念。不过,吉登斯并没有给“意外后果”下一个严格的定义,但是他指出了可以考察意外后果的三种情况,这三种情况有助于我们把握“意外后果”这个概念。第一种情况如打开灯,窃贼受到惊吓,循路而逃。这里,“窃贼受到惊吓,循路而逃”是“开灯”的意外后果。第二种情况是指不是由单个事件引发的意外后果,而是由一系列个体活动复合而成的模式。在这种情况下,有待讨论的现象是某种确定的“最终结果”,它被看做是由有意图的行为一步步的过程累积而成的意外后果。第三种情况是指,定位在某一时空情境里的重复性活动,会在相对自身情境而言较为“遥远”的时空情境中产生例行化的后果,而这并不是参与这些活动的那些人意图之中的结果。详见［英］安东尼·吉登斯:《社会的构成:结构化理论大纲》,李猛、李康译,王铭铭校,生活·读书·新知三联书店1998年版,第74～76页。

② 请见贺欣:《为什么法院不接受外嫁女纠纷——司法过程中的法律、权力和政治》,载苏力主编:《法律和社会科学》(第三卷),法律出版社2008年版。

键的是，由于这一空间中的力量对比是不断变化的，因此这种相对独立的空间是不稳定的。正如前文的描述已经指出的，完全可能的是，在某个我们不愿意看到的时候，某一种外部力量足够的强大，比如地方党委、政府针对某一严重影响社会稳定的刑事案件发出了明确的指示并且不具有腾挪的余地，或者上级法院明示了某个刑事案件裁判的具体结果，即便存在某些证据上疑难或者法律上的问题，或许法院也就只能完全服从于政治和权力。毕竟，在这种时候，法院定罪往往遵循的是利益平衡模式而不是规则之治，而在利益平衡模式中，根据力量大小作出决定才是符合逻辑的举动。在这种情形下——当然并不多见，那种相对独立的空间实际上即不复存在。

不过尽管如此，按照一种内在理解的进路，笔者仍然认为不宜过于苛责作为行动者的法院和法官，如果抛开少部分法官的司法腐败行为不论（这一点毫无疑问应当受到谴责），只要设身处地地想一想，如果我们作为一个中国基层法院的承办法官或者主管刑庭的副院长甚或法院的院长，在面对类似的情形时，我们又能如何呢？问题的关键或许不在于如何防阻作为行动者的法院和法官在司法过程中渗入组织利益和个人动机，而在于创制引导和规制这些利益的合理制度安排。因为正如唐斯所言，如果社会创造了合适的制度安排，那么他们的私人动机将引导他们按照自己确信的公共利益而行动，即便这些动机与其他的每个人的动机相似，即部分根源于他们自己的个人利益。①

4.6　结 束 语

上面几个部分以可能判决无罪案件为中心，讨论了法院面对诸多外部压力的时候所采取的实践策略和技术，以及由这些策略和技术所构成的判决形成过程的性质。正如人们经常所看到的，在许多可能判决无罪的案件中，被害人、被告人以及围绕他们的社会关系网络、地

---

① 请见［美］安东尼·唐斯：《官僚制内幕》，郭小聪译，中国人民大学出版社 2006 年版，第 92 页。

方党委、政府、上级法院、侦查、起诉机关、社会舆论都可能向法院施加影响，而面对这些外部力量的压力，法院和法官作为能动的主体，并不是完全的被动与屈从，而是有针对性地采取了一些独特的策略来平衡各方的利益，并尽量使自己在各种权力关系中处于相对有利的位置。这个过程，从判决的形成过程来讲，实际上是一个利益平衡的过程，是一个政治考量的过程，同时也是一个法院尽可能维护自主空间和自我利益的过程。因此这个过程对于以规则为中心的司法而言，无疑造成了相当多的负面的制度性后果，但是对于以独立审判为生命的司法而言，却又使我们获得了某种并不稳定的意外制度后果。①

作为一项司法社会学研究的一部分，本章主要满足于描述、解释和某种程度的理论概括，仅仅在末尾作了审慎的具有规范意味的评价，鉴于兴趣和避免重复，全文没有对如何避免这样一种判决模式所具有的弊病作更多的制度层面的论述。不过这里想要特别指出的是，这并不代表笔者不认同制度建设的重要性，或者对制度建设没有自己的方向性意见。因为正如道格拉斯·诺思曾经指出过的，如果社会创造了对海盗行为的激励，海员就会变成海盗；如果社会创造出了对交易的激励，海盗就会变成商人。② 完善法律规则的至关重要性，就体现在它们为社会化和经济上的生产行为创造出了激励，对于本文的主旨而言就是为法院法官的中立性、合规则性行为创造了激励。因此笔者完全相信，如果能够在司法制度上确保法院最低限度的独立性，能够在刑事诉讼规则上适度地区分定罪程序和量刑程序以避免定罪量刑

① 遗憾的是，由于实证资料的欠缺，以及篇幅所限，本章没有充分地关注量刑中是否存在类似的现象和逻辑。但是，正如我们在上文偶尔提到，并且也基本能够得到验证的是，在许多案件中，不仅法院的定罪过程是一个法院法官能动平衡各方利益的过程，量刑过程同样如此，只是在许多时候，量刑过程中的这种平衡策略更难以察觉罢了。

② 请见［美］科斯、诺思等：《制度、契约与组织——从新制度经济学角度的透视》，经济科学出版社2003年版，第326页。

之间的某种借用,① 能够进一步规范量刑活动以促进刑罚轻缓化的规范性和透明性,② 加上相关制度的体系性完善，或许就有助于解决或者至少大大减少目前法院判决形成过程中存在的种种问题。

只是需要强调的是，尽管相关的制度建设和完善具有极端的重要性，但是要让这些制度真正地发挥作用，除了制度建设本身需要具有体系性之外，还需要适宜的政治、经济和社会条件，而这些条件往往很难在短时间内得以成就，某些方面甚至还主要仰赖于政治家的决断。实际上，本章和前面几章的研究已经表明，在中国当前的政治、经济和社会条件下，具体而言在法院所面临的现有环境下，已有相当多的与法院审判相关的刑事诉讼规则遭遇了不同程度的扭曲和搁置。而且，经过长期经验检验形成的实践模式，在很大程度上已经成为不少行动者的某种工作习性。考虑到工作习性固有的惰性，如果突然全盘推倒重来，恐将遭遇较长时期的潜在抵制,③ 从而在很大程度上促使法院的刑事判决制度具备了某种抗拒变革的内倾性。④ 在这种情形下，对于以西方法治经验为蓝本进一步修改刑事诉讼制度的做法和观点，或许就应当抱持适当的审慎，否则一定意义上可能只能获得某种

---

① 目前学界关于定罪量刑程序分离的讨论，在这个意义上才真正显示其重要性，可惜尚未得到应有的重视。关于定罪量刑程序分离的研究，请见陈瑞华：《定罪与量刑的程序关系模式》，载《法律适用》2008 年第 4 期；贺红强、陈小嫦：《量刑与定罪程序的分离和独立》，载《河南公安高等专科学校学报》2006 年第 1 期；等等。

② 最高人民法院和最高人民检察院最近联合出台的《关于办理职务犯罪案件认定自首、立功等量刑情节若干问题的意见》可以说是最高司法部门针对量刑实践中对职务犯罪不当轻缓化的一个回应。

③ 关于习性的惰性和对变革的抗拒特点，请见［法］布迪厄、［德］华康德：《实践与反思——反思社会学导引》，李猛、李康译，中央编译出版社 2004 年版，第 179 页。

④ 李汉林先生借用拉卡托斯的内核/保护带理论、制度经济学的“嵌入性”理论以及诺思的“路径依赖”理论，对制度为什么会抗拒变迁作了在我们看来非常细致的讨论。参见李汉林：《中国单位社会：议论、思考与研究》，上海人民出版社 2004 年版，第 100～125 页。

纸面上而非实践上的成就。这一点，可以说正是中国刑事法治建设的艰难性和复杂性所在，也是许多以完善中国刑事诉讼制度为己任的学者不得不认真面对的难题。

第5章　结　　论

前面三章分别从法院法官行为的角度，对判决形成的司法过程、组织过程以及定罪量刑的能动平衡过程进行了较为细致的考察和分析。经由这些考察和分析，相信能够使我们对中国基层法院刑事判决的形成过程有一个虽然较为梗概但仍算深入的了解。不过，本文并不打算满足于此，而是有意将这三章所描述和分析的主要内容糅合起来作进一步的分析，一则希望提出某种解释这些实践面貌的理论框架，二则试图根据可能发生的变化前瞻未来判决形成过程的可能实践面貌。

5.1　判决形成过程的实践全貌：一个重构

本书已经从司法过程、组织机制以及定罪量刑中的利益平衡三个层面考察了刑事判决形成的实践过程。为了避免重复，这里在总结时，除了主要以前面的材料为基础之外，将采取一种不同的叙述和考察结构，按照“谁在（参与）判决”、“判决形成过程中考虑哪些因素”、“以何种方式形成判决”、“形成什么样的判决”四个层次对整个判决形成过程的全貌进行重构，希望能够有助于进一步了解和把握判决形成的实践过程。

5.1.1　谁在（参与）判决

无论是理论还是法律都告诉我们，作出判决的主体应当是法定的审判组织，即独任法官或者由法官（和陪审员）形成的合议庭。在英美，还可能包括陪审团。在中国，尽管存在争议，但是法定的审判组织只有两种，即独任法官和合议庭。独任法官审理适用简易程序的案件，合议庭则审理适用普通程序的案件。原则上，一方面，无论是主审法官、参审法官还是人民陪审员，在履行职务时享有同等的权利，因此都应当独立判断并提出自己的意见，并按照多数意见形成决定。另一方面，除了对于疑难、复杂、重大的案件，合议庭认为难以作出决定的，由合议庭提请院长决定提交审判委员会讨论决定之外，独任法官或合议庭都应当独立作出判决。

与法律规定和理论想象相比，实践中，“谁在判决”的问题要复杂得多。当然，必须首先指出的是，尽管采取独任审判的案件偶尔也会较为复杂，但是绝大多数时候都较为简单，一般都是独任法官作出判决，因此这里不对其作太多的考察，而将焦点集中在由合议庭审判的案件上。首先，虽然是合议庭审判，但是由于承办人制度的存在，使得合议庭审判变异为主要由承办人审判。承办人制度是司法实践中普遍存在并具有实质影响的草根制度。所谓承办人制度，是指一种以单个法官为单位进行法庭审理和制作司法裁判的组织制度。在承办人制度下，承办人几乎包办了裁判的一切主要活动，并对判决结果有着决定性的影响。其他合议庭组成人员仅仅在需要对外公开的程序中参与审判工作，也就是在开庭时“坐庭”，而对诸如庭前审查、庭前准备、庭外调查等程序，一般都不会实质性参与；对于判决结果一般也都只发表附和性意见，很少出现对定罪量刑有不同意见的情况；在人民陪审员参与审判的情况下，一些承办法官甚至不让人民陪审员参与评议，而直接要求人民陪审员预先在空白评议笔录上签字。

其次，近年来施行的审判长负责制，使得本已变异的合议庭审判进一步地变异为承办人与审判长共同下判的局面。审判长负责制是这样一种制度，在该制度中，案件被统一分配给审判长负责的审判组，审判长代表本审判组受理案件，组织合议庭进行法庭审理，其他法官或者人民陪审员充当普通合议庭成员；而对于自己不亲自参与审理的案件，审判长有权组织合议庭，指定承办人，并对最终的裁决签署意见，遇有与合议庭意见不一致的情况，审判长可以直接按照自己的意见作出裁决。不过实践中，尽管审判长类似于改革前的庭长，有着签发审核裁判文书之权，但是由于承办人更了解案情，因此在作出判决时，两者几乎享有相当的发言权，从而形成承办人与审判长共同决策的局面。

最后，尽管院、庭长审批案件的情形已经大大减少（或者仅仅具有否决权），审判委员会直接讨论决定的案件比例也会大幅下降，庭务会几乎不再讨论案件，但是不可否认前二者仍然存在并实际决定一些案件的判决结果。此外，近年来新兴的庭上案件讨论会、审判长联席会议以及其他日常的咨询请教活动，表明法官并非独立地作出判决。所有这些都表明，在一个案件的判决形成过程中，随着案件审理复杂程度的变化，法院的院庭长、审委会委员、退居二线的资深法官、参加刑庭案件讨论的普通法官等，都可能参与到案件的决策中来。这样，实际上已经看不到究竟谁是裁判者，因为正如我们前面的章节已经指出过的，名义上的裁判者有时候没有权力决定，有时候不愿意独自作出决定，还有时候不敢独自决定；而不属法定裁判者的院庭长、审委会委员之类的人员，却不时拥有实质上的决策权。

由此看来，“谁在判决”这一问题似乎没有一个明确和清晰的答案。因为正如我们看到的，判决的作出者完全可能随着案件审理进程的发展而不断发生变化，判决者实际上——用强世功、赵晓力的话说——已经不是一个“有面目的法官”，而是一个“无面目的法官”，是一个机构、一个组织、一群人，① 一种整体性力量。

5.1.2 判决形成过程中考虑哪些因素

中国刑事诉讼制度中有一个基本原则，叫做“以事实为根据，以法律为准绳”；在国外，亦有所谓“证据裁判原则”。中国和外国的原则都表明，判决的基础只能是法律和案件事实，原则上不允许裁判者在判决形成过程中主动考虑这两者之外的因素。另外，为了从外

① 请见强世功、赵晓力：《双重结构化下的法律解释：对8名中国法官的调查》，载梁治平编：《法律解释问题》，法律出版社1998年版，第237页。

部保障裁判者不受事实与法律之外因素特别是权力因素的影响，无论中外都确定了司法独立的基本原则（中国称为法院独立审判原则）并附有相应的保障制度。不过，在中国的刑事司法实践中，不仅法律与事实之外的因素尤其是权力因素侵入判决形成的过程较为容易，裁判者在判决形成过程中亦会能动回应这些因素。具体而言，判决考虑的法律外因素包括：

首先是全国性的刑事政策。正如在第四章已经指出过的，实践中大部分法官都认为，以前是“严打”，现在是“宽严相济”对于刑事判决的定罪量刑有着很大的影响。比如，“严打”时对证据的要求往往只做到了“两个基本”，即“事实基本清楚，证据基本充分”，其中“某些案件事后严格按照法律来看完全可能属于难以定得起的案件”；再如，“宽严相济”对基层法院刑事判决中的量刑影响非常大，大量被告人认罪的伤害案件、贪渎案件被决定适用缓刑或被课以较轻的刑罚。

其次是地方党委政府等与基层法院及其刑事审判的关系。由于中国法院与地方党委政府之间的特殊关系，特别是人事、财政上的依附关系，在刑事案件的审判中，地方党委政府往往倾向于影响案件的判决，尤其在如下两类案件上：一类是涉及地方政府政绩利益的案件，比如涉及重点企业、纳税大户的经济犯罪案件，以及关系到投资环境的案件等；另一类是关系到社会稳定的案件，主要是关系到群体性利益，群众意见很大乃至引起“民愤”的案件，比如集资诈骗、权势者恶性杀人案件，以及与拆迁、物业管理、土地征收等相关的犯罪等。实践中，这种影响既可能以公共名义，也可能以私人名义；既可能是正式的批示，也可能是非正式的“打招呼”。

再次是公安机关、检察机关与法院在刑事审判中的关系，以及基层法院同上级法院的关系。按照刑事诉讼法的规定，法院、检察院、公安三机关之间是分工合作、互相配合、互相制约的关系，上下级法院之间是审级监督关系。但是实践中，一方面，为了各自的利益，法院、检察院、公安三者之间主要存在两种关系：一是互相配合的关系，比如在打击犯罪上心存默契，在证据问题上的互相沟通等；二是互相“照顾”的关系，比如在审判中偏袒控方，可能判决无罪的案件事先知会检察院等。另一方面，上级法院对基层法院的审级监督关系则变异为管理关系，并通过围绕改判、发回重审建立的一整套考评体系确立起上级法院对基层法院的实质影响力，使得在具体的刑事审判中，上级法院的意见、有时甚至是法院某些法官的个人意见显得至关重要。

最后是被告人、被害人的影响。由于被害人及其亲属群体的意见往往与维护社会稳定问题联系起来，并因此容易引起地方党委政府的关注，所以对法院影响相当大，法院在判决时往往都要听取被害人的意见，有的甚至要在被害人与被告人之间做工作，促成双方达成和解。而在上诉率、上访率作为一个考评指标的情形下（同时也可能转换成“维稳”案件），被告人及其亲友的上诉、上访直接关系到裁判者及其所在法院的利益，因此裁判者总是尽可能地避免被告人上诉、上访。当然，也存在被告人、被害人存在较为特殊的情况，引起了裁判者的某种理解或同情，从而在判决特别是量刑时给予特别的关照。

5.1.3 以何种方式形成判决

就判决的形成方式而言，无论是大陆法系还是英美法系国家，都要求经由公正的审判形成判决，而不得诉诸审判之外的方式，所谓“审判中心主义”是也。在中国的刑事诉讼制度中，尽管1996年刑事诉讼法一改1979年刑事诉讼法所确立的尚具有行政治罪属性的审理程序，建立了具有现代刑事司法基本属性的判决形成制度，重新配置了控辩审职能，改变过去由法官直接调查证据的方式，确立了控辩双方向法庭举证但不排除法官调查的“控辩式”庭审方式，但是实践中庭审的形式化问题仍然没有获得实质性的改变，通过庭审型塑判决的理想远未成为现实，审判本身呈现出相当独特的面目，而且存在诸多审判之外的决策方式。

一方面，通过庭审形成判决的理想几乎完全落空。从判决作出的角度来讲，庭审的功能无外乎两个：一是获取足够的裁判信息；二是通过庭审中的控辩对抗约束法官的判定活动。但是，正如我们在第二章中已经看到的：其一，通过庭审获取裁判信息的实践效果差强人意。虽然与学界担心的不同，法官在实践中并不积极行使庭外调查权，但却乐于通过庭前预备性的阅卷或者庭后有针对性地阅卷，以及在存疑时与控方进行非正式沟通，或者出于某些政策或者管理目标而采取一些法外程序获取裁判信息；而对通过庭审获取信息并不热心，不仅不愿意积极讯问、询问，嫌传唤证人出庭麻烦，而且对于控方的任意举证和不当讯问亦几乎完全放任自流。其二，庭审约束判定的功能几乎消失不见。法官不仅在证据材料的可采信上对控辩两方采取“控宽辩严”的审查方式，而且在证明力的认定上倾向于相信控方提供的案卷笔录，并优先采信证明被告人有罪的证据材料，从而使得控辩双方尤其是辩方根本难以通过庭审行为约束法官的判定活动。

另一方面，在通过审判形成判决这一方式之外，基层法院还存在着相当多的审判外决策方式。正如笔者在第三章曾经详细考察和分析过的，这些审判外决策方式具体包括：审判委员会讨论、庭务会讨论、院庭长审批、审判长审签、庭上案件讨论、审判长联席会议以及日常的咨询请教等。实践中，尽管在一些基层法院审委会讨论决定案件的比例大大下降，庭务会已经基本不讨论案件，而院庭长审批的功能亦大大弱化，但是对于某些重大、疑难、复杂案件，特别是涉及维护社会稳定的案件，以及党委政府干预的案件等，审委会的讨论决定仍然相当重要；对于某些特殊类型的案件，尤其是容易滋生腐败的案件，院、庭长的审批仍然具有相当的正面作用。除此之外，审判长的审签、庭上案件讨论、审判长联席会议以及日常的咨询请教等，对于判决形成亦有着重要的影响，特别有助于解决一些审判中遇到的“中轻度”疑难复杂问题，甚至一些在我们看来根本不应该是问题的问题，而且相对经济便利，因此实践中已经逐渐成为实务人士比较青睐的决策方式。

5.1.4 形成什么样的判决

正如第4章已经指出了的，就判决结果而言，在理论上，刑事案件只要经过了审理和判决（决策）两个过程，按照无罪推定和罪刑相适应的基本原则，法院就应当随即作出有罪或者无罪的判决，并根据量刑情节作出合理的量刑，原则上不会在定性上出现罪与非罪之外的第三种情形，在量刑上也不会因为法律之外的因素而判轻或者量重。但是，正如上面一部分表明了的，中国法院在形成判决的过程中考虑的因素并不限于法律和事实。那么，这些事实和法律之外的因素对于判决结果有着什么样的影响？

以往人们曾经以为，在中国目前的司法体制下，地方党委和政府牢牢控制着法院，法院只不过是党和政府的一个下属部门，因此对于那些党委政府干预的案件，法院只能按照党委政府的指示办理。笔者第四章的研究表明，情形绝非如此。实际情况是，事实和法律，全国性的刑事政策，地方党委政府和上级法院的干预，以及侦控机关的影响，被告人、被害人的上诉上访等，它们在不同案件中的排列组合，都只是构成了法院法官判决时需要考虑的因素，或者说构成了选择的"约束条件"，法院在这些约束条件下往往会尽可能进行一些平衡，尽可能增加刑事判决在各方的可接受性，以减少可能给自己带来的不便和不利。正是在这种逻辑下，法院最终形成的判决，在定性上并不限于法定的有罪或者无罪两种情形，在量刑上也并非完全符合罪刑相适应的基本原则。相反，我们既能看到不少居于无罪和有罪之间的第三种情形，比如疑罪从撤、疑罪从轻、疑罪从缓、刑期与羁押期限相近等，也能看到不少超越法律的重判和轻判。

5.2 法律、组织与行动者：一个框架性解释

除了分别从法院法官行为的角度考察了判决形成的司法过程、组织过程以及对外交往过程之外，前面三章还分别分析了影响这些实践过程的因素。相信这些分析对于判决形成的相应方面都具有一定的解释力。不过，对于上文重构的判决形成的整体面貌，这些分析或许就稍显零碎并显得解释力有限。因此非常有必要确立一个能够解释判决形成的整体面貌的理论框架并分析之。有鉴于此，笔者在这里将在前

面几章考察和解释的基础上，以法律、组织和行动者为基本支架，对判决形成的实践面目作一整体性、框架性的解释。

5.2.1 框架的构成要素及其说明

从法律上讲，判决如何形成，首先是一个法律问题，亦即刑事程序法和实体法确立的判决形成的制度问题。无疑，我国的刑事诉讼和刑法以及相关司法解释已经构建了一个规范层面的判决形成框架，裁判者应当完全按照这样一个规则框架形成判决。但是，在中国的语境下，法律的执行首先是一种组织行为，因为中国并不存在严格意义上的法官独立审判，而是法院以其整体名义审判。在这种情形下，法院作为一个组织所内涵的诸组织要素就开始显示其重要性。不过，尽管中国的法官不具有完全的独立审判面目，因此组织因素相当重要，但是规则的执行最终还是要仰赖于作为个体行动者的法官，因此又有必要引入行动者概念。这样，法律、组织和行动者三个概念就成了我们理解判决形成实践的三个关键性概念。在用这三个概念解释判决形成的实践之前，有必要对它们作适当的界定和说明。

1. 法律。法律是行为的依据和限度。此处的法律，仅指正式法律制度所确立的审判规则，确切地讲就是刑事诉讼法和刑法以及相关司法解释确立的基层法院审理刑事案件应当依据的规则，但不包括实践中存在的非正式规则，也不包括法院内部的管理规则。因此，这里的法律是指“纸面上的法”，而非“行动中的法”。就本文的主旨而言，笔者有意强调法律的如下内容：一是法律的目的和内涵的权力结构，亦即立法者确立某条法律规则或者某些法律规则的意图，以及法律规则对于诸法律执行者之间关系的定位；二是具体法律规则的完善程度，包括规则的刚性、规则的完备性、规则内的自由裁量空间以及规则体系所具备的制度能力等。

2. 组织。组织是为达成特定目标而组成的集合体。① 这里的组织，仅指正式组织，具体而言就是指基层法院。从组织理论的一般认识出发，结合本文主旨，笔者有意强调如下组织要素：② 一是组织环境。组织环境是指组织所在的时空、情境、位置。在本书中，这一要素具体指基层法院与上级法院，与其所在的地方党委政府，与检察院、公安机关以及与当地社区的关系等。二是组织目标。组织目标是指组织作为一个整体行动者力图通过其行为活动达成的目的。就本书而言，组织目标就是指基层法院的目的，包括对外宣称的目的如公正与效率，以及实际希望达到的目的，如获取足够的地方财政支持、好的考核排位以及领导层的政治前途等。三是组织绩效。组织绩效是对组织行为的评价，此处的组织绩效主要是指一些结果评价准则，包括质效考核、案件质量评查、目标考核等内容。

3. 行动者。③ 行动是与一套意义、理由或意图相关的行事过程。在社会学上，对行动的强调，意味着个体不是社会世界的产品甚或受摆布的对象，而是创造其周边世界的能动主体，因此社会世界的各项制度被认为不是被给定的，而是人类行动的成就。就本文而言，特别强调行动者的如下三个方面：一是行动者的理性，亦即行动者行动过程中或明或暗的成本收益计算；二是行动者的能动性，亦即行动者在面对各种限制其行动的结构性条件时，能够调动各种结构性特征为其所用；三是行动者的认知倾向和自身局限。就本文而言，这三个方面

---

① 需要说明的是，组织的概念因切入角度不同而有所不同，根据斯格特的总结，将组织视为理性系统、自然系统还是开放系统，组织的含义将有所不同，具体请见［美］W. 理查德·斯格特：《组织理论》，黄洋等译，华夏出版社2002年版，第2编“组织研究的三种视角”。

② 这里参考了王亚新教授的相关讨论，但有相当的区别，请见王亚新：《程序·制度·组织——基层法院日常的程序运作与治理结构转型》，载《中国社会科学》2004年第3期。

③ 这里参考了沃斯特和吉登斯的相关论述，请见［澳］马尔科姆·沃斯特：《现代社会学理论》（第二版），杨善华等译，华夏出版社2000年版，第18页以下；［英］安东尼·吉登斯：《社会的构成：结构化理论大纲》，李康、李猛译，王铭铭校，生活·读书·新知三联书店1998年版，第408页以下。

分别对应于裁判者在判决形成过程中的效用最大化倾向，在各种外部因素和力量之下的实践策略和技术等内容，以及法官在知识、生理上的局限和有罪假定、政法认同等认知倾向。

5.2.2 对判决形成过程实践面目的解释

在上述限定和说明基础上，下面将以这三个概念范畴对判决形成过程的实践面目进行解释。在具体解释之前有必要说明的是，只有三个层面合力才能解释判决形成过程的实践全貌，但是行动者层面自始至终具有核心地位，法律和组织层面的解释都潜在地假定了理性行动者的存在。

5.2.2.1 法律上的自由空间

总体上，法律对于判决形成实践面貌的影响在于，向某些行为提供了倾向性指引，为一些实践行为提供法律和制度上的依据，赋予行动者自由裁量的空间等。

首先，就法律因素对判决主体构成的影响而言，主要有三个内容。一是法律关于合议制的规定并没有明确合议庭成员之间的分工，这为承办人制度的存在提供了可能性；二是刑事诉讼法关于审判委员会讨论决定案件的规定，使得审委会作为某些案件的决策主体有着相应的法律依据；三是相关司法解释所确立的审判长负责制，尤其是赋予审判长审签法律文书的做法，使得审判长在非由自己参审的案件上拥有决策之权具备制度上的基础。

其次，就笔者的认识来看，法律因素几乎对于判决形成过程中考虑法律之外因素的做法没有什么作用，因此这里直接开始讨论其对判决形成方式的影响。对于后者，法律因素的影响主要体现在两个方面。一方面，对于通过庭审型塑判决的方式来讲，其一，刑事诉讼在目的上对犯罪控制的倾斜，在权力结构上的一体化和侦查中心主义，使得法官比较容易接受控方便利化的举证方式和对被告人的不当讯问，而反感辩护方提供的不利于指控的信息；也使得法官比较容易忽略控方证据的可采信瑕疵，而同时对辩护方的证据可采性持严格态度，并优先采信控方证据材料中不利于被告人的证据。其二，刑事诉讼法关于法官应该通过何种方式获取裁判信息的具体规定，即同时赋予了法官阅卷权，庭审讯问、询问权以及庭外调查权，使得法官既可以选择主要通过职权收集信息，也可以选择主要通过听审获取信息，甚至还可以通过自己创立的一些非正式方式获取裁判信息，为法官在实践中消极调查、积极阅卷留下了可能性；而刑事诉讼法关于证据判定规则的缺失，包括证据能力、证明力规则的缺失，也使得证据的可采信和证明力的认定成为法官的自由裁量内容。

另一方面，对于审判外的其他决策方式而言，除了刑事诉讼法明文规定了审判委员会讨论决定制度和审判长负责制之外，还有一个更为重要的内容，就是目前的刑事诉讼法在查明案件事实的制度能力上存在不足。具体而言，就是刑事诉讼法确立的所谓控辩式庭审方式几乎没有吸纳两大法系的任何优点，而只是混合了大陆法系调查模式和英美法系对抗模式的一些边缘性内容，使得控辩双方无法通过对抗的方式显明事实，法官亦无职责和积极性去查明事实。在这种情况下，法庭当庭获得信息几乎既不全面又不可靠，而很大程度上只能根据控方的案卷材料进行决策，而控方案卷又是在几乎不受任何司法控制的情形下形成的，其可靠性同样常常存在问题。加上下面将要提到的考核因素，法官在遇到某些事实上的疑难时往往不敢贸然判决，而只能从案件事实之外寻求他人观点的佐证和确证，由此为法院审判外决策方式，比如审委会、庭务会、院庭长审批、审判长审签、庭上案件讨论会、审判长联席会议以及日常的咨询请教都留下了存在和发挥作用的空间。

最后，就判决结果而言，法律因素的影响也主要体现为两个内容。一是从刑事实体法来看，刑法关于量刑幅度的规定，关于刑罚执行方式的规定，本身既赋予法官足够的自由裁量权，法官完全可以在量刑幅度之内自由裁判，也完全可以在不违背禁止性规定的前提下适用缓刑。二是从刑事程序法来看，刑事诉讼法关于撤诉的规定，无疑为“疑罪从撤”开了口子；而刑事诉讼法不区分定罪程序和量刑程序的做法，以及在量刑标准、量刑调查等制度上的不完善，也都为法官“以刑易罪”和趋于任意的自由裁量创造了制度上的可能性。

5.2.2.2 组织因素的影响

组织要素对判决形成实践面貌的影响，总体上呈现出逐渐深入的态势，即组织的现实环境使得判决过程不得不考虑法律之外的因素和力量，组织目标的变异进一步要求判决的形成过程必须进一步强调效率，并在法律和法律之外的诸因素之间进行权衡和平衡，而组织绩效的各项指标则直接对审判过程和决策过程中法官的具体行为产生影响。

首先，关于组织环境的影响。综观前面几章的考察，不难发现，对于法院而言，工作负担的不断加重，地方党委政府的干预，基层法院与上级法院、侦查机关、检察机关的关系，当事人及其亲属的上访上诉可能造成的社会稳定问题，当然还包括刑事政策等，都构成了可能影响法院审判工作的外部因素和力量。由于中国法院的地方依附性，地方党委政府控制着法院的领导层人事权和财政权，因此法院在审判过程中，对于地方党委、人大交代的任务和可能的个案干预不敢有丝毫的怠慢；由于法律上的一体化权力结构关系，使得法院不得不同检察院处好关系；由于社会稳定问题的压倒性地位，法院也必须认真对待被告人、被害人及他们的亲属的上访申诉。结果就是，法院在具体判决时考虑的因素往往要超越案件的事实与法律，而包括了地方党委政府的意见，法院与人大、上级法院、侦查机关、检察机关的关系，当事人及其亲属的上访上诉可能造成的社会稳定问题，以及刑事政策等因素和力量。

其次，关于组织目标的影响。组织目标的影响与组织环境相关，但是更进一步。由于组织环境的原因，组织目标发生了变异。本来，按照公开的宣称，公正与效率乃法院的两个主要目标，但是前述组织环境之下，尽管公正仍然重要，却已经丧失了其核心和不可动摇的地位，不断增加的案件负担和工作负担使得效率被进一步的强调，公正被降格为不出错和防止腐败；获得地方党委的认可，处理好与侦查、起诉机关的关系，以及不造成影响社会稳定的问题，也都构成了相当重要的组织目标。法院为了实现这些目标，自然乐见益于提高效率的措施，有意加强对法官的管理和控制，并倾向于创制和认可一些应对外部因素和力量的机制和技术。其中，承办人制度的长期存在很大程度上就是法院效率考量和利于管理的结果，审委会、庭务会、院、庭长审批、审判长审签、庭上案件讨论会、审判长联席会议以及日常的咨询请教等机制的存在，则与法院控制案件质量和防止司法腐败的组织目标相关，而其中的审委会、庭务会、院、庭长审批以及疑罪从撤、疑罪从轻、疑罪从缓等定罪量刑策略和技术又与应对外部干预有关。

最后，关于组织绩效的影响。组织绩效的影响与组织环境、组织目标直接相关，但更为细致和深入。组织绩效主要体现为某些组织目标的细化，对于普通法官而言，主要体现为结果导向的结案数、超期审案数、结案率、当庭宣判率、发改率，以及以创新为导向的“出新”、“出亮”等要求；对于法院的领导干部而言，则主要是确保本部门不出错、无腐败等业务性管理指标，以及同样的“出新”、“出亮”等政绩指标。① 其影响主要体现在如下两个方面。一是对庭审过程的影响。由于从结果上强调结案数、超期审案数、结案率、当庭宣判率、发改率等，使得法官为了获得一个好的考核结果而忽略达致这些结果的过程，并想方设法提高庭审的速度和效率。判决形成之司法过程中许多忽略程序过程的现象，可以说都与这种结果导向的考核体系直接相关。由于突出“新”、“亮”在审判中的地位，无论是普通法官还是法院的领导干部在案件负担不断加重的情形下，还得力争有所突破，那些通过法外程序获取裁判信息的做法即与这种考核机制存在相当的关联。二是对判决方式和判决结果的影响。对于判决方式而言，承办法官为了避免承担不利的考核结果，在自己没有把握的情况下，往往愿意采用审判外的一些方式，如审委会、庭务会、院、庭长审批、审判长审签、庭上案件讨论会、审判长联席会议以及日常的咨询请教等协助决策；而非审判法官为了避免因为审判工作中的问题影响其政绩，也倾向于通过这些方式把握案情，防止本部门出错或者出

① 艾佳慧敏锐地注意到了这种法院内部绩效考核的双轨制，请见艾佳慧：《中国法院绩效考评制度研究——“同构性”和“双轨制”的逻辑及其问题》，载《法制与社会发展》2008年第5期。

现腐败。对于判决结果而言，为了不因为被告人的上诉，被告人、被害人的上访而引起改判或者发回重审，同时避免得罪权势部门和个人，法官有时也倾向于在定罪量刑时考虑各种可能的因素而采取诸种定罪量刑的策略和技术。

5.2.2.3　行动者行动的促成

实际上，明眼人一看就知道，无论是法律层面的解释还是组织层面的分析，都潜在地假定了一个行动者形象。因此，有必要将这个潜在的形象直接揭示出来，并分析其对判决形成过程之实践面貌的影响。根据我们导论中的交代，这个行动者乃一个理性的个体。这里的理性不仅内涵了一个人在作决策的时候，“在他所知的可能选择方案中，总是会作出他所认为是最佳的选择”；而且强调行动者的能动性、认知倾向和受限性。① 其中，尽管法律和组织因素相当重要，但是法官并非完全受制于这些因素。实际上，正是作为行动者的法官的能动选择，以及这些行动者在自身局限和诸多认知倾向指引下的实践行为，将前述法律和组织因素提供的空间和可能性最终转变为判决形成过程的实践面貌。②

首先，就（参与）形成判决的主体和审判外决策方式而言，其一，合议制度变异尽管与合议制并没有规定合议庭成员之间的分工，以及法院的管理目标和效率取向存在联系，但是也与法官为了减轻自己的工作量，增加一些闲暇直接相关；其二，审委会、院庭长审批、审判长审签、审判长联席会议、庭上案件讨论会以及日常的咨询请教之所以能够长期存在并发挥作用，尽管与法律的规定和法院试图控制法官和防止司法腐败相关，其实更与各层次行动者的理性选择直接相

---

① 之所以如此，是因为林教授对理性的定义作了进一步的限定，由于前文注释已经对此作了说明，故不再赘述。详细请见林毅夫：《论经济学方法》，北京大学出版社 2005 年版，第 39 页。

② 当然，法官的能动选择是以其特定约束条件下的效用偏好为前提的，后面的分析实际上也是以此为基础的。关于法官的效用函数，请见艾佳慧：《中国法官最大化些什么》，载苏力主编：《法律和社会科学》（第三卷），法律出版社 2008 年版。

关：对于院、庭长、审判长而言，通过这些机制可以了解案情动态，尽可能地避免其主管部门、主管审判组内出现错案和腐败问题；对于提请讨论或者审批者而言，通过这些机制可以解决包括通过庭审和案卷材料难以查明案件事实在内的一些疑难复杂问题，以及抵御一些外部干预，避免不利考核和得罪人；对于参与讨论或接受咨询请教者而言，参与讨论和接受咨询要么有利于自己能力的提高，要么有利于确认某些地位和声誉，因此一般也都乐于参加。

其次，就通过审判形成判决的方式而言，情形比较复杂，其既与法官的能动选择存在直接关联，也与法官的认知倾向存在某种联系。一方面，就其与法官能动选择的关系而言，其一，法官积极阅卷、消极调查，并乐于采取一些法外程序获取裁判信息的做法，其实不仅与法律的可选择性执行以及量刑调查程序和被害人保护程序的阙如有关，也与法官为了多办案以增加收入，或者为了获得更多的休闲，或者为了腾出时间办理一点能够“出新”、“出亮点”的事情——这样更容易得到领导的赏识——直接相关。其二，法官不愿意传唤证人出庭，在庭审指挥和事实认定中偏袒控方，不仅与证人作证制度不健全、控辩双方武器不对等有关系，更与法官认为传唤证人出庭、中立对待控辩双方会耗费太多的时间，并且很多时候还可能吃力不讨好——因为这样不仅可能会使自己陷入与控方的对立之中，也可能使得在他人看来的一般案件却被自己办成了难办案件，从而可能被认为能力不强——存在直接的联系。

另外，就其与法官的知识、生理局限和认知倾向的关系而言，其一，对于少数经济犯罪案件和特别复杂的案件而言，行动者的知识和生理局限对于信息获取方式有着直接影响。就前者而言，由于涉及太多的法律之外的专业问题，导致法官很大程度上依赖于控方案卷和控方提供的信息作为裁判的基础，而难以自主调查和有效干预庭审。就后者而言，由于案卷材料太多太复杂，完全以庭审言词方式获取信息超越了法官的感知能力、注意能力、记忆能力和分析判断能力，因此只有通过阅卷获取裁判信息。其二，法官的有罪预设、政法职业认同、关于事实可靠性的常识性观点以及完成工作任务的潜在心态等认知倾向，对于裁判信息的获取、案件事实的认定有着相当的影响。具体而言，完成工作任务的心态使得法官并不热心将审判工作做精做细，而是对诸如被告人的尊严以及建基于此的人权保障较为淡漠，对于一些有损这些意义和公共价值目标的行为亦不大可能给予特别的重视；对事实可靠性的常识性观点使得法官倾向于不相信被告人的当庭翻供和证人当庭作出的不同于以往的证言；政法职业认同使得法官潜在地对控方的工作表示认可乃至信赖，而不愿意直接反对控方的观点；有罪预设使得法官潜在地忽视乃至反感辩护人的无罪辩护和合法性异议，而对证明被告有罪的证据更容易接受并优先采信。

最后，判决考虑的因素和判决结果与法官的认知倾向和能动选择都存在联系。其一，判决结果上的疑罪不从无的做法，当然与法院所面临的组织环境存在关联，也与侦控审之间的一体化权力结构存在联系，但是同样与法官在认知倾向上的有罪预设和政法职业认同有着剪不断、理还乱的关系，因为很大程度上正是这样的认知倾向，使得组织环境中的干扰力量得以顺当地介入审判过程，并获得最终的接受和认可。其二，尽管受组织环境的影响，法院法官在判案过程中不得不考虑来地方党委政府、上级法院、侦控机关、被害人、被告人以及围绕他们的社会关系网络的影响，但是面对这些外部的压力，法官作为能动的主体，并不是完全地被动与屈从，而是有针对性地采取了一些独特的策略进行尽可能地摆平理顺，并尽量使自己在各种权力关系中处于相对有利的位置。疑罪从撤、疑罪从轻、疑罪从缓、刑期与羁押期限大致相同等定罪量刑技术，可以说正是施行这种策略的成功产物。

5.3　可能改变的和难以改变的：对未来判决形成过程面貌的预测

上面一部分的分析从法律、组织和行动者三个层面对判决形成过程的实践全貌作了一个框架性解释。虽说是解释，但是从制度变迁的角度来讲，也可以说这三大因素构成了支撑目前判决形成制度实践的三根支柱，如果这三个因素中的全部或者部分发生改变，那么中国基层法院判决形成过程的实践面貌可能也会发生相应的变化。鉴于非常多的学者迫切希望中国的刑事判决形成制度能够有所改变，因此非常有必要考察这些因素中哪些因素短期内可能改变，哪些因素不易改变，并在此基础上预测未来判决形成过程的可能实践面貌。

5.3.1 可能改变的因素

从理论上讲，比较容易改变的因此也是短期内可能改变的首先是纸面上的法律制度和规则。因为正式的法律制度和规则只需要通过法定的程序就可以确立或修改。但是也必须看到，任何制度的确立或修改又必然需要较为繁复的论证作为依据，否则相关的立法和修法都难以发生。有鉴于此，下面在分析哪些法律因素可能改变时，将主要涉及（但不限于）目前理论论证较为成熟的相关方面。那么，哪些相关的法律或制度规则短期内可能改变，以及可能发生什么样的改变呢？

首先，几乎可以确定的是，刑事诉讼目的将会发生较大的改变，刑事诉讼法可能会寻求尽量在犯罪控制和保障人权上建立平衡，而不是过于向犯罪控制倾斜。这不仅有着理论上的依据，也有着一些制度上的征兆。理论话语上的依据自不待言，这里仅就后者略举三例：2004年宪法修正案明确了国家尊重和保障人权，对作为“宪法测震器”的刑事诉讼法当会产生深远影响；① 中国政府已于1998年10月签署加入了《公民权利和政治权利国际公约》，有理由相信全国人大常委会批准该《公约》只是时间问题；② 刑事诉讼法修改的三大专家

---

① 刑事诉讼法作为宪法测震器的说法，请见［德］克劳思·罗科信：《刑事诉讼法》（第24版），吴丽琪译，法律出版社2003年版，第13页。

② 2005年10月中国政府颁布的第一份《中国的民主政治建设》白皮书第七部分“尊重和保障人权”中明确指出，对于《公民权利和政治权利国际公约》，“目前，中国有关部门正在加紧研究和准备，一旦条件成熟，国务院将提请全国人大常委会审议批约问题”。请见陈光中主编：《〈公民权利和政治权利国际公约〉与我国刑事诉讼》，商务印书馆2005年版，第1页。

意见稿[1]和全国人大法工委的修改草案也都特别强调了犯罪嫌疑人/被告人的人权保障，相信会对相关立法产生重要的理论指引作用。

其次，具有一定可能的是，由于合议制严重被架空，未来的改革可能会扩大独任审判的范围，比如对被告人认罪的案件，可以考虑允许独任审判，或者赋予认罪的被告人在合议庭审判和独任审判之间进行选择的权利。同时，最高人民法院诸多改革措施的推进表明，[2] 未来合议庭独立审判的职责将被进一步强化，审委会可能会进一步下放权利，院、庭长审批也可能会进一步缩小范围或弱化，同时审委会委员和院、庭长组庭审案可能会逐步制度化。

最后，在具体的诉讼制度上，根据有关当局以往和刚刚出台的司法改革意见，[3] 以及学者的研究和笔者的认识，其一，可能会逐渐强化审判的地位，比如在重大疑难案件的审判中强调直接言词原则，要求重大案件的关键证人必须出庭作证，检察院不能将证人的作证笔录

---

① 参见陈光中主编：《中华人民共和国刑事诉讼法再修改专家建议稿与论证》，中国法制出版社 2006 年版；陈卫东主编：《模范刑事诉讼法典》，中国人民大学出版社 2005 年版；徐静村主编：《中国刑事诉讼法（第二修正案）学者拟制稿及立法理由》，法律出版社 2005 年版。

② 请见最高人民法院《人民法院五年改革纲要》、《人民法院第二个五年改革纲要》（2004～2008）和《人民法院第三个五年改革纲要》（2009～2013）。

③ 以下五点除了第二点、第五点和第三点的部分之外，其他均在《人民法院第三个五年改革纲要》（2009～2013）有所体现。《人民法院第三个五年改革纲要》第 2 条规定，“改革和完善刑事审判制度。规范自由裁量权，将量刑纳入法庭审理程序，研究制定《人民法院量刑程序指导意见》。……完善刑事证据制度，制定刑事证据审查规则，统一证据采信标准；建立健全证人、鉴定人出庭制度和保护制度，明确侦查人员出庭作证的范围和程序”。

直接作为证据出示，法院也不能直接将其作为判决的依据等。[①] 其二，控辩武器对等虽然短期内难以实现，但是律师的权力可能会逐步得到强化，侦查讯问时的律师在场权、侦查阶段的律师阅卷权等关键性制度可能会逐步确立。其三，关于证据可采性的规则可能会逐步受到重视，尤其是非法证据排除规则可能会一定程度的确立。其四，从最近的研究来看，未来定罪程序和量刑程序可能出现适度的分离，[②] 也可能设置专门的量刑程序并进一步规范量刑——比如确立类似量刑指南的标准，[③] 确立量刑调查程序等，未成年人、老年人等特殊人群的社会调查程序进一步制度化等。其五，随着被害人保护研究的深入，被害人的刑事诉讼保护也可能会得到加强，有利于被害人权利保

① 关于死刑案件中证人出庭的司法解释已经开始从正式制度层面对此作出了回应，参见最高人民法院、最高人民检察院、公安部、司法部：《关于进一步严格依法办案确保办理死刑案件质量的意见》第32条。该条规定："人民法院应当通知下列情形的被害人、证人、鉴定人出庭作证：（一）人民检察院、被告人及其辩护人对被害人陈述、证人证言、鉴定结论有异议，该被害人陈述、证人证言、鉴定结论对定罪量刑有重大影响的；（二）人民法院认为其他应当出庭作证的。经人民法院依法通知，被害人、证人、鉴定人应当出庭作证；不出庭作证的被害人、证人、鉴定人的书面陈述、书面证言、鉴定结论经质证无法确认的，不能作为定案的根据。"

② 除了量刑程序已经纳入中央司法改革议程，最近学界的讨论也表明，量刑程序改革确有必要。关于后者，请见陈瑞华：《定罪与量刑的程序关系模式》，载《法律适用》2008年第4期；宋英辉：《构建我国量刑程序的基本思路》，载《法制资讯》2008年第6期；陈卫东：《定罪与量刑程序分离之辩》，载《法制资讯》2008年第6期；李玉萍：《我国相对独立量刑程序的设计与构建》，载《法律适用》2008年第4期；蒋惠岭：《构建我国相对独立量刑程序的几个难点》，载《法律适用》2008年第4期；高一飞、陈海平：《"从技术到制度"：我国量刑程序改革述论》，载《政法论丛》2006年第6期；陈增宝、李安：《量刑应当具有独立的专门程序》，载《法律适用》2005年第12期；等等。

③ 如最高人民法院和最高人民检察院最近联合出台的《关于办理职务犯罪案件认定自首、立功等量刑情节若干问题的意见》即规范量刑的一个尝试。

护的刑事和解制度可能会确立。①

以上分析了法律层面可能发生的改变。现在的问题是，除了法律因素之外，组织因素和行动者因素能否在短期内得到实质性的改变呢？接下来的内容将表明，答案是否定的。

5.3.2 难以改变的因素

需要首先强调的是，这里所谓难以改变的因素，是相对于一个常识意义上的较短时期而言的，而且不排除因为某些突发事件而引起原本以为短期不会发生的制度变迁。在此基础上，在笔者看来大致上难以改变的主要是一些组织因素和行动者因素，同时也包括一些法律上的问题。其中组织因素之所以难以改变，主要与法院目前所面临的宏观制度环境有关；而行动者因素之所以难以改变，则与型塑行动者偏好和认知倾向的社会制度背景的稳定性存在关联。

对于难以改变的法律问题，由于相对较为常识化，因此笔者将只略加提及。最典型的难以改变或者说不大可能改变的法律因素是刑事实体法中的量刑裁量空间。此外，程序法上被告人无权沉默的问题，公检法机关作为政法机关的在职能上分工合作的制度关系，案卷移送制度等，尽管批评很多，但是只要考虑到这些制度对于中国刑事诉讼制度能否正常运转的核心性和关键性，这些因素可能短期内都非常难以改变。

对于组织因素而言，基本上本文涉及的三大组织因素都较难改变。其一，组织环境在短期内不大可能得到实质性改变，因为基层法院在人事、财政上的地方依附性相当时期内仍将难以获得根本性改

① 陈光中教授主持的《中华人民共和国刑事诉讼法修改专家建议稿及论证》第20条即肯定了从实践中兴起的刑事和解制度，并将其作为刑事诉讼法的一个重要原则，该条规定："犯罪嫌疑人、被告人与被害人及其近亲属达成和解的，人民法院、人民检察院和公安机关可以考虑当事人的和解意愿，并根据案件情况依法不追究犯罪嫌疑人刑事责任，对被告人从轻、减轻或者免除处罚。"参见陈光中主编：《中华人民共和国刑事诉讼法再修改专家建议稿及论证》，中国法制出版社2006年版，第8页。

观，地方党委政府等对法院的巨大影响力几乎不可能消除，检察院对于无罪判决仍然可能相当排斥并仍将向法院施加影响力；随着权利意识的增强，被告人、被害人及其亲属上访申诉不仅不可能消失，相反还可能愈演愈烈；在上级法院倾向于将基层法院纳入管理的背景下，上级法院乃至上级法院法官的看法对于基层法院的影响力仍将相当明显。其二，在法院组织环境难以实质改观的情形下，组织目标也可能不会发生大的改变。与地方党委政府等搞好关系，与检察院配合好，防止司法腐败，尽量避免当事人的上访申诉，仍然可能是与公正和效率同列的组织目标。其三，法院内部绩效管理也不大可能会发生大的变化。不仅因为法官个人独立并不是制度的追求，而且法院为了实现各种组织目标，包括管好法官，促使法官倾力工作；促使领导干部负起责任，防止司法腐败，某些管理措施还可能会进一步强化，各种考核指标也可能进一步精致化。

对于行动者因素而言，几乎与组织因素一样，本文所及两大内容短期内都不大可能发生变化。其一，法官的效用偏好短期内难以发生变化。法官对较高收入的渴求，对休闲的追求，对获得领导赏识的热望，对获得同行认可和尊重的在意，对不出错案的重视，对获得提拔的企盼等，以法官目前的收入和地位，在组织绩效的重压和官僚文化的熏陶下，在笔者看来几乎不可能有任何的改变。其二，在一个越来越专业化的社会，法官知识局限几乎与审理局限一样根本无法避免，而诸如有罪假设、政法职业认同、对事实可靠性的常识性观点，以及完成工作任务的心态等法官的认知倾向，同样短期内难以发生变化，因为几乎看不到作为这些认知倾向得以生成的社会背景和制度环境有着短期改变的可能性。

5.3.3 未来判决形成过程的可能实践面貌

以上分析表明，在影响判决形成过程实践面貌的三大支柱之中，几乎只有一些法律因素——甚至不包括某些关键性的法律因素——可能会在短期内得以改变，而组织因素和行动者因素短期内都很难改变。既然如此，那么未来判决形成过程的实践面貌又将如何呢？以下将在假定所有短期内可能发生的改变均能成为现实的基础上，结合短期内难以（发生）改变的诸因素回答这个问题。

首先来看判决形成主体层面可能的实践面貌。如果独任审判范围得以扩大，那么相应的独任审判可能会增多；而随着一系列旨在强化合议庭职能改革的到位，包括审判委员会放权改革、审委会委员组庭审判、院、庭长亲自审判等，独任法官、合议庭作为主要审判组织的地位将进一步得到巩固。但是必须指出的是，正如后面关于审判外决策方式的展望将要表明（因此这里只是提及）的，由于各种难以改变的组织因素和行动者因素，审委会委员、院、庭长、审判长以及参与讨论、接受咨询请教的普通法官仍将在一些案件中——尽管可能有所减少——作为判决作出的参与主体。

其次来看通过审判形成判决层面可能呈现的实践样态。总体上，由于一些法律因素可能发生改变，通过审判形成判决的理想将一定程度的实现，庭审的作用将得到增强，庭审约制判定的功能将至少在形式上进一步凸显，但是由于案卷移送和控审关系难以实质改观，加上一些组织和行动者因素，阅卷仍将是获取裁判信息的重要手段，法官对控方的偏袒、对辩方的反感亦将实质存在。

一方面，随着刑事诉讼目的寻求在控辩之间形成平衡，控辩武器逐渐倾向对等，尤其是侦查讯问时的律师在场权、侦查阶段的律师阅卷权等关键性制度的建构，以及重大案件中直接言词原则的确立，关键证人的出庭作证，庭审对抗可能会有所增强，在一些重大案件的审判中，通过庭审获取主要裁判信息将逐步成为现实，案卷的中心地位将会有所下降。① 但是随着刑事和解、量刑调查和未成年犯罪社会调查程序的法律化，通过这些方式获取裁判信息可能成为制度常规；另外，在控审之间相互配合、相互制约的总体架构难以发生根本性、实质性变化的背景下，法官同控方进行非正式沟通的情形仍将较为常见；而在案卷移送制度仍然存在的前提下，受效率偏好的影响，法官

① 类似的观点，请见左卫民：《中国刑事案卷制度研究：以证据案卷为重心》，载《法学研究》2007 年第 6 期。

可能仍然会通过阅卷获取裁判信息；在案件负担仍然相当沉重的组织环境下，法官也可能为了效率而规避某些非刚性的程序性规定。

另一方面，随着关于证据可采性的规则逐步受到重视，尤其是非法证据排除规则的逐步确立，以及关于证据采纳和采信的说理制度的健全，法官在证据的采纳和采信问题上偏袒控方的论证难度将加大，庭审对事实认定的约束作用将增强。但是在控制犯罪仍然是刑事诉讼的主要目的，控方仍然可以在庭外对法院施加压力，以及法院法官有罪预设和政法职业认同等认知倾向没有实质改变的背景下，偏袒的心态可能仍将如影随形，形式上的中立仍然可能蕴藏着实质上的偏袒。

再次来看审判外的判决形成机制可能具有的实践面孔。正如本书第三章的分析表明的，审判外的判决形成机制的存在主要是如下方面的合力成就，一是诉讼制度的问题，即通过庭审难以查明案件事实，导致存在一些在事实层面难办的案件；二是法官自身的原因，即对认定事实和适用法律中的疑难问题，因为害怕承担责任而不敢独立判决；三是法院管理上的原因，即“如何管好人”，如何防止司法腐败以及如何应对外部力量干预司法的现象的问题。可以说这三个方面任何一个方面发生改变，审判外决策机制都会发生相应变化。有鉴于此，结合前述关于“能够改变的和难以改变的”分析，笔者的总体判断是，法院内部诸审判外决策方式作为防止司法腐败和解决疑难问题的有效机制仍将长期存在并发挥作用，但是发挥作用的空间将有所收缩，在解决事实疑难问题上的地位将有所下降。

一方面，随着直接言词原则、证人出庭以及控辩对抗能力的增强使得通过庭审查明案件事实的能力有所增强，相应的约束法官判定的功能也将凸显，因此审委会、庭务会、院、庭长审批、审判长审签、审判长联席会议、庭上案件讨论以及日常的咨询请教在解决事实疑难问题上的地位将有所减弱，在控制法官上的功能将有所弱化，法院内部诸决策机制的行政化色彩亦可能进一步淡化；而合议制功能的进一步强化，独任审判范围的扩大，以及审委会委员、院、庭长直接组庭审案的推广，也会压缩法院内部诸决策机制发挥作用的空间。但是，另一方面，由于组织环境没有实质变化，法官腐败的可能性仍然存在，因此审委会、庭务会、院、庭长审批、审判长审签、审判长联席会议等决策机制作为抵御外部干预和防止司法腐败的功能机制仍将发挥作用，甚至部分可能得到加强；此外，由于认识上的原因和一些法律解释上的难题，为了避免可能的错案以及不利的考核后果，审委会、庭务会、院、庭长审批、审判长审签、审判长联席会议、庭上案件讨论以及日常的咨询请教仍将有存在的空间。

最后来看判决结果可能出现的实践情况。一方面，随着定罪程序和量刑程序适度分离的实现，以及判决理由制度的确立，以刑易罪的论证难度将加大；而量刑标准和量刑调查程序的建立，也有助于进一步地规范量刑，从而使得在刑罚及其执行方式上进行轻缓化操作面临更多的障碍。另一方面，在法院组织环境未发生根本变化的情形下，地方党委政府、上级法院对审判的影响可能仍将持续存在，检察院对无罪判决的抵触以及由此施加给法院的压力也不会减少，被害人及其亲属要求惩罚犯罪的愿望也不可能减弱，加上短期内法官的有罪预设和政法职业认同不会发生根本的改变，因此在面临外部压力时，法院可能还是不得不考虑各方的要求，对于可能判决无罪案件时，可能仍然不会直接判决无罪；与此相应，随着人权话语的进一步获得社会认可，以及被告人权利意识的增强，法院法官在考虑外部因素和力量的需要时，可能面临着更多的反制力量，尤其在定性问题上腾挪的空间将更加有限。

在上述两个方面的合力之下，未来判决结果的面貌，基本情况可能将是量刑逐步规范化，畸轻畸重的情形将会有所减少，但是量刑幅度内的实际自由空间仍将存在；同时在定罪取舍上将更加艰难，疑罪从缓、疑罪从轻的情形将会大大减少，无罪判决的比例可能基本保持不变，但是撤诉的比例可能会有所增加；另外，为了化解法院面临的两难困境，可能会进一步发展认罪轻判的判决方式，从而实现对疑罪从缓、疑罪从轻功能的替代。

附录一：

基层法院审判委员会"放权"改革的过程研究

——以对某法院法官的访谈为素材*

一、问题的提出

根据《人民法院组织法》，法院的审判权由审判委员会、独任法官和合议庭三种审判组织所分享。其中，审判委员会审判决定各类重大、疑难案件，独任法官审判简单的民事案件、轻微的刑事案件和法律另有规定的案件，合议庭审判前两者之外的其他案件。按照法律原意，审判委员会讨论案件比例应当是相当低的。但是在1999年之前的司法实践中，基层法院由审判委员会讨论决定的案件远不限于少数重大、疑难案件。据学者1997年左右的调查，有的基层法院达到每年10%~15%的刑事案件要由审委会讨论决定，① 有的基层法院甚至刑事案件一般都要由审委会讨论决定。②

对于审判委员会讨论决定具体个案，学界存疑已久；③ 对于审判委员会讨论决定不限于法律规定的疑难、复杂案件，学界批判尤烈，

---

* 本文原载《法制与社会发展》2007年第2期。

① 参见苏力：《送法下乡——中国基层司法制度研究》，中国政法大学出版社2000年版，第104页。

② 参见强世功、赵晓力：《双重结构化下的法律解释——对十名中国法官的调查》，载梁治平编：《法律解释问题》，法律出版社1998年版，第234页。

③ 相关讨论可参见程新生：《审判委员会讨论决定个案制度的缺陷》，载《法学杂志》1999年第2期；琚顺兴：《审判委员会不应裁判案件》，载《许昌师专学报》2001年第6期。

有学者甚至将其作为取消审判委员会制度的理由之一。① 在这样的话语背景下，最高人民法院在 1999 年出台的《人民法院五年改革纲要》关于规范审判委员会工作职责的改革措施中，特别强调审判委员会要逐步做到只讨论少数重大、疑难、复杂案件。最高人民法院的这一举措，实际是要求审判委员会将其扩大了的审判权下放——本文称之为审判委员会的“放权”改革。随着“放权”改革的逐步推进，全国基层法院由审判委员会讨论决定的案件比例逐渐下降，审判委员会逐渐做到只讨论少数重大、疑难案件。有调查表明，审判委员会讨论决定的案件比例呈总体下降的趋势，目前已稳定在大约 5% 以下的水平。②

就审判委员会制度而言，从 10% ~15% 甚至几乎全部的刑事案件到只有 5% 以下的刑事案件由审判委员会讨论决定，这不能不说是一个相当大的变化。对于理论研究而言，这是一种需要合理解释的变化。当然，习惯于权力结构解释的学者可以认为这是一个最高人民法院权力推进的结果，而习惯于法律教义学研究的学者则可以认为这是一个关于规定审判委员会讨论案件范围的条文的解释问题。这些解释无疑都可能具有一定的合理性。不过，这些解释由于缺少对“行动中的法”的全面关注，因此缺少了解释的生气和力度，特别是对于审判委员会实践运作功能有一定了解的人而言，这种解释更是难以让人信服。

实际上，审判委员会制度之所以呈现出大量讨论决定刑事案件的面目，除了新中国成立初期的意识形态因素之外，还有着独特的功能依据。这种功能依据主要体现在：一方面，对于法院而言，在司法独

---

① 请见赵红星、国灵华：《废除审判委员会制度——“公正与效率”的必然要求》，载《河北法学》2004 年第 6 期。

② 相关调查，可参见关升英：《审判委员会工作机制探索及完善》，载《人民司法》2004 年第 10 期；陈光中主编：《审判公正问题研究》，中国政法大学出版社 2004 年版，第 124 页；王学堂：《山东省青州市人民法院关于审判委员会制度的调研》，载 http：//www. chinalawedu. com/news/2005/4/ma6157293521814500211856. html，2006 年 5 月 27 日。

立尚未实现，实体法和程序法尚不完备，法官独立司法能力较差，法治信仰尚未形成的情况下，审判委员会讨论决定案件对外构成了以法院整体的力量抵御外部力量干扰的重要屏障；对内则成了法院弥补司法能力不足，控制案件质量，以及遏制个别法官枉法裁判，防止司法腐败和司法不公的重要机制。① 另一方面，对于法官而言，审判委员会讨论决定案件构成了帮助法官分担责任的重要保护性机制。无论是疑难案件、内部有争议的案件还是外部有压力的案件，法官都可以推给审判委员会决定，或者推说自己无权决定，从而既不“得罪人”，又避免承担错误决定的风险。②

审判委员会的上述功能，对于法院和法官而言，实质上意味着某些生存性利益：对于法院意味着一种组织上的利益，这些利益包括控制案件质量，抵御外部干预以及防止司法腐败；对于法官而言则意味着某些个人利益，这些利益包括解决疑难问题、避免内部矛盾、不得罪人以及规避风险和责任。在这样的背景下，审判委员会讨论案件比例发生前述剧烈变化，就不仅仅是一个法律教义学上的条文解释问题，也不仅仅是一个最高人民法院权力推进的问题，而是关系到法院、法官生存性利益的问题，是涉及法院、法官的司法能力，法院的外部环境，法院的内部控制机制的变迁问题。考虑到法院的外部环境总体上没有发生实质性的变化（即司法仍然不独立），因此本文关注的问题是，法院内部审判委员会的“放权”是如何实现的？在“放权”改革中，法院内部发生了什么变化？对于“放权”，法院各个层级的行动者态度如何？这样一些变化与态度，对于“放权”的效果有何影响？显然，要回答这些问题，必须仰赖于不同于法律教义解释

① 关于审判委员会功能的概括，可参见侯勇：《审判委员会制度与公正程序之价值冲突初探》，载《贵州大学学报》2005 年第 4 期；苏力：《基层法院审判委员会制度的考察与思考》，载《北大法律评论》（第 1 卷 · 第 2 辑），法律出版社 1998 年版。

② 更详细的分析，可参见强世功、赵晓力：《双重结构化下的法律解释——对十名中国法官的调查》，载梁治平编：《法律解释问题》，法律出版社 1998 年版，第 234 页。

和权力结构解释的方法和材料。

二、方法与材料来源

要理解有着特殊功能背景的审判委员会“放权”改革，要回答审判委员会的“放权”是如何实现的这个问题，在我们看来，必须抛开静态的教义学和权力分析，寻求一种能够展示和分析放权进程全貌的方法。从前文审判委员会在“放权”改革之前的功能来看，这种方法必须能够恰当地关照法院内部诸层次行动者的动机与利益，并能反映诸层次行动者基于不同利益的复杂关系。

在社会学方法上，关于如何描述一个社会事实，理论上历来存在着结构分析方法和过程分析方法的对立。概而言之，结构的方法将社会事实看做是固态的、静止的和结构性的东西，[①] 并将注意力集中在给社会相互作用以方向性并将其定型化的种种规范、制度及其抽象化上；[②] 过程的方法则将社会事实看做是流动的、鲜活的和动态的东西，[③] 并将注意力集中于使规范、制度运作的个人行动层次上。[④]

对于结构分析方法与过程分析方法，人类学家威尔逊曾评论道，“结构分析主要把社会的位置或地位之间的关系作为问题，对个人之间的相互关系或者个人的行动缺乏关心。从那里可以看出对抽象化的明显喜好。反过来，作为这种抽象化必然基础的特殊性则极易被忽视”。而“各种规范或者行为的一般规则总是被翻译为现实的行为。这个过程终究是被个人在特定的状况下、为了实现特定的目的而操作的。因此，为了完整地分析复杂的社会过程，应该把研究的焦点放在

---

① 参见孙立平：《“过程——事件分析”与当代中国国家——农民关系的实践形态》，载《清华社会学评论》2000 年第 1 期。

② 参见［日］棚濑孝雄：《纠纷的解决与审判制度》，王亚新译，中国政法大学出版社 2004 年版，第 5 页。

③ 参见孙立平：《“过程——事件分析”与当代中国国家——农民关系的实践形态》，载《清华社会学评论》2000 年第 1 期。

④ 参见［日］棚濑孝雄：《纠纷的解决与审判制度》，王亚新译，中国政法大学出版社 2004 年版，第 5 页。

现实中构成这些过程的个人行动层次上去”。①

事实上，不仅一些人类学家倾向于过程分析方法，一些经济学家同样倾向于过程分析方法。被誉为公共选择理论之父的詹姆斯·布坎南曾言，“人们在政治上的相互作用在一定程度上有点像复杂的交换过程，在这个过程中投入的是个人的估价或喜爱，而过程本身被想象为手段，通过这个手段这些可能分歧的喜爱多少会结合或聚集成一个模式的结果，人们的注意力或多或少必然引向相互作用过程本身，而不是引向对结果本身含糊的估价”。②

显然，从威尔逊和布坎南的观点来看，过程分析方法更适合也应该成为我们展示和分析审判委员会“放权”进程的方法：这种方法不仅能够展示审判委员会“放权”进程的全貌，而且能够将法院内部诸层次行动者基于不同利益和动机的行动关联统合进这一进程之中。有鉴于此，我们将秉承过程分析的方法，把焦点对准审判委员会“放权”改革中法院内部各个层次的行动者。

考虑到一个以行动者行动为核心的分析方法与实地调查具有本性上的亲和性，本文的分析将主要以我们对某基层法院审判委员会“放权”改革实践的三次实地调查（含一次补充调查）为基础。

我们调查的法院为中国西南某省的一个县级法院。该法院现有法官（具有审判资格的审判人员）57 人，其中审判委员会委员 13 人。尽管这些法官大部分都具有了大学本科学历（37 人），其中还有 1 人具有硕士学位，但是其中正规的法学科班生只有 5 人，其余的文凭主要通过成人教育、高教自考、党校、法院夜大或大学研修班等在职教育途径获得。在我们调查的时候，该院关于审判委员会“放权”的改革已经结束，审判委员会讨论的刑事案件比例已经大幅度下降，并

① J. van Velsen, “Extended Case Method and Situational Analysis,” in A. L. Epstein (ed.), The Crafts of Anthropology (tavistock, 1968). 转引自［日］棚濑孝雄：《纠纷的解决与审判制度》，王亚新译，中国政法大学出版社 2004 年版，第 131、136 页。

② 请见［美］詹姆斯·布坎南：《自由、市场和国家》，吴良健等译，北京经济学院出版社 1988 年版，第 21 页。

已稳定在案件总量的4%以内。

根据过程分析方法的要求，在调查过程中，我们把重点放在审判委员会“放权”改革中法院内部不同组织层次的行动者——法院院长、兼任部门“一把手”的审判委员会委员以及普通法官身上，① 并主要通过访谈来了解这些行动者曾经的行动。访谈涉及的人员，先后包括审判委员会委员4人和法官6人。其中访谈的审判委员会委员先后包括院长1人、刑庭庭长1人、原刑庭庭长现民庭庭长1人、研究室主任1人。法官主要以刑庭（4人）和研究室的人员为主。访谈的方式，按照调查法院的安排，刚到该院时访谈以比较正式的会议形式进行，后来逐渐采取了一些非正式的形式，包括吃饭间隙的谈话、与个别法官单独交流等方式。访谈所涉及的提问，正如后文将逐一展示的，主要涉及特定功能/利益背景下各层次行动者在“放权”进程中的认识和考虑。访谈的问题，主要以法院内部诸因素为主，也涉及法院的外部环境因素。

需要说明的是，无论是在正式的还是非正式的访谈过程中，我们都得到了该院从法院院长到普通法官的大力支持。由于我们在访谈过程中遵循了访谈的基本原则，特别注意暂时“悬置”了我们自身的法律知识和社会科学知识体系并随时保持反省，② 且我们主要是作为一个学习者、一个倾听者，而不是一个“调查者”，甚至一个“挑刺者”的面目出现的，加上该院院长的“开明”，因此访谈是轻松而真诚的：无论是院长、审判委员会委员还是普通法官都不避讳而是很积极地参与我们的交谈；一些委员和法官显现出了很强的发言欲望，并时有争论；包括院长在内的部分法官甚至还纠正他们认为我们成问题的提法。从我们对院长、审判委员会委员和普通法官的访谈结果来

---

① 这里参考了官僚制研究的一些方法，参见［美］安东尼·唐斯：《官僚制内幕》，郭小聪等译，中国人民大学出版社2006年版，特别是第八章“官员的环境、动机和目标”。

② 请见杨善华、孙飞宇：《作为意义探究的深度访谈》，载《社会学研究》2005年第5期。

看，尽管三者的角度不尽相同，但在总体上，正如后文将展现的，他们的说法基本上没有表现出特别冲突的地方，而是表现出了某种主体间的一致性与客观性。①

三、“放权”过程：基于访谈的再现

如前所述，过程分析方法强调通过关注个人的行动来展现社会过程的复杂性。鉴于完全亲历历史与过程的不可能性，以下将通过访谈行动者、让行动者说话的方法再现审判委员会的“放权”过程。

我们首先访谈了法院的院长。法院院长是法院组织利益的代表者，因此我们访谈的设问也主要与法院的组织利益相关。我们首先向院长介绍了我们所了解的审判委员会“放权”的学术背景和最高人民法院的改革措施，强调了我们关于审判委员会功能的认识，并表示我们已经知道他所在的法院“放权”工作已经结束，然后向他请教他当时决定“放权”的考虑和做法。

对院长的访谈结果多少有些令我们惊讶。他首先承认我们所了解的审判委员会的功能在他所在的法院同样存在，不过他认为我们了解的审判委员会功能都太正面，因此不够全面。在他看来，“法官一有疑难案件就提交审判委员会讨论决定，容易形成依赖，结果到后来上审委会的案子越来越多”，用墨顿的概念来表达他的意思，就是审判委员会不仅有（正）功能，也有负功能，② 负功能就是“阻碍了法官司法能力的提高”。③

接着他又指出我们一个问题，认为我们所谓“放权”前后审判委员会讨论案件的比例变化剧烈的结论是不准确的，“不能混起来说，要区分情况，要看是什么案子”，“对于有外部干预的案件，就

---

① 关于这一点，详见［美］理查德·波斯纳：《法理学问题》，苏力译，中国政法大学出版社 2002 年版，第 9 页。

② 关于正功能和负功能的概念，请见［美］罗伯特·墨顿：《社会理论和社会结构》，唐少杰译，译林出版社 2006 年版，第 152 页。

③ 曾有人提出过类似的观点，只是没有引起学界的注意，参见李炳成：《建议取消审判委员会》，载《中国律师》1999 年第 4 期。

是现在也仍然都要上审委会讨论决定”。按照他的意思，审判委员会讨论案件的比例大幅下降，主要是由审判委员会“把质量关”的案件大幅度减少的结果，审判委员会讨论决定外部干预案件的做法基本上没有什么变化。

然后他正面回答了我们关于“如何使审判委员会讨论案件的比例大幅下降”的问题，大意是全院动员、加强调研、干警努力之类，其中再次提到因部分法官对于审判委员会的依赖而导致的“放权”难度。最后，在我们的插问下，他评价了理论话语和最高人民法院在审判委员会“放权”进程中的影响。他认为理论话语特别是最高人民法院的改革措施对于他所在法院有着很大作用，他认同最高人民法院的改革，但又认为改革措施是否能够真正得到贯彻执行，最终还得看改革的条件。他特别强调，由于前几年法院案件质量跟踪管理制度逐渐完善，加上对法官责任追究制度不断健全，如今不经过审判委员会讨论决定也可以控制案件质量和防止司法腐败，所以敢于大胆“放权”。

由于院长很忙，因此我们对他的访谈很快就结束了。对院长的访谈使我们了解到法院在改革中的整体考虑。按计划，在对法院院长的访谈结束后，我们继续访谈了3位既是审判委员会委员又兼任某部门“一把手”的法院中层干部。对于3个兼任部门“一把手”的委员的访谈，我们从审判委员会内外两个视角设置了两个问题：一是成为审判委员会的一员意味着什么，其对于审判委员会“放权”有无影响；二是随着案件负担的年年增长，同时身兼审判委员会委员和某庭、室一把手，对于审判委员会的“放权”有何影响。

对兼任部门“一把手”委员的访谈相对比较轻松。他们首先直接回答了第一个问题，认为现在成为审判委员会委员，实际上就意味着一种权力和待遇，“一个庭长如果不是审判委员会委员，他自己都会觉得低其他庭长一等”，在访谈中有人曾开玩笑说，“当庭长不能进审委会，就跟当官不能进常委会一样”。但是他们又都认为这对审判委员会“放权”没有影响，一个兼任委员私下称，“只要不完全取消审判委员会，怎么‘放权’都可以”。

接着他们回答了第二个问题。按照他们的观点，部门“一把手”兼任审判委员会委员在很大程度上有利于法院审判委员会“放权”改革的推行。一个业务庭的委员结合不断加重的案件负担这一背景指出，最近10年来许多部门的案件数量连连增加，人手却没有相应增加，业务工作任务相当繁重，加上繁重的行政工作，已经让各部门“一把手”疲于奔命，对于本部门之外的事情，他们基本没有精力关注。一个业务庭的委员从知识和兴趣的角度指出，由于各个委员分管的部门不同，委员之间的知识结构也大不相同，少部分委员甚至不具有审判知识和经验，具有审判知识和经验的委员又各都术业有专攻，少有通才和全才，对其他部门的审判工作业务并不熟悉，因此很多人都没有太大的兴趣参加案件讨论。另一个非业务庭委员则指出，各个业务庭的委员实际上都更看重本部门的工作，因为部门工作是基础，更容易出成绩，也更容易为领导认可,① 他认为，在这种情况下法院决定搞审判委员会“放权”改革，自然会得到各业务庭委员的支持。

当我们追问“审判委员会‘放权’之后，部门遇到‘麻烦’案件怎么处理?”时，这些兼任部门“一把手”的委员普遍认为，现在许多部门对审判委员会的依赖已经减弱，“除了极少部分案件之外，我们（部门）已经有能力处理原来由审判委员会讨论决定的案件”。

对兼任部门“一把手”的审判委员会委员的访谈，使我们对法院中间组织对审判委员会“放权”改革的想法有了一定了解。按照法院的安排和访谈计划，我们最后访谈了6名普通法官。在访谈之前，我们介绍了我们理解的审判委员会所具有的诸如帮助解决疑难问题、避免内部矛盾、不得罪人以及逃避风险和责任等功能，然后向法官发问：实践中审判委员会是否确实有这些功能？法官如何看待法院的审判委员会“放权”改革？这一改革对法官有何影响？

---

① 有学者在调查研究中也发现了类似的情况，该学者指出，“因特殊的国情所致，委员们处理某些行政事务的积极性和紧迫性，往往高于参加审判委员讨论”，参见岩皓：《审判委员会功能的异化与重构》，载《西南政法大学学报》2005年第6期。

法官们首先回答了我们关于审判委员会的功能是否存在的问题。6位法官中的4位法官认为，我们关于审判委员会功能的概括是基本准确的，也有2位法官认为“不好说”，“许多情况下并非有意识地去利用审判委员会，只能说客观上确实达到你们概括的那些效果”。不过总体上，他们都认可审判委员会确实发挥了我们概括的几大作用。

接着有法官指出，审判委员会的“放权”并非针对所有案件，对于涉及外部干预的案件，法院没有将这类案件列入“放权”的范围，他们仍然要提交审判委员会讨论决定，因此建议我们不要将这种情况放在“放权”改革之内。

然后法官们谈到了其对审判委员会“放权”的看法。部分法官认为，既然最高人民法院倡导“放权”，单位和领导也决定要做这项改革，他们自然支持和接受单位的决定，用一个法官的话说，就是“上面发话要改革，我们这些做事的当然照办”。

不过几乎所有的法官又都指出，他们支持“放权”，实际上还有着审判委员会自身的原因。他们告诉我们，在许多法官眼里，审判委员会讨论案件已经逐渐不能承担把关的功能。有法官举例说，按照法院内部的规定，审判委员会一般都集中召开，一次要讨论许多案件，因此每个案件讨论的时间并不长，尤其是刑事案件，往往在半小时以内就讨论完毕。① 由于讨论时间短，加上审判委员会委员一般都对庭审情况和案件情况并不了解，委员们往往很难做到明辨是非、正确适用法律，但是又必须迅速地作出决定，从而使得案件讨论基本上都是跟着审判庭或者主管庭长的意见走，讨论往往流于形式，达不到把关

① 一个法官的调查反映了类似的情况。该调查以某法院为例，指出五年来该法院召开审判委员会会议1091次，讨论案件4475个，平均每次会议讨论4～10个案件，按每次会议三个小时计算，平均每个案件耗时约43.9分钟。并指出这只是所有案件讨论的平均值，非刑事案件讨论的时间实际上远超过刑事案件讨论的时间，刑事案件讨论的时间可能只有30分钟，甚至更短。参见岩皓：《审判委员会功能的异化与重构》，载《西南政法大学学报》2005年第6期。

的目的。①

他们还指出，在案件负担日益加重的情形下，审判委员会讨论案件，日益不利于提高诉讼效率。他们举例说，按照法院内部的规定，召开审判委员会需要达到一定的人数，而审判委员会委员都太忙，审判委员会讨论的时间往往需要一再协调，甚至一再更改，他们认为这很不利于诉讼效率的提高；而且上审判委员会的案子都必须撰写详细的审理报告并作专门汇报，在人少案多矛盾极为突出的情况下，这往往给法官增加了额外的负担。

最后但可能最重要的是，一些法官还告诉我们，现在出现审判庭内部有争议需要提交审判委员会讨论决定的情况已经非常稀少，大部分法官都自信能在没有审判委员会介入的情形下，做好绝大部分案件的审判工作。这种自信，按照受访法官的概括，主要来自三个方面：一是知识上的，大部分法官都认为经过长期的审判实践，他们已经具备了独立裁判大部分案件的经验和能力，许多以前要上审判委员会讨论的案件，现在都没有必要再上了。二是利用信息方面的，有法官指出，现在是信息社会，到互联网查找资料非常方便，许多在本院首次遇到的疑难问题，外地法院可能早就遇到过，学者也可能早就探讨过，可以在网上查找别的法院的裁判作为借鉴，查找学者的讨论也可以提供帮助，并不是一有疑难问题就必须找审判委员会解决。三是非正式交流和沟通渠道方面的，一些法官指出，没有审判委员会，还有其他的渠道可以获得比较可靠的审判结论。这种渠道，在内部可以是正式的庭务会或者非正式的庭内讨论，也可以是与院内“专家”的私下交流，甚至可以是与主管副院长的单独交流；在外部可以是与上级法院的事先沟通，也可以是与检察院承办人员的沟通，甚至还可以

① 一个对成都市两级法院审判委员会的调查分析也显示了类似的情形，该调查指出，从运作效果看，审判委员会讨论的案件对抗性不强，在委员们考虑不充分的情况下，大多数案件的讨论结果是同意合议庭的意见，审判委员会的讨论在某种意义上成为一种形式。参见韩波：《法院体制改革研究》，人民法院出版社2003年版，第146页。

是打电话咨询法律专家，等等。①

四、“放权”是如何实现的？——对放权“过程”的初步分析

经由展示访谈再现审判委员会的“放权”过程之后，现在可以回到本文开篇所提的“审判委员会的‘放权’是如何实现的”这一问题。在回答这一问题之前，我们不妨先对访谈结果作一个总结。

从法院院长、兼任部门“一把手”的审判委员会委员以及“一线”普通法官的观点来看，首先，无论是院长还是普通法官都明确承认，权力因素即最高人民法院的推动和法院的决定对于审判委员会的“放权”具有一定程度的影响。例如，法院院长就认为最高人民法院的改革措施对于他所在法院有着很大作用，他认同最高人民法院的改革；普通法官则明确地指出“上面发话要改革，我们这些做事的当然照办”。这表明，在上下级法院之间事实上的领导关系部分存在，法官在很大程度上依附于法院的情况下，② 审判委员会的“放权”过程，一定程度上也是一个权力推进过程。

其次，尽管承认权力因素的作用，但是无论是法院院长还是普通法官又都认为，“放权”改革顺利推行的主要原因之一，还在于审判委员会自身功能已经发生了变化。比如普通法官就认为，如今审判委员会讨论案件不仅已经逐渐不能承担把关的功能，而且日益不利于提高诉讼效率；法院院长甚至认为审判委员会讨论案件容易造成法官的依赖心理，从而“阻碍了法官司法能力的提高”。

最后，除了审判委员会自身功能的变化之外，几乎不约而同的，

① 陈光中先生主持的一个调查也表明，实际操作过程中的非法律规定的沟通渠道，如“三长会议”，即审判长、庭长和主管副院长的联席会议，庭务会，审判长联席会议等，实际上承担了很大一部分原来由审判委员会承担的功能。参见陈光中：《审判公正问题研究》，中国政法大学出版社 2004 年版，第 32～33 页。

② 这种个体对组织的依附性，可以说是中国单位社会的一个基本特点，关于后者，详细请见李汉林：《中国单位社会：议论、思考与研究》，上海人民出版社 2004 年版，第 7 页。

法院院长、审判委员会委员和普通法官都指出，审判委员会的“放权”还与各种替代机制、审判庭能力的加强、法官经验的增加以及非正式解疑渠道的广泛存在有着重要关联——尽管各自强调的重点并不相同。例如，法院院长就特别强调法院案件质量跟踪管理制度和案件责任追究制度对法官的控制作用，在他看来，正是这些制度的完善健全，才使得法院敢于大胆“放权”；部门“一把手”兼任的审判委员会委员则从部门司法能力的角度指出，部门对审判委员会的依赖已经减弱，“除了极少部分案件之外，我们已经有能力处理原来由审判委员会讨论决定的案件”；普通法官则认为，经过长年累月的办案，他们在经验上已经能够胜任绝大部分普通案件的裁判工作，而现代社会的信息搜索工具，以及广泛存在的各种法院内外的非正式沟通渠道，也都为他们办理疑难案件创造了条件。

从上述总结可以明显看出，在审判委员会的“放权”过程中，权力推动的因素具有一定作用，而审判委员会自身功能的弱化、其他替代机制功能的强化，以及审判庭能力的加强、法官经验的增加和非正式解疑渠道的广泛存在则具有基础性影响。从这一过程出发，可以认为审判委员会“放权”的实现，正是以权力推动为引子，以审判委员会自身功能的弱化为动因，以其他替代机制的功能强化等因素为条件的。

不过，仅仅从权力推进和功能变迁的角度，尚不足以认识审判委员会“放权”能够实现的真正动力。在我们看来，权力促进和功能变迁不过是改革的动因和条件，而真正促成放权的，恰恰是隐藏在权力推进和功能变迁背后各层次的行动者。对于非市场决策（法院的“放权”、审判和行政管理即属于非市场决策）中行动者的行动，公共选择理论的奠基者布坎南和塔洛克曾言，“代表人或任何个人在参与市场和参与政治时的行动都是基于同样的、普遍适用的价值尺度”,[①] 即“是以谋取最大切身利益为目的而进行合理性行动的”。[②] 从公共选择理论的这一方法论上的个人主义立场考察审判委员会的“放权”过程，可以发现“放权”在相当大程度上实是法院内部各层次的行动者以自身的利益为出发点，在各种约束条件下进行选择的结果。[③] 这一点，可以从我们对法院院长、兼任部门“一把手”的审判委员会委员以及普通法官的访谈中看得非常清楚。

首先，从我们对院长的访谈来看。前文曾指出，审判委员会对于法院而言，具有控制案件质量，抵御外部干预以及防止司法腐败的功能。从组织利益的角度来说，这些功能对于法院组织的外部合法性具有生存性影响。[④] 因此法院在决定改革审判委员会时，必然要考虑其对法院组织利益的影响。实际上，访谈中法院院长所提的两个方面的内容正好反映了这一点：一是在司法独立得不到保障、外部干预仍然很多的情况下，尽管审判委员会有着“阻碍法官司法能力提高”的负面作用，法院对有外部干预的案件仍由审判委员会讨论决定而坚持不“放权”；二是在案件质量跟踪管理制度逐步健全，错案追究制度逐步完善，能够有效控制案件质量和防止司法腐败的情况下，响应最高人民法院的改革，对其他案件尽可能地放权。这两个做法，可以说一方面迎合了最高人民法院的改革，另一方面又保全了组织利益尽可能不受侵蚀，从而最大化地保全了法院的组织利益。

---

① 参见［美］詹姆斯·布坎南、戈登·塔洛克：《同意的计算》，陈光金译，中国社会科学出版社2000年版，第20页。

② 参见［日］小林良彰：《公共选择》，杨永超译，经济日报出版社1989年版，第3页。

③ 按照缪勒的观点，公共选择理论是指对非市场决策的经济学研究，或者把经济学运用于政治科学的分析。在公共选择理论的构成中，方法论上的个人主义和理性选择为其两大内核。参见［美］丹尼斯·C. 缪勒：《公共选择理论》，杨春学等译，中国社会科学出版社1999年版，第4页；郑戈：《法律解释的社会构造》，载梁治平编：《法律解释问题》，法律出版社1998年版，第65～87页。

④ 关于组织合法性，请见赵孟营：《组织合法性：在组织理性与事实的社会组织之间》，载《北京师范大学学报》（社会科学版）2005年第2期。

其次，从我们对兼任部门“一把手”的审判委员会委员的访谈来看。兼任部门“一把手”的审判委员会委员对审判委员会“放权”的态度有两个：一是“只要不完全取消审判委员会，怎么‘放权’都可以”；二是部门任务重，人少事多，加上专业不同，没有精力和兴趣参加审判委员会的案件讨论，因此支持“放权”。从这两个态度可以明显看出，兼任部门“一把手”的委员对审判委员会“放权”持一种工具性态度：一方面，鉴于成为审判委员会的一员有利于他们提高政治地位，因此他们不赞成完全取消审判委员会；另一方面，考虑到本部门工作的繁重程度和重要性，以及自己的专业和兴趣，他们又认为“怎么‘放权’都可以”，因此支持法院审判委员会“放权”。

最后，从我们对法官的访谈来看。前文曾指出，审判委员会对于法官而言，具有包括解决疑难问题、避免内部矛盾、不得罪人以及规避风险和责任等重大功用。从个人效用的角度，这些功用直接关系到法官的切身利益，因此，在“放权”改革中，法官势必考虑改革对其利益的影响。实际上，从我们的访谈来看，法官在整体上同样对审判委员会的“放权”采取了一种基于利益的策略化态度：一方面，法官认为审判委员会对他们已经没有多大好处，“逐渐不能承担把关的功能”、“日益不利于提高诉讼效率”；另一方面，他们还认为自己有能力、有信息、有渠道解决疑难问题，所以他们支持“放权”。

总之，审判委员会的“放权”过程，在相当大的程度上是代表组织利益的法院院长、代表部门利益的部门“一把手”（审判委员会委员）和代表个人利益的普通法官，在最高人民法院推行审判委员会改革的大背景和审判委员会自身功能弱化的具体情势下，基于各自的利益进行选择的过程。在这样一种公共选择的过程中，法院院长所代表的组织利益、部门“一把手”（审判委员会委员）代表的部门利益、法官的个人利益都得到了某种程度的最大化，审判委员会的“放权”也在这一利益最大化过程中得以实现。

五、“放权”的效果——对放权“过程”的进一步分析

如前所述，从法律的规定来看，法院审判权由审判委员会、合议庭、独任法官所分享。在理论上，审判委员会与合议庭、独任法官的实际审判权大小成反比关系，即审判委员会的实际审判权越大，合议庭、独任法官的实际审判权就越小；审判委员会的实际审判权越小，合议庭、独任法官的实际审判权就越大。最高人民法院倡导审判委员会“放权”改革的目的，实际上也就是要增强合议庭、独任法官的实际审判权。从结果来看，应该说在审判委员会的“放权”改革结束后，法院合议庭、独任法官审判权的确得到了增强。毕竟，在审判委员会“放权”之后，原来需要由审判委员会讨论决定的案件，现在绝大部分都由合议庭和独任法官作出裁判。

但是，如果不从“放权”结果而从“放权”的过程来看，结论或许就有不同。前面的分析表明，在相当大程度上，审判委员会的“放权”过程是一个法院内部诸层次行动者在不同的利益驱动下公共选择的过程，这一过程使得不同层次的利益得到了适当关照，并最终成就了“放权”的结果。显然，从过程的角度看，审判委员会“放权”并不仅仅以下放权力这一目的为中心，而是同时以利益选择为中心展开的。公共选择理论经过大量的实证研究发现，现实生活中存在的任何一种公共选择方式，其最终的决策（效果）都难以体现公共利益的最优化，究其原因，一个最为重要的方面就是决策实施过程中各层次行动者追求自我利益的行为。① 那么，建立在利益选择基础上的审判委员会“放权”，是否存在同样的情形呢？

我们还是将焦点对准我们的访谈材料，然后进行分析。首先，来看法院院长的观点。法院院长曾告诉我们，法院审判委员会之所以敢大胆“放权”，一个重要背景就是法院案件质量跟踪管理制度逐渐完善，法官责任追究制度不断健全，不经过审判委员会讨论决定也可以

---

① 请见［美］丹尼斯·C. 缪勒：《公共选择理论》，杨春学等译，中国社会科学出版社1999年版，中译者前言，第4页。

控制案件的质量和防止司法腐败。前文曾指出，在审判委员会“放权”之前，审判委员会发挥了包括控制案件质量，抵御外部干预以及防止司法腐败的重要作用；而“放权”之后，审判委员会的这几类功能将大大减弱。从组织利益的角度讲，这种减弱直接关系到法院存在的合法性与正当性。在这个时候，质量跟踪管理和法官责任追究的强化具有了相当重要的意义，因为它正好弥补了“放权”之后的案件质量控制和司法腐败防范机制存在的权力缝隙，并最终保证组织利益不因审判委员会的“放权”改革而受损失。在这个意义上，尽管审判委员会经由“放权”改革而将一部分案件的决定权下放给了合议庭乃至独任法官，但是出于维护组织利益的需要，案件质量跟踪管理和法官责任追究同时加强了，合议庭和独任法官名义上享有了更大的审判权，实际上在整体上却面临着更为深入和全面的权力控制。

其次，从我们对审判委员会委员即部门“一把手”的访谈来看，一些委员曾表达过“只要不完全取消审判委员会，怎么‘放权’都可以”的态度。这种态度实际上表明，相对于参加审判委员会的讨论而言，审判委员会委员即部门“一把手”更重视本部门的工作，因为部门工作更能体现个人成绩，从而也更能引起领导重视。在审判委员会“放权”之前，相当一部分案件尚有审判委员会“把关”，而在审判委员会“放权”之后，审判委员会“把关”的案件大幅度减少。在这种情况下，为了本部门少出错案，在部门利益的驱动下，各部门“一把手”必然在审判委员会“放权”之后进一步加强对案件质量的控制。事实上，从我们最近一次补充访谈的结果来看，“庭”作为法院质量跟踪管理制度和错案追究制度的一个重要环节，其跟踪管理和“把关”的力度较以前是大大增强了。

最后，从我们对法官的访谈来看，法官曾经是审判委员会制度的受益者，在审判委员会“放权”之前，法官可以在相当大一部分案件中利用审判委员会来规避责任、避免矛盾和解决疑难问题。但是在“放权”之后，审判委员会的这些功能都大大削弱了，而与此同时，法院的案件质量跟踪管理和责任追究制度，庭一级的管理和控制却大大加强了。在这种情况下，为了尽可能不出错，法官是如何对待的呢？从访谈材料我们可以看到，除了依靠自身的知识和经验外，法官还依赖了大量的非正式渠道。一方面，他们通过利用现代网络，查找其他法院的“先例”，查找学者的相关讨论来确证自己的观点；另一方面，他们通过庭务会或者非正式的庭内讨论，以及与院内“专家”的私下交流，甚至与主管副院长的单独交流，与上级法院的事先沟通，与检察院承办人员的沟通，打电话咨询法律专家等途径来解决法律上的疑难问题，确保办案质量。从法官的这些做法，我们看到的似乎主要不是一种独立行使审判权的现代审判，而在很大程度上是一种“咨询型”审判。

由上可以看出，尽管审判委员会“放权”对于增强合议庭和独任法官的职权有一定的作用，但是与此同时，受法院的组织利益、法院内部中间组织的部门利益和法官个人利益的影响，“放权”被异化了：一方面，“放权”的同时，其他的控制性权力加强了，合议庭和独任法官在权力结构中的处境并没有太大的改善；另一方面，法官在接受下放的审判权的同时，为了确保不出错案，又将本应是独立的审判在一定程度上变成了一种咨询型审判，从而弱化了审判权。正是在这个意义上，审判委员会的“放权”改革，在很大程度上并没有达到增强合议庭和独任法官职权的效果，“放权”后的审判，仍然是那种近十年前学者曾经批判的以行政管理为特点的科层化审判。①

六、结　语

本文以一个基层法院的改革实践为中心，以访谈为素材，从过程的角度分析了审判委员会的“放权”改革。经由对审判委员会“放权”过程的展示和分析，本文认为，审判委员会“放权”结果的发生，是法院内部各层次行动者在审判委员会自身功能逐渐弱化、其他替代性能力逐渐强大的条件下，以法院的组织利益、中间组织的部门利益以及法官的个人利益为中心公共选择的结果。正是这样一种以利

① 参见贺卫方：《中国司法管理制度的两个问题》，载《中国社会科学》1997年第6期。

益为中心的公共选择逻辑，使得审判委员会的“放权”被异化：合议庭和独任法官在收获审判委员会下放的权力的同时，又受到了更为严格的权力控制，并最终导致了合议庭和独任法官审判权的异化，一种本应独立的审判在很大程度上变成了一种“咨询型”审判，而法官，也在相当程度上从一个自主决定者，成为各种“意见”的尾随者。

在某种程度上，审判委员会“放权”改革出现上述境况实属必然。必须承认，无论是法院还是法院内部的部门乃至法官，自这些组织、中间组织存在之日起，自法官进入法院之日起，他们就有了自身的利益——这些利益在绝大多数时候都是半公半私的混合物，并有着强烈的利益实现和利益维护动机。一项改革只要可能与这些利益相关联，各层次利益的代表者就可能会策略性的对待这项改革。审判委员会的“放权”改革就是一个实例。

问题的关键或许不在于如何防阻法院各层次行动者在审判委员会“放权”改革中渗入组织利益、部门利益和个人利益，而在于创制引导和规制这些利益的合理制度安排。正如唐斯所言，如果社会创造了合适的制度安排，那么他们的私人动机将引导他们按照自己确信的公共利益而行动，即便这些动机与其他的每个人的动机相似，即部分根源于他们自己的个人利益。① 只是可以想见的是，现行司法体制下实现一个引导和规制这些利益的合理制度，要比在理论上提出一个理想的制度安排艰难得多。

---

① 参见［美］安东尼·唐斯：《官僚制内幕》，郭小聪译，中国人民大学出版社2006年版，第92页。

附录二：

刑事法治的“第三领域”：中国刑事和解制度的结构定位与功能分析*

一、问题与进路

目前学界关于刑事和解的研究主要包括两个方面，一个方面偏重于理论介绍，主要内容是译介西方刑事和解或恢复性司法的理论与实践；① 另一个方面侧重于立法上的制度建构，主要内容是论证中国是否以及应当如何在立法上确立刑事和解制度。②

---

* 本文原载《中外法学》2007年第6期。

① 相关介绍，可参见刘凌梅：《西方刑事和解理论与实践介评》，载《现代法学》2001年第1期；吴宗宪：《恢复性司法述评》，载《江苏公安高等专科学校学报》2002年第3期；刘方权、陈晓云：《西方刑事和解理论基础介评》，载《云南法学》2003年第1期；等等。

② 相关研究，可参见马静华：《刑事和解的理论基础及其在我国的制度建构》，载《法律科学》2003年第4期；刘方权：《恢复性司法，一个概念性框架》，载《山东警察学院学报》2005年第1期；邵军：《恢复性司法的利弊之争》，载《法学》2005年第5期；向朝阳、马静华：《刑事和解的价值构造及中国模式的构建》，载《中国法学》2003年第6期；宋英辉、许身健：《恢复性司法程序之思考》，载《现代法学》2004年第3期；王俊：《恢复性司法及其本土化改造》，载《人民检察》2006年第2期；陈光中：《刑事和解的理论基础与司法适用》，载《人民检察》2006年第5期；吴常青：《论恢复性司法的本土资源与制度构建》，载《法学论坛》2006年第5期；甄贞、陈静：《刑事和解的可行性理论分析》，载《人民检察》2006年第7期；杨兴培：《刑事和解制度在中国的构建》，载《法学》2006年第8期；陈光中、葛琳：《刑事和解初探》，载《中国法学》2006年第5期；等等。

纵观相关研究，除了极个别之外，[①] 目前学界的绝大部分论著都主要不是以中国自身的刑事和解制度实践为基础，而是或隐或显地以西方相关理论与实践为中心。偶有少数论者提及中国刑事和解的实践，在很大程度上也只不过是把这些实践装进了西方人的概念体系之中，[②] 而未能基于这些实践作进一步的反思和追问。当然，必须承认的是，在刑事和解实践者那里，比如检察院、法院系统，存在着对这些实践的持续性关注，[③] 但是受实践者本身视阈的限制，这些关注在理论上的意义非常有限。

现有研究对中国自身刑事和解制度实践的忽视，使得学界的相关研究在很大程度上只不过是西方理论在中国的翻版，其中少有中国学者自身独到的认识，甚至罕有这方面的学术努力。对于本文重点关注的问题而言，这种研究状况尤其体现在两个互相关联的方面：一是除个别学者外，很少有学者对刑事和解制度在中国整个刑事法治中的结构定位进行研究，尤其没有结合中国自身刑事和解制度实践进行研究；二是在刑事和解制度的功能认识上，学界的研究也主要是“翻译”了西方刑事和解理论的相关叙述，而少有结合中国实践和中国语境的讨论和分析。个别学者从实践发出进行的相关探索，也由此难以形成富有成效的对话。对于立志追求学术自主性的法学界而言，这种研究状况自然是无法令人满意的。

---

① 参见陈瑞华：《刑事诉讼的私力合作模式——刑事和解在中国的兴起》，载《中国法学》2006 年第 5 期。

② 梁治平：《清代习惯法：社会与国家》，中国政法大学出版社 1996 年版，第 11 页。

③ 如蔡庆丰：《适用自愿和解方式处理轻伤害案件探析》，载《人民检察》2005 年第 6 期；刘志成、熊明：《未成年人犯罪案件和解不诉探讨》，载《中国刑事法杂志》2005 年第 1 期；曾国东：《公诉环节故意轻伤害案件和解制度的探索》，载《法学》2006 年第 4 期；谢鹏程：《刑事和解的理念与程序设计》，载《人民检察》2006 年第 14 期；王雄飞：《刑事和解视野下检察调解构想》，载《人民检察》2006 年第 14 期；黄京平、张枚：《刑事和解的司法现状与制度建构》，载《国家检察官学院学报》2006 年第 6 期；傅文魁：《刑事和解的实证分析》，载《国家检察官学院学报》2006 年第 6 期；等等。

在笔者看来，导致这种研究状况的原因至少有以下两个相互关联的因素，一是受一直以来的法律移植与理论移植的影响，刑事诉讼法学界已经形成了理论借鉴的“惯习”，从而缺乏对中国经验的关照，尤其缺乏西方制度和理论——特别是基于中国实践和中国语境的——反思性认识；[①] 二是受借鉴“惯习”的支配，刑事诉讼法学的绝大部分研究到目前为止，还没有意识到司法实践更可能是法学研究创新的基础，还没有充分认识到司法实践对于法制建设所蕴涵的重大价值，[②] 特别是司法实践很可能具有的、对于法治建设具有积极意义的“意外后果”。[③]

有鉴于此，本文将尝试以中国目前刑事和解的制度实践（而不是以外国的理论或实践）为中心，考察刑事和解在中国刑事法治结构中的具体位置，并在此基础上结合中国法制建设的具体语境，分析刑事和解可能具有的建设性价值。在内容和观点上，笔者将主要指出，一方面，在刑事法治的结构中，中国的刑事和解制度实际上居于犯罪处理的国家模式与社会模式之间的中间位置，从而构成了刑事法治的“第三领域”；另一方面，在功能上，由于“第三领域”的独特中间位置，刑事和解在中国当下的法治建设语境下，除了具有学界所认识到的一般功能外，亦于沟通国家法与民间情感及需要，实现国家对基层社会的有效治理大有助益。在具体的考察和分析进路上，笔者主要以中国刑事和解的制度实践为基础，结合中国当下刑事法治建设的基本语境，层层追究，逐渐递进地展开分析：首先描述中国刑事和解的实践面目与制度模式，然后以此为基础，探究其在中国刑事法治中所占据的结构性位置，进而以中国刑事和解制度所占据的结构位置为前提，追究其在中国当下刑事法治建设语境中所可能具有的潜在功能，最后对全文的主要观点进行必要的总结与反思。

---

① 参见邓正来：《中国法学何处去》，载《政法论坛》2005 年第 1 ~4 期。

② 苏力：《法治及其本土资源》，中国政法大学出版社 1996 年版，“什么是你的贡献”（自序）部分，第 X 页。

③ 关于行动的“意外后果”，详见［英］安东尼·吉登斯：《社会的构成：结构化理论大纲》，李猛、李康译，王铭铭校，生活·读书·新知三联书店 1998 年版，第 68 ~76 页、第 423 ~428 页。

二、中国刑事和解的实践面目与制度模式

众所周知，刑事和解是近年来中国司法实践中生长并兴起的新型司法制度。从现有资料来看，如果不包括刑事自诉和刑事附带民事诉讼制度中的和解，① 中国最早规定刑事和解制度的，可能是北京市朝阳区人民检察院2002年开始试行的《轻伤害案件处理程序实施规则》，该《规则》规定，在轻伤害案件中，被害人与犯罪嫌疑人达成和解的，检察机关可对犯罪嫌疑人作出相对不起诉的决定。随后北京市政法委于2003年发布了《关于北京市政法机关办理轻伤害案件工作研讨会纪要》，在整个北京市范围内推行轻伤害案件的刑事和解试点。此后全国一些省、市（地区）甚至县级政法机关纷纷开展了刑事和解的试点工作。到目前为止，据笔者掌握的材料，最高人民检察院已在相关规范性文件中正式认可了刑事和解制度，② 北京、浙江、上海、安徽、湖南、海南6个省级政法机关已出台了办理轻伤害案件适用刑事和解的规范性文件，③ 另有大量的市（地区）、县政法部门

① 有学者对刑事自诉与刑事附带民事诉讼制度中的"和解"同刑事和解作了区分，认为刑事自诉制度中的"和解"如果属于"刑事和解"的话，也是一种不尽成熟的和解形式；而刑事附带民事诉讼制度中的和解，则不属于"刑事和解"，参见马静华：《刑事和解的理论基础及其在我国的制度构想》，载《法律科学》2003年第4期。

② 最高人民检察院的文件，参见《最高人民检察院关于在检察工作中贯彻宽严相济刑事司法政策的若干意见》第12、26条；《人民检察院关于依法快速办理轻微刑事案件的意见》第4条第6项。

③ 北京市政法委员会于2003年发布了《关于北京市政法机关办理轻伤害案件工作研讨会纪要》；浙江省高级人民法院、浙江省检察院和浙江省公安厅于2004年7月联合发布了《关于当前办理轻伤害案件适用法律若干问题的意见》；安徽省公安厅会同省法院和省检察院共同于2005年出台了有关《办理故意伤害案（轻伤）若干问题的意见》；上海市高级人民法院、上海市检察院、上海市公安局和上海市司法局于2005年联合下发了《关于轻伤害案件委托人民调解的若干意见》；湖南省人民检察院于2006年出台了《湖南省人民检察院关于检察机关适用刑事和解办理刑事案件的规定（试行）》；海南省高院和检察院、公安厅、司法厅于2007年联合制定下发了《关于办理轻伤害案件其中问题的意见》。

出台了类似的政策性文件。①

从制度的发展历程来看，刑事和解最初主要在检察系统内个别基层检察院进行试点。不过随着试点的成功以及西方刑事和解理论、恢复性司法理论获得普遍接受，个别机构的刑事和解实践逐步获得了法院、公安局乃至政法委、司法局等政法机关的普遍认同，并最终成为许多地方政法系统合力推进的司法改革举措。在政法系统的合力推动下，加上最高人民检察院以及各省、市（地区）、县政法机关相关规范性、政策性文件的实施以及伴随着这些实施的大量报道，刑事和解逐步成为中国刑事司法改革中一个获得广泛推广的项目，并逐渐成为司法实务中比较普遍存在的制度性实践。许多没有出台相关规范性、政策性文件的地区，实践中也普遍出现了类似的刑事和解实验。②

---

① 如山东省临沂市检察院试行的《临沂市检察院审查起诉环节轻伤害案件委托人民调解委员会调解实施办法》，参见殷培军等：《轻伤害不急着起诉，先行调解》，载《法制日报》2006 年 7 月 14 日；河南许昌县人大常委会、县委政法委组织县公、检、法司制定的《关于办理轻伤害案件若干问题的意见（试行）》，参见《许昌出台轻伤害案件处理意见》，载《人民代表报》2004 年 11 月 2 日；四川简阳市检察院出台的《关于开展刑事和解的实施意见》，参见最高检察院官网：http://www.spp.gov.cn/site2006/2007-03-05/0027412580.html，2007 年 5 月 23 日登录；山东寿光市检察院联合公安机关制定的《轻伤害案件分流实施办法》，参见《检察日报》（网络版）：http://www.jcrb.com/n1/jcrb1280/ca600798.htm，2007 年 5 月 23 日登录；江苏无锡市公安局、检察院、法院、司法局联合出台的《关于刑事和解工作的若干意见（试行）》，参见江苏法院网：http://www.jsfy.gov.cn/cps/site/jsfy/index_content_a2007051624415.htm，2007 年 5 月 23 日登录；湖北宜都市出台的《宜都市人民检察院检察刑事和解规定》，参见湖北省检察院官网：http://www.hbjc.gov.cn/web/infoDet.aspx?id=1153，2007 年 5 月 23 日登录；等等。

② 如宁夏固原市原州区检察院的实践，参见《回民纠纷刑事和解，请阿訇参与》，载《检察日报》（网络版）：http://www.jcrb.com/n1/jcrb1297/ca603260.htm，2007 年 5 月 29 日登录；重庆武隆县检察院的实践，参见《探索轻微刑事案件和解机制》，载正义网：http://www.jcrb.com/zywfiles/ca540509.htm，2007 年 5 月 29 日登录；再如广东东莞市两级法院的实践，参见《广东法院尝试“刑事和解”：赔偿五万杀人免死》，载新浪网博客：http://blog.sina.com.cn/u/4a523c4c01000av5，2007 年 5 月 29 日登录；等等。

在刑事和解制度的实践内容上，尽管不同的地区在具体的操作内容上有所不同，但是一般都同时具备以下几个方面的内容：一是加害方自愿认罪、悔罪、赔礼道歉并向被害方作出经济赔偿；二是被害方对加害方的认罪、悔罪、道歉以及经济赔偿数额表示满意，对其侵害行为给予谅解，并向公安机关、检察机关或者法院明确提交放弃追究加害人刑事责任的要求或者载有类似内容的协议；三是通过参与主持和解或者认真审查，公、检、法机关确认加害人的行为不具有较大的社会危害性，并且加害人通过真诚悔过显示其再犯的可能性不大，具有重新回归社会的可能性与条件，因此对其作出终止刑事诉讼或者减轻刑事责任的决定。

在适用范围上，刑事和解起初基本上只适用于轻伤害案件。最高人民检察院和现有六个制定了规范性文件或者政策性文件的省和直辖市，基本上都将刑事和解的适用范围限定于轻伤害案件，许多市、县政法机关出台的政策性文件也多如此限定刑事和解的适用范围。不过，随着刑事和解理论和恢复性司法理论研究的推动，刑事和解逐步扩展到未成年人犯罪案件、过失犯罪案件以及在校大学生涉嫌犯罪的案件之中，所涉及的刑事案件类型也从最初的轻伤害案件扩展为交通肇事、盗窃、抢劫、重伤、强奸等案件。①

受具体案件中被害人、加害人以及公、检、法机关态度等因素的影响，实务中广泛存在的刑事和解实践往往呈现出不同的制度化模式。对于这些模式，陈瑞华教授经由总结和区分，将之划分为加害方/被害方自行和解模式、司法调解模式和人民调解委员会调解模式

① 其中交通肇事案件的和解，已为2003年通过的《中华人民共和国道路交通法》纳入了立法，参见《中华人民共和国道路交通安全法》第70条；其他案件类型的相关报道，可参见黑丁、小楠：《被害人家属求情，杀害女友大学生获轻刑》，载《检察日报》2006年7月27日；王利军：《轻缓刑事政策在适用中存在的误区及对策》，载 http: //www. law - lib. com/lw/lw_ view. asp? no =7451, 2007年5月23日登录。

三大模式。① 陈瑞华教授的这种区分具有相当大的合理性，并在很大程度上可以成为下本文考察刑事和解制度模式的基本线索。不过，为了尽可能避免重复，并与后文关于刑事和解在中国刑事司法制度中结构定位的讨论相契合，笔者在陈瑞华教授三种模式的基础上，以公、检、法机关在刑事和解制度中的作用作为划分依据，将刑事和解实践划分为被动确认模式、主动促成模式和委托/确认模式。

刑事和解的被动确认模式是指这样一种和解型态，其中和解程序的启动以及和解协议的最终达成基本上都是加害人与被害人双方自行协商、交涉的结果，公、检、法机关基本上不参与加害人与被害人达成和解的协商过程，而只根据双方的要求对和解协议进行审查和确认。在这样的和解模式中，非常明显，公、检、法机关处于比较被动的状态，对于和解的达成基本不发挥什么实质性作用。不过，公、检、法机关的被动状态仅仅是针对加害人与被害人和解的达成过程而言的，一旦和解协议提交给了公、检、法机关，公、检、法机关则必须积极审查和解协议的合法性或合政策性，并根据审查的结果决定是否终止针对加害人的刑事诉讼或者减轻其刑事责任。实践中，刑事和解的被动确认模式多见于加害人与被害人积怨不深、加害人有着强烈和解愿望的轻伤害案件或者熟人社会内部发生的轻微案件。②

刑事和解的主动促成模式是指这样一种和解型态，其中和解程序的启动以及和解协议的达成，主要都是在公、检、法机关积极主动与加害方、被害方以及其他相关人员和单位进行沟通、交流、教育、劝解的结果。在这样的和解模式中，公、检、法机关具有相当主动的姿态，其不仅积极地劝说加害方、被害方参与到协商、交涉的过程中

---

① 参见陈瑞华：《刑事诉讼的私力合作模式——刑事和解在中国的兴起》，载《中国法学》2006年第5期。

② 相关实践及其报道，参见傅文魁：《刑事和解的实证分析》，载《国家检察官学院学报》2006年第6期；蔡庆丰：《适用自愿和解方式处理轻伤害案件探析》，载《人民检察》2005年第6期；参见李松等：《轻伤害案件相对不起诉：推行刑事和解满意率是100%》，载《法制日报》2006年7月26日；《轻伤害案件可以私了》，载《厦门晚报》2004年8月10日；等等。

来，而且通过法律、道德上的说教乃至策略性地利用法律和政法机关的权威，一方面促使加害人诚心悔罪和道歉，并向受害人提供合理的赔偿；另一方面促使受害人消解愤恨或仇恨，并使其赔偿要求合理化，以促成双方达成和解，有时公、检、法机关甚至会另外提出一套和解方案，促成双方达成和解协议。不过需要强调的是，尽管公、检、法机关在刑事和解的主动促成模式相当主动和积极，但是和解的最终达成，仍然是以加害人、被害人之间的合意或者同意为基础的。实践中，刑事和解的主动促成模式主要发生于加害方与被害方存在尖锐矛盾，加害人不愿意主动和解，同时被害方又有着强烈复仇心态的案件中。①

刑事和解的委托/确认模式与前两种和解模式相比，显得稍微复杂一些，在很大程度上，其是前两种和解模式的合成物。它是指这样一种和解型态：首先，和解的参与者有公、检、法机关、中介机构（通常是调解委员会）、加害人、被害人四方；其次，和解程序的启动分为两步，公、检、法机关遴选适当的案件并委托相关中介机构进行调解为启动的第一步，中介机构组织加害人、被害人及相关人员乃至单位参与调解为启动的第二步；再次，中介机构主持下的和解达成过程既可能是被动确认型也可能是主动促成型（当然这里的被动、主动都是针对中介机构而言的）；最后，中介机构成功调解即加害人与被害人达成和解协议之后，其结果要交由委托方即公、检、法机关

---

① 相关实践及其报道，参见樊学勇、杨涛：《公安机关办理刑事案件中的调解问题研究——以构建和谐社会为视角》，载《北京人民警察学院学报》2006年第6期；《烟台：走在“平和司法”的大道上》，载正义网：http://www.jcrb.com/zyw/n65/ca478464.htm，2007年5月29日登录；曹飏、周桂芳、邓小李：《海口市美兰区检察院调解轻微刑案，积极构建和谐社会》，载南海网：http://fzsb.hinews.cn/php/20050829/12550.php，2007年5月29日登录；《回民纠纷刑事和解，请阿訇参与》，载《检察日报》（网络版）：http://www.jcrb.com/n1/jcrb1297/ca603260.htm，2007年5月29日登录；重庆室武隆县检察院：《探索轻微刑事案件和解机制》，载正义网：http://www.jcrb.com/zywfiles/ca540509.htm，2007年5月29日登录；等等。

进行合法性或合政策性的审查及确认。在这样的和解模式中，公、检、法机关既具有主动性又具有被动性，在和解程序的启动上，由于由公、检、法机关遴选适用和解程序的案件，因此其具有主动性；但在和解结果上，由于其不参与和解协议的达成过程，只能被动接受或者不接受和解的结果，因此又具有被动确认型模式的特征。当然，在这样的和解模式中，无论中介机构的调解属于被动确认型还是主动促成型，同样都取决于加害人与被害人的合意或同意。实践中，刑事和解的委托/确认模式基本上不受案件类型的影响，几乎只要可以适用刑事和解的案件，都可以适用刑事和解的委托/确认模式。①

毫无疑问，对于中国刑事和解实践作模式化的区分，可以根据不同的标准而划分为不同的类型。比如，可以吸收民事法学者的研究成果，② 借用棚濑孝雄教授的民事调解类型学，根据和解在功能上强调重点的不同，将中国刑事和解的实践分为判断型和解、交涉型和解、治疗型和解和教化型和解四种类型。③ 不过无论根据何种标准作何种类型或模式划分，有两点笔者一直有着比较清醒的认识，一是实践中

---

① 相关实践及其报道，参见贺同：《上海轻伤害案件将允许诉前调解》，载《东方早报》2006年5月25日；吴蓉：《轻伤害可以人民调解了解》，载《劳动报》2006年5月29日；马芸等：《区县法院今年都设调解室》，载《上海青年报》2006年3月31日；石先广：《轻伤案件委托人民调解的探索及启示》，载北大法律信息网：http://article.chinalawinfo.com/article/user/article_display.asp?ArticleID=33739，2007年5月29日登录；芜湖市《关于办理轻伤害案件适用调解的若干意见（试行）》，载芜湖人论坛：http://www.wuhuren.com/forum/thread-18694-1-1.html，2007年5月29日登录；《委托调解：一年巧解纠纷逾七千》，载正义网：http://www.jcrb.com/zywfiles/ca600928.htm，2007年5月29日登录；《上海推进民事、轻伤害案件委托人民调解工作》，载新浪网：http://news.sina.com.cn/s/2006-05-25/07079019095s.shtml，2007年5月29日登录；等等。

② 吸收民事诉讼法学者的成果为刑事诉讼研究服务为陈瑞华先生所提倡，参见陈瑞华：《问题与主义之间——刑事诉讼基本问题研究》，中国人民大学出版社2003年版，第555~557页。

③ 关于棚濑孝雄教授的调解类型学，详见棚濑孝雄：《纠纷的解决与审判制度》，中国政法大学出版社2004年版，第52~69页。

公、检、法机关的刑事和解，大多是某几个模式的混合物，完全与我们所描绘的模式相吻合的刑事和解实践如果不是没有的话，也应当是为数不多的；二是类型或者模式的划分固然重要，但是实践总是比理论类型或模式所描述的要复杂得多，完全可能的是，实践中已经存在或者将来会产生某些刑事和解实践，根本无法纳入到我们现在所划分的任何一种刑事和解模式之中。正是在这后一种可能性上，我们关于中国刑事和解制度实践面目的上述考察，也就变成了一种暂时的安排，需要今后不断地更新与完善。

三、刑事法治的“第三领域”：中国刑事和解制度的结构定位

根据中国刑事和解制度的实践面貌特别是其三种制度模式，我们可以对其基本特征作一概括：首先，在总体上，无论在何种刑事和解的制度模式中，国家公、检、法机关都不再垄断犯罪的实质处理权，而是将和解案件的部分实质处理权或多或少地交由加害人、被害人或者公、检、法机关之外的第三方行使。其次，分别而言，一方面，尽管公、检、法机关不再垄断犯罪的实质处理权，但是公、检、法机关仍然对案件的和解结果享有最终的司法审查、确认乃至否决权；另一方面，与公、检、法机关的“放权”相应，被害人、加害人在刑事和解制度中，都对案件享有或多或少的自主决定权，这种决定权或者体现为合意的受尊重性，或者体现为同意的基础性。最后，在刑事和解的各种模式中，对话、沟通、协商、交涉（而不是强制）成了主持、参与刑事和解各方之间的主要活动，国家法律的施行具有了某种柔性治理的特征。

如果将具有上述特征的刑事和解制度与中国传统刑事司法制度相比较，不难发现两者相去甚远甚至格格不入。为了便于比较，这里不妨概括指出中国传统刑事法制具有的与本文相关的两个突出特点：一个是刑事法制的国家中心主义，这种国家中心主义建立在一种国家与个人之间的抽象关系之上，认为犯罪侵犯的是国家利益，因此犯罪应当由国家来惩罚和矫正。在这样一种以国家为中心的刑事法理念之下，国家为维护国家利益与犯罪人直接发生关系，被害人、社区等其

他利益相关方的利益则仅仅在抽象的意义上（即国家代表他们）予以关照，而很少在具体的犯罪处理中予以考虑。另一个是刑事法制的形式性，这种形式性以国家中心主义为基础，以类型化和要件化的方式来建构犯罪，并以一种程式化的方式处理犯罪。在这样一种形式化的刑事司法中，刑事案件被类型化为犯罪构成要件的组合物，处理刑事案件的程序高度专业化并由专家把持，加害人、被害人、社区等利益相关者仅仅作为国家的辅助者，要么作为供述人、要么作为线索提供者或者证人围绕犯罪的构成要件和司法程序运转，犯罪过程中超出构成要件的其他情境化、人格化、具体性因素一般都不在形式性程序重点关注的范围之列。① 显然，与刑事和解制度相较，在中国传统的刑事司法制度中，国家刑事法制具有相当程度的刚性，基本上没有被害人、加害人、非国家公、检、法机关的第三人实质分享犯罪处理权的可能，也基本上没有国家公、检、法机关与被害人、加害人乃至非国家公、检、法机关的第三人对话、沟通、协商、交涉的空间。

那么，这种与传统刑事司法制度极为不同的刑事和解制度，在整个刑事法治系统中可能处于一个什么样的结构性地位呢？对于这一问题，学界普遍将刑事和解界定为能够弥补传统刑事法治之不足的新型制度。② 毫无疑问，这种判断完全是正确的。不过，客观地说，这样的判断过于宏观乃至粗略，其既没能从诉讼法的角度将刑事和解的结构位置阐述清楚，也未能从中国刑事法治建设的大背景出发追究刑事和解可能占据的重要结构性位置。就笔者掌握的有限资料来看，唯有陈瑞华教授对刑事和解的结构定位作了深入而具体的探讨，他把刑事和解界定为与“公力合作模式”相应的“私力合作模式”，并将之定

---

① 这两个特点实是法治得以存在的两个关键假定在刑事法制领域中的具体体现，关于法治的两个关键假定，详见［美］R.M. 昂格尔：《现代社会中的法律》，吴玉章、周汉华译，译林出版社 2001 年版，第 172～173 页。

② 参见陈关中、葛琳：《刑事和解初探》，载《中国法学》2006 年第 5 期；向朝阳、马静华：《刑事和解的价值构造及中国模式的构建》，载《中国法学》2003 年第 6 期；等等。

位为刑事诉讼的一种特别程序。① 在笔者看来，至少在诉讼法上，陈瑞华教授对刑事和解的结构定位是相当清楚而具体的。

不过，与陈瑞华教授从诉讼法角度的定位相比，笔者愿意从更为宽泛的背景出发探讨中国的刑事和解制度的结构定位问题。笔者经由对目前刑事和解相关理论研究的阅读，发现绝大部分学者受西方恢复性司法理论的影响，大都注意到了刑事和解所具有的社会参与乃至社会主导的方面。② 换句话说，在如何看待刑事和解制度的结构定位问题上，论者多潜意识地将其纳入了国家/社会的二元框架。但是，对于刑事和解在国家/社会框架中究竟居于什么位置，除了陈瑞华教授基于中国实践提出的“私力合作模式”潜在的对此有所回应外，其他绝大部分学者由于未充分关照中国的相关实践，因此尚未有这方面的问题意识而几乎未曾正面探讨过这个问题。在笔者看来，要全面理解中国刑事和解制度尤其是其结构性地位，有意识地深入追究这个问题非常关键。

国家/社会框架是20世纪80年代下半叶以来政治/社会/法学研究的一个重要分析框架，③ 根据这一框架，针对犯罪处理方式的不同，可以将犯罪处理分为国家模式和社会模式两种类型。其中犯罪处理的国家模式是指以国家垄断司法权为基础的形式理性诉讼制度，上文描述的传统刑事法制的特征，实际上就是犯罪处理国家模式的基本面目。典型的国家模式一般排斥社会力量对犯罪处理权的实质分享，被害人、加害人以及社区的意志无法终止犯罪的处理程序。犯罪处理

① 见陈瑞华：《刑事诉讼的私力合作模式——刑事和解在中国的兴起》，载《中国法学》2006年第5期。

② 参见张小海：《刑事和解，公民社会的刑事治理》，载《研究生法学》2006年第5期；刘方权：《恢复性司法，一个概念性框架》，载《山东警察学院学报》2005年第1期；马静华：《刑事和解制度论纲》，载《政治与法律》2003年第4期；等等。

③ 由于国家与社会框架已经成为理论常识，因此笔者这里不详加介绍，具体可参见邓正来、［英］J.C. 亚历山大编：《国家与市民社会》，中央编译出版社2002年版，“导论”和“市民社会与国家”部分，第1～15页、第77～100页。

的社会模式是指以社会自主处理犯罪为基础的制度模式，这种模式在古代社会曾是一种重要的犯罪处理方式，如复仇、决斗以及宗族处理等，在现代社会，随着国家对暴力的垄断，社会自主处理犯罪的空间被大大压缩，但仍然在一定范围内存在，如中国基层社会存在的犯罪“私了”。① 典型的社会模式一般排斥国家的干预，② 或者至少不主动邀请国家实质性参与犯罪的处理过程。

笔者认为，上述犯罪处理的国家模式和社会模式，实际上潜在地构成了大部分论者讨论刑事和解制度的背景性框架，因此应当成为我们审视中国刑事和解制度结构位置的首要参照。换句话说，只要将中国刑事和解制度与犯罪处理这两种模式分别进行比较，按照学界大部分论者潜在的逻辑，应该能够对刑事和解制度的结构位置有一个合理的判断。不过，经由比较，笔者发现，一方面，中国刑事和解制度与犯罪处理的国家模式相差甚远，因为在中国的刑事和解制度实践中，被害人、加害人乃至非公、检、法机关的第三方或多或少地实质分享了犯罪的处理权，尤其是被害人和加害人的合意或同意，对于犯罪处理的程序进程产生了实质性影响；另一方面，中国的刑事和解制度也基本上不属于犯罪处理的社会模式，因为在中国的刑事和解制度实践中，尽管公、检、法机关不再垄断犯罪处理权，但是其仍然对案件的和解结果享有最终的司法审查、确认乃至否决权，在和解的委托/确认模式中甚至享有和解案件的遴选权，这与社会处理模式对国家权力机构的排斥和消极态度正好相反。

比较分析得出的上述两个结论非常清楚地表明，中国的刑事和解

---

① 笔者以“私了”为篇名在中国期刊网全文数据库（CNKI）进行检索，发现关于“私了”的论文和报道多达130多篇，考虑到只有具有新闻价值才可能被报道，可以想见的是，日常生活中“私了”的案件将会更多，这一点在相当程度上可以表明，“私了”作为一种纠纷解决方式，在民间社会有着相当大的市场。

② 如中国基层社会比较普遍存在的犯罪“私了”，参见苏力：《法治及其本土资源》，中国政法大学出版社1996年版，“法律规避和法律多元”、“再论法律规避”部分，第1～73页。

制度既不属于犯罪处理的国家模式，也不属于犯罪处理的社会模式。也就是说，中国的刑事和解制度无法在国家/社会二元分析框架内找到相应的对应物。这实际也就表明，那种潜在的以国家/社会二元分析框架审视中国刑事和解制度的研究，很可能注定难以成功和具有说服力。不过，必须承认的是，本文分析至此，尽管否定了某种潜在二元框架，但是同样也没有就刑事和解制度的结构定位问题给出一个明确的回答。正因为此，以下的讨论将从正面回应这一问题。

从方法与材料的关系角度讲，毫无疑问，我们不能削足适履，以中国的刑事和解制度及其实践无法纳入国家/社会二元模式为由，否定中国刑事和解制度及其实践本身所具有的特点。恰恰相反，当一个分析框架不能合理地解释某种现象时，也就表明这一框架本身具有相当程度的局限性，因此必须对这一二元框架进行反思，并寻找合适的分析工具。正是在这个意义上，著名“中国研究”专家黄宗智教授所提出的国家与社会间的“第三领域”概念，成为笔者解决刑事和解制度的结构定位问题的重要分析参照。①

黄宗智教授在其《中国研究的范式问题讨论》一书中指出，国家与社会的二元对立是从那种并不适合于中国近现代的西方经验里抽象出来的一种理想构造，我们需要转向采用一种三分的概念，即在国家与社会之间存在着一个第三空间，而国家与社会又都参与其中。②他将这一第三空间称之为国家与社会间的“第三领域”，并由此主张

① 在具体应用“第三领域”这一分析工具之前，对这一概念本身保持清醒是必要的，从笔者掌握的材料来看，梁治平先生、徐忠明先生都曾对黄宗智先生“第三领域”的提法持批评态度，前者的批评，主要是从国家、社会是否为互相对峙的实体这一设问出发进行讨论的，后者的批评主要是从史料出发的，在笔者看来，这些批评尽管可能有其道理，但都不影响作为分析框架的“第三领域”概念。参见梁治平：《清代习惯法：社会与国家》，中国政法大学出版社1996年版，第11~14页；徐忠明：《思考与批评：解读中国法律文化》，尤其“清代民事审判与‘第三领域’及其他”部分，法律出版社2000年版。

② 请见黄宗智主编：《中国研究的范式问题讨论》，“中国的公共领域与市民社会”部分，社会科学文献出版社2003年版，第260页。

国家、“第三领域”、社会的三元分析框架。在他看来，“第三领域”的特征在于：一方面，参与“第三领域”的国家与社会行动者都未垄断进入这一领域事项的处理决定权；另一方面，国家与社会的行动者又以前一方面为基础，互相沟通、协商、交涉（而不是强制），以解决和处理进入这一领域的相关事项。黄宗智教授在他后来的具体研究中，充分运用了国家、“第三领域”、社会的三分框架特别是“第三领域”这一概念工具，比如，他在研究清代的纠纷解决机制时，发现存在大量的争端，既不是完全由国家正式制度处理，也不是完全由民间自主了结，而是由介于国家与社会之间的半官半民的制度加以解决的，他将这一半官半民的纠纷解决制度称之为清代纠纷处理的“第三领域”；① 再如，在考察中国后革命时代的纠纷解决机制时，他又将广大农村的调解组织归入“第三领域”之内加以研究，等等。②

参照黄宗智先生国家、“第三领域”、社会的三元分析框架，尤其是其中的“第三领域”概念工具，我们可以发现，中国刑事司法领域兴起的刑事和解制度，在相当大的程度上具有“第三领域”的特征。首先，一如前文已经阐明了的，犯罪处理的国家模式与社会模式这样的二元分析框架不能很好地解释中国刑事和解的制度特征。其次，从中国刑事和解制度的特征可以看出，在中国的刑事和解制度中，国家公、检、法机关和加害人、被害人以及其他非公、检、法机关的第三人都没有垄断犯罪的处理权，他们都实质性地分享了犯罪处理权：其中被害人、加害人对案件处理享有相当程度的自主决定权，他们之间的沟通、协商直至合意都受到了极大的尊重，他们的最终同意在一些和解模式中构成了和解得以可能的最低基础；国家公、检、法机关则对案件和解结果享有最终的司法审查、确认乃至否决权，并在委托/确认模式中享有和解案件的遴选权。最后，正如前文已经阐

① 请见黄宗智：《清代的法律、社会与文化：民法的表达与实践》，上海书店出版社 2001 年版，第 107～130 页。

② 请见黄宗智主编：《中国研究的范式问题讨论》，“中国的公共领域与市民社会”部分，社会科学文献出版社 2003 年版，第 277 页。

明了的，在刑事和解的制度实践中，国家公、检、法机关和加害人、被害人以及其他非公、检、法机关的第三人都在不同程度上参与了和解的过程，其中沟通、协商、交涉（而不是强制）构成了和解达成的主要方式。

由此看来，将中国刑事和解制度界定为刑事法治的“第三领域”，似乎是一个对其结构定位问题的不错回答。如果这一定位是有道理的，那么在这个意义上，刑事和解制度与传统犯罪处理的国家模式和社会模式就共同构成了犯罪处理的三大领域，其中刑事和解制度正好处于犯罪处理的国家模式和社会模式之间的中间位置，并构成了两者之间的结合部和互动空间。下一部分的分析将表明，认识到刑事和解制度的这种结构位置，对于理解中国刑事和解的功能具有十分关键的意义。

四、作为沟通与治理通道的“第三领域”：中国刑事和解制度的功能分析

在社会学中，功能是指部分对于整体所具有的客观作用或效果。[①] 因此，当我们研究刑事和解的功能时，实际上研究的是刑事和解对于整个刑事法治所具有的客观作用或效果。按照默顿的功能分析方法，这种客观作用或效果既可能是积极的（所谓正功能），也可能是消极的（所谓负功能），还可能是无关的（所谓非功能）；既可能

---

① 关于功能的内涵问题，法学界的一般认识，参见季卫东：《法制秩序的建构》，中国政法大学出版社 1999 年版，第 36 页；社会学上的一般界定，参见费孝通：《乡土中国 生育制度》，北京大学出版社 1998 年版，第 85 页；社会学上的详细介绍，参见［美］罗伯特·K. 默顿：《社会理论与社会结构》，唐少杰、齐心译，译林出版社 2006 年版，第 107～114 页、第 152～153 页。

是与主观目的一致的（所谓显功能），也可能是不一致的（所谓潜功能）。① 限于篇幅和精力，本文主要探讨刑事和解对于刑事法治所具有的正功能，并重点关注其潜在的，社会学家吉登斯称之为“意外后果”的方面。② 当然，在本文的结语部分，笔者将以一种反思的方式，略带提及刑事和解功能发挥需要注意的其他相关方面。

对于刑事和解的功能，学界自从介绍西方的刑事和解理论或恢复性司法理论之始，即对这一问题给予了相当多的关注。概括而言，当下学界绝大部分论者对刑事和解功能的认识主要包括：刑事和解具有弥补传统刑事法治不足的重大价值——既有利于刑事诉讼被害人利益的保护以及被害人/加害人主体地位的确立，也有利于社会（社区）关系的修复，还有利于刑事诉讼效率的提高，最终有利于和谐社会的建构，等等。将这些观点与西方刑事和解或恢复性司法理论的相关叙述相较，可以发现，在相当大的程度上，它们只不过是西方相关理论在中国的重现。③ 就笔者了解的情况来看，只有陈瑞华教授基于中国实践展开的分析略有不同，他在《刑事诉讼的私力合作模式——刑

---

① 参见［美］罗伯特·K. 默顿：《社会理论与社会结构》，唐少杰、齐心译，译林出版社 2006 年版，第 152～153 页。这里之所以不厌其烦地介绍社会学的常识，实是因为在中国目前的刑事法研究中，功能分析极为普遍，但绝大部分从事功能分析的论者大多只是认识到部分对于整体的正功能，而很少意识到部分对于整体的负功能乃至非功能；大多只认识到部分对于整体的显功能，而很少追究其潜功能。

② 必须指出的是，吉登斯与默顿在概念的使用上和理解上都存在一定的分歧，但就本文而言，这种分歧基本上没有什么不良影响，请见［英］安东尼·吉登斯：《社会的构成：结构化理论大纲》，李猛、李康译，王铭铭校，生活·读书·新知三联书店 1998 年版，第 68～76 页。

③ 当然，也有论者指出了刑事和解存在的弊端，具体可参见邵军：《恢复性司法的利弊之争》，载《法学》2005 年第 5 期；唐芳：《恢复性司法的困境及其超越》，载《法律科学》2006 年第 4 期；吴常青：《论恢复性司法的本土资源与制度构建》，载《法学论坛》2006 年第 3 期。不过，就这些研究所遵循的理论路径而言，实际上与指出刑事和解的正面功能的学界大多数论述一样，在很大程度上仍然只不过是对西方理论的附和，少有自己独到的认识。

事和解在中国的兴起》一文中，以一种不是功能分析的语言指出了中国的刑事和解制度可能有着助益于疑难案件解决的特殊功效。① 在笔者看来，除了陈瑞华教授等少数例外，从知识增量（而不是制度对策）的角度讲，目前学界就刑事和解所作的诸多功能分析，并没有特别大的意义。

笔者以为，目前学界的绝大部分研究之所以对刑事和解功能的认识尚处于介绍西方理论的层面上，有着两个方面的关键原因：一是缺乏对中国自身刑事和解实践的关注，并由此未能认识到实践中的中国刑事和解制度在整个刑事法治中的结构性位置；二是缺乏一种语境论的关照，即在分析刑事和解的功能时，基本上没有将其与中国刑事法治建设的主要背景结合起来讨论。这两个方面，合力使得学界难以对刑事和解制度展开真正意义上的功能分析。② 正是在这个意义上，本文前一部分基于实践对中国刑事和解制度结构定位问题的探讨，特别是将其定位于刑事法治的“第三领域”这一结论，也就与本部分具有了前后相继的价值。以下的探讨即结合中国刑事法治建设的基本语境，追究作为刑事法治“第三领域”的刑事和解制度所可能具有的潜在功能。当然，为了尽可能地少做重复工作，笔者将不再从诉讼法的角度探讨刑事和解制度对于被害人、加害人、社区、司法机构乃至整个社会所可能具有的正面意义，尽管这些意义对于刑事和解制度的建构同样是极为重要的。③

众所周知，现代意义上的中国刑事法制在相当大的程度上乃是清

① 参见陈瑞华：《刑事诉讼的私力合作模式——刑事和解在中国的兴起》，载《中国法学》2006年第5期。

② 真正意义上的功能分析必然是结合结构语境展开的，请见［美］罗伯特·K. 默顿：《社会理论与社会结构》，唐少杰、齐心译，译林出版社2006年版，第155页。

③ 不过，值得强调的是，刑事和解在刑事法治中的“第三领域”这一结构性位置，同样也构成了刑事和解制度对被害人、加害人、社区、司法机构乃至整个社会产生积极作用的基本前提，限于篇幅，后文除了对此偶有附带和潜含的提及外，将不作专门和详细的讨论。

末以来法律移植的结果，因此法律移植也就构成了中国刑事法治建设的基本语境。对于这一语境，笔者认为主要有两个相互关联的方面值得特别强调，第一个方面是从法律移植之始直至今日仍然普遍存在的国家层面的刑事法制与民间犯罪处理方式、普通民众对于犯罪的情境化理解和需要之间的张力问题；第二个方面与第一个方面紧密相关但角度不同，是在国家对基层社会的治理能力相对较弱的现实情形下，如何有效地维持社会治安的问题。对于这两个方面，笔者具体分述如下：

就国家刑事法制与民间犯罪处理方式、普通民众对于犯罪的情境化理解和需要的张力而言，笔者认为，这种张力归根结底是两种知识之间的张力。① 这种知识之间的张力具体表现在，国家刑事法制本是专家立法者的有限知识博弈的结果，因此它本身就表现为一种知识形态，只不过其获得了国家法的地位并具有了名义上的普适性；② 而所谓的本土人民的情境化理解和需要，从规范的角度看，则是一种本土的规则性知识，与国家法的普适性不同，其乃是一种吉尔兹意义上的地方性知识。③ 从实用主义的角度来看，并不存在某一种知识比另一种知识在抽象意义上更可欲，而只存在何种知识更有用、更便利的问题。由于现行国家刑事法制并非本土人民生活方式的国家化，而是相当程度上在没有充分考虑本土规则的情况下移植的产物，因此在遇到实际问题时，民众并不一定甚至很少首先想到要用国家刑事法制解决问题，而是习惯性地用自己所熟悉、所惯用的地方性知识解决问题；尤其是在国家刑事法制不能有效地解决纠纷，或者虽然能够解决纠纷，但却可能带来更多的不便时更是如此。这样，国家刑事法的适用

---

① 参见赵晓力为《法治及其本土资源》所作的序，载苏力：《法治及其本土资源》，中国政法大学出版社 1996 年版。

② 在这个意义上，法律移植的过程实际上也是一个广义的政治过程，参见刘星：《重新理解法律移植——从历史到当下》，载《中国社会科学》2004 年第 5 期。

③ 参见［美］克利福德·吉尔兹：《地方性知识：事实与法律的比较透视》，邓正来译，载梁治平编：《法律的文化解释》，生活·读书·新知三联书店 1998 年版，第 73 页。

与民众在特定文化背景下的日常需要之间就产生了紧张。这种紧张最突出的例子，就是民间社会比较普遍存在的犯罪“私了”现象，以及类似“秋菊的困惑”之类的复杂情感。

就国家对基层社会的治理能力相对较弱这一问题而言，其在很大程度上与包含了法治建设在内的近代以来的民族国家建设尤其是基层国家政权建设紧密相关。① 中国自清末以来开始大规模移植西方的法律制度，经由一百多年的发展，特别是在新中国成立后的20世纪80年代以来的发展，如今已经在国家层面确立了现代性法律的合法性。目前中国已经建立起了比较完善的法律体系，采取了大规模的法律教育，培养了大批的法律技术人才，并配之以声势浩大的法制宣传。实行依法治国，建设社会主义法治国家，已成为我国的基本治国方针，并载入了宪法。但是，这种看起来成就斐然的法制建设运动，却主要只是在国家层面建立了不同于传统中华法系的法制，无论是意识形态化的合法性政治，还是官僚化的权力建制，都还主要停留在国家层面上，或者说“大传统”的层面上，而广大的民间社会，尤其是乡村社会，仍然在很大程度上是由一种传统的文化和制度作为一种“小传统”而统治着。② 这种情势下，国家权力对基层社会特别是广大的乡村社会的渗透相对有限，社会治理能力无论是在广度上还是在深度上也都显得比较松弱，具体包括两个方面：一是在社会治理场所内部，规范性程序总是被有意识地加以拒绝或被无意地忽视；规则在表面上“神圣不可逾越”，但问题实际上常常是通过“幕后”私人方式来解决。③ 二是目前有很大一部分人在多数时候实质上是处在社会治理场所之外，其日常行为基本上得不到治理，这种现象在大量的无证

---

① 关于国家政权建设，请见杜赞齐：《文化、权利与国家：1900～1942年的华北农村》，王福明译，江苏人民出版社2003年版，第1～4页。

② 强世功：《调解、法制与现代性：中国调解制度研究》，中国法制出版社2001年版，第209～210页。

③ 参见李猛、周飞舟、李康：《单位：制度化组织的内部机制》，载《中国社会科学季刊》（香港）1996年秋季卷，总第16期。

经营、无业人员和流动人口中较为突出,[①] 在广大的底层社会、基层社会亦比较明显。在这种情势下，如何有效维持社会的治安就成了一个刑事法制必须直面的重大的问题。

正是在上述中国刑事法制建设的两大基本语境下，刑事和解在刑事法治中的“第三领域”这一结构定位具有了极为重要的价值。一如前述，我们已经在分析中国刑事和解制度的结构定位问题时指出，作为中国刑事法治的“第三领域”具有两个主要的特点：一是在中国的刑事和解制度中，国家公、检、法机关和加害人、被害人以及其他非公、检、法机关的第三人都没有垄断犯罪的处理权，他们都实质性地分享了犯罪处理权；二是在刑事和解的制度实践中，国家公、检、法机关和加害人、被害人以及其他非公、检、法机关的第三人都在不同程度上参与了和解的过程，其中沟通、协商、交涉构成了和解达成的主要方式。以下两方面的分析将表明，刑事和解制度的这两个特点，使得国家刑事法制与民间需要、情感之间的张力因为沟通而获得相当程度的缓解，并使国家对基层社会的治安管理因为有了刑事和解这一迂回的制度通道而获得增强。[②]

一方面，作为“第三领域”的刑事和解制度，由于其正好处于犯罪处理的国家模式和社会模式之间的中间位置，并构成了两者之间的结合部和互动空间，因此其实质上构成了国家刑事法制与民间情感、民众需要之间相互沟通的平台。这里有必要提及的是，对于国家法与民间规则之间的张力这一问题，苏力教授曾经从法律多元化的角度出发，指出最好不要在国家法与民间规则之间作非此即彼的选择，建议国家法与民间规则之间要加强沟通和理解，并在此基础上相互妥

① 周洪波：《沉默权问题：超越两种理路之新说》，载《法律科学》2003年第5期。

② 有必要强调指出的是，就笔者掌握的材料来看，很难说施行或参与刑事和解制度的公、检、法机关以及被害人、加害人在主观上具有诸如沟通国家法与民间情感需要、便于国家加强基层治理等类似的目的，因此刑事和解的这两个功能在相当大程度上乃是一种吉登斯意义上的“意外后果”，或默顿意义上的“潜功能”。

协和合作。① 但是遗憾的是，他当时并没有提出具体的沟通方式和技术，② 而只是指出国家制定法作出妥协更为重要，并认为国家法应当保持必要的权威。由于没有可供操作的程序技术，结果尽管他的意见极为重要，却基本没能从话语转化为实践。

刑事和解的兴起，可以说正好补充了苏力先生的观点，并使得他所主张的国家法与民间规则之间的沟通、合作在制度上和技术上成为可能。因为作为刑事法治的“第三领域”，刑事和解在认可乃至鼓励加害人与受害人之间和解的同时，也将这种认可与鼓励纳入了正式的刑事司法制度之中，由此，国家刑事法律就具有了适用的条件，尽管正式的刑事司法可能只是认可了和解的结果，但是这并不代表国家刑事法律没有得到适用，因为减轻或者免除刑事责任同样是国家法律适用的重要方式；民间情感与需要的合理性也得到了最大限度的张扬，当事人的自主选择也获得了最大限度的承认，尽管他（她）们的和解协议很可能被国家正式司法机关否决或者部分否决，但是鉴于中国国家基层司法机关包括公安机关人员对社会民情的良好把握，加上繁重的案件负担和构建和谐社会的政治迫力等因素，可以基本断定，在刑事和解中，绝大部分民间自主处理的效力将会得到相当程度的合理对待。

另一方面，也是从另外一个角度讲，刑事和解为国家权力以合理的方式渗入基层社会、加强对基层社会的日常治理创造了条件。在笔者看来，国家之所以尚未实现对基层社会的完全渗透，还没有全面确立现代意义上的日常治理机制，实际上有两个原因：第一个与国家权力有限深入基层社会的渠道有关，中国社会自改革开放以来，农村的公社制度和城市的单位制度逐渐瓦解，国家以往通过公社和单位的基

① 参见苏力：《法治及其本土资源》，“再论法律规避”部分，中国政法大学出版社1996年版，第21页。

② 有论者因此认为，苏力是主张刑事和解的，参见张小海：《刑事和解，公民社会的刑事治理》，载《研究生法学》2006年第5期。笔者认为，很难推定说苏力先生主张刑事和解，而只能推定他应该会赞成刑事和解。

层治理，如今已失去了相应的制度通道，而新的治理管道尚未完全形成,① 因此国家权力不得不相应收缩；第二个与民间情感和需要赖以为继的文化所具有的韧性和生命力相关，即尽管自经过了二十多年的普法教育和法制宣传，国家正式的法律大规模地进入了基层社会，但是，国家正式法律并没有完全如预想的取代民间的地方性知识，民间规则仍然在许多领域广泛发挥影响。

作为“第三领域”刑事和解制度的特点表明，至少在基层社会的治安领域，其为国家强化基层社会治理提供了制度通道。在现代社会治理理论看来，要想实现有效的刑事治理，首要的任务就在于改变目前很多刑事案件的处理游离于国家司法制度视野之外的现状，将治理对象纳入到视野之内。② 在这个意义上，作为刑事法治“第三领域”的刑事和解正好从制度上满足了这一需求。刑事和解对被害人、加害人私下协议的确认和认可，一方面使得其在很大程度上可以有效地避免国家法律以前可能给当事者双方造成的不便乃至利益损害；另一方面增强了和解协议的可信任度与执行力，使得通过刑事和解解决纠纷比犯罪处理的社会模式如“私了”等更能有效、低成本的解决问题，从而在制度上激励那些原本处于国家权力掌控之外的刑事案件进入国家刑事司法体系，为国家对基层社会的有效治理奠定了基础。

不仅如此，在刑事和解制度施行过程中，国家法的权威逐步得以确立，民众逐渐被格式化为守法的好公民，因为“从一个更为宏观的角度来看”，刑事和解的过程“还是一种真正的‘普法’，一种现代社会文明的教育，一种对人的训练，一种关于说话的场合、方式、口气、语词、态度的指教，一种关于权威、证据的辨认，一种新的生命和人格的操练，一种单兵教练式的规训。这种影响将远远超过一次

---

① 参见季卫东：《结构的组合最优化——探索中国法与社会发展的新思路》，载梁治平编：《国家、市场、社会：当代中国的法律与发展》，中国政法大学出版社 2006 年版，第 60 ~ 61 页。

② 参见［法］米歇尔·福柯：《规训与惩罚》，刘北成、杨远婴译，生活·读书·新知三联书店 1999 年版，第 219 ~ 256 页。

以某种奖励作为支撑的‘普法’讲座。”① 如此，刑事和解实际上潜移默化地为国家对基层社会的日常治理创造了前提和条件。

五、结束语

经由前面几个部分的探讨，我们可以看到，一方面，在结构上，中国刑事和解实践所体现出来的制度特征表明，刑事和解作为一种犯罪处理方式，其既不属于犯罪处理的国家模式，也不属于犯罪处理的社会模式，而是居于两者之间构成了中国刑事法治的“第三领域”；另一方面，在功能上，作为中国刑事法治“第三领域”的刑事和解，由于具有多方参与性、非强制性、沟通性等特点，使得其在中国刑事法治建设的当下语境中，得以作为一种沟通和治理的制度通道，一定程度地缓解了国家刑事法制与民间情感及需要之间的紧张关系，并有助于增强国家对基层社会的有效刑事治理。刑事和解制度的这样一种结构/功能状况，从更深层次上讲，实际上已经触及了现代抽象法律与具体社会生活之间的深度紧张问题，② 并从刑事法治的角度给出了一个可能的解决路径。

非常明显，就整个刑事和解制度而言，刑事和解的“第三领域”这一结构定位至关重要，其构成了刑事和解制度在中国刑事法治建设语境下产生独特功能的基础。可以推断，一旦刑事和解的制度实践过度偏离了这种“第三领域”的中间结构状态，比如，国家权力过于

---

① 参见苏力：《送法下乡》，中国政法大学出版社2000年版，第311页。

② 抽象法律与具体生活之间的紧张关系，大致可以说是哈贝马斯“体系”（系统）与“社会”（生活世界）的脱节在法律领域的体现，参见［德］哈贝马斯：《交往行动理论·第二卷——论功能主义理性批判》，“第二阶段的中间考察：体系和生活世界”特别是其中的“（6）体系与生活世界的脱节，以及物化论题的革新化”部分，洪佩郁、蔺菁译，重庆出版社1994年版，第158～258页，特别第244～258页；直接触及这一论题的法学著作，可参见［日］棚濑孝雄：《现代日本的法和秩序》，“现代的理念和共同体主义”部分，易平译，季卫东审校，中国政法大学出版社2002年版，第3～117页，特别第102～117页。限于篇幅，本文里将此一问题留待日后作进一步的讨论。

挤压被害人、加害人的自主治理，或者过于强调公、检、法机关的组织工具理性而压制公、检、法机关与被害人、加害人以及非公、检、法机关的第三人之间的沟通理性，刑事和解所具有的这些独特功能很可能就会大打折扣，甚至出现默顿所言的“负功能”。换句话说，只有刑事和解始终保有“第三领域”的结构性特征，刑事和解才可能具有前述独特的功能。在这个意义上，刑事司法实践中存在的公、检、法机关过于重视赔钱减刑促和解、积极主动促和解以及变相压制促和解的相关实践，也就构成了刑事和解制度潜在的颠覆性因素。也正是在这个意义上，如何在制度设计与实践操作中真正合理地保持刑事和解在刑事法治中的“第三领域”这一结构位置，并在此基础上真正发挥其制度潜能（当然也要避免本文基本没有讨论的负功能），或许正是主张在中国确立与实施刑事和解制度的我们，包括理论家、立法者与实践者在内都需要认真对待的关键问题。

附录三：

刑事法治实践中的回应型司法：从中国暂缓起诉、刑事和解实践出发的分析*

一、引　言

近年来，暂缓起诉和刑事和解作为从中国刑事法治实践中自生自发的两个典型创新型司法制度，引起了实务部门、诉讼法学界乃至新闻媒体少有的持续性热烈关注，报纸杂志为此刊发了大量颇有价值的新闻报道和研究文章，① 一些实践部门和学术机构也以其为主题或专

---

* 本文原载《法制与社会发展》2008年第4期。

① 暂时撇开新闻报道，仅就论文而言，关于暂缓起诉，主要可参见刘桃荣：《对暂缓起诉制度的质疑》，载《中国刑事法杂志》2001年第1期；沈春梅：《暂缓起诉不益推行》，载《人民检察》2003年第4期；黄维智：《暂缓起诉制度探析》，载《政治与法律》2005年第2期；张泽涛：《规范暂缓起诉：以美国缓起诉制度为借鉴》，载《中国刑事法杂志》2005年第3期；王敏远：《暂缓起诉制度——争议及前景》，载《人民检察》2006年第4期（上）；陈光中、张建伟：《附条件不起诉：检察裁量权的新发展》，载《人民检察》2006年第4期（上）；李巧芬、刘中发：《暂缓起诉的实践与探索》，载《人民检察》2006年第4期（上）；兰耀军：《论附条件不起诉》，载《法律科学》2006年第5期。关于刑事和解，主要可参见马静华：《刑事和解的理论基础及其在我国的制度建构》，载《法律科学》2003年第4期；邵军：《恢复性司法的利弊之争》，载《法学》2005年第5期；向朝阳、马静华：《刑事和解的价值构造及中国模式的构建》，载《中国法学》2003年第6期；宋英辉、许身健：《恢复性司法程序之思考》，载《现代法学》2004年第3期；杨兴培：《刑事和解制度在中国的构建》，载《法学》2006年第8期；陈光中、葛琳：《刑事和解初探》，载《中国法学》2006年第5期。

题召开了不少经验交流会或学术研讨会。①

从知识生产的动因看，暂缓起诉和刑事和解之所以如此引人注目，很大程度上是因为学者们潜在地意识到了二者在中国尚属新现象、新事物，并在总体面目上可能与传统理想的刑事司法形象有所不同。不过遗憾的是，综观学界的相关研究，除了极个别例外，② 绝大部分论者都限于暂缓起诉或刑事和解这两个创新型制度本身，倾向于单个的考察各自的理论基础，分析利弊得失，并从比较法上探寻各自的完善路径，而未能从与传统刑事司法进行整体比较这一思路展开追究与澄清。

在笔者看来，学界在暂缓起诉和刑事和解制度研究中所遵循的上述理路，难以从宏观上深层次把握二者的整体特征及其理论价值，并且很可能被人贴上对策论乃至西方中心主义的标签，从而显得理论深度不够且不具中国气派。有鉴于此，本文将采取一种稍微不同于学界惯常采用的视角，将暂缓起诉与刑事和解结合起来，从整体上考察暂缓起诉、刑事和解在中国的实践，总结二者的共同特征，并将之与传统刑事司法的基本形象进行比较和分析。

遵循上述整体性进路，笔者经由仔细考察，发现近年来从中国刑事法治实践中生发出的暂缓起诉和刑事和解制度，具有强烈的积极回

---

① 据笔者有限的统计，以暂缓起诉为主题或专题的研讨会有：2002 年 12 月 20 日在上海召开的“未成年人刑事案件相对不起诉研讨会”，2005 年 10 月 29 日至 30 日在河南省郑州市举办的“刑事起诉与不起诉”制度理论研讨会，2006 年 12 月 27 日在北京召开的“检察视角中的刑事诉讼法修改若干问题研讨会”，2007 年 12 月 1 日在蓬莱市举办的附条件不起诉理论与实践研讨会等；以刑事和解为主题的研讨会有：2007 年 5 月 28 日在无锡召开的“刑事和解与和谐社会构建”研讨会，2006 年 11 月 28 日在浙江省宁波市镇海区人民检察院举办的“刑事和解”专题研讨会，2006 年 7 月 21 日在北京召开的“和谐社会语境下的刑事和解”学术研讨会等；此外，还有大量的与刑事和解直接相关的恢复性司法研讨会，这里就不一一列举了。

② 如陈瑞华：《司法过程中的对抗与合作：一种新的刑事诉讼模式理论》，载《法学研究》2007 年第 3 期；马明亮：《协商性司法：一种新的程序正义理念》，法律出版社 2007 年版。

应社会具体愿望与需求的特征，并在整体上和宏观上对中国传统刑事司法理论构成了实质性挑战，意味着一种新的刑事司法形态——回应型刑事司法在中国的萌芽。更重要的是，以暂缓起诉和刑事和解为代表的回应型刑事司法，能够解决大量中国的现实难题，并具有伦理上的正当性，因此应当成为未来刑事司法制度发展的一个新方向；但是由于各种条件的限制，特别是一个成熟的公民社会尚未形成，以及一个摒弃了组织理性并具备公共理性的司法系统尚未成为现实，因此其在短时间内获得长足发展的现实社会空间可能较为有限。

需要强调指出的是，秉承辩证唯物主义的认识论，① 按照社会科学研究的一般思路和笔者以往的研究体会，② 本文将从中国暂缓起诉和刑事和解的实践出发展开分析。以此为前提，在结构安排上，笔者在下文将首先描述中国暂缓起诉和刑事和解制度的基本面貌和实践模式；然后概括它们的整体特征并与传统的理想刑事司法进行比较，指出这两个创新型制度的实践实际上意味着一种新的刑事司法形态即回应型刑事司法在中国的萌芽；接着分析回应型刑事司法在中国存在的必要性、正当性与现实可能性，指出其成为未来中国刑事司法发展方向的可能性及其限度；最后对全文的观点作一小结，并结合中国刑事法治建设的复杂性对全文作一简短的反思。

二、暂缓起诉、刑事和解的实践

一般来讲，所谓暂缓起诉是指检察机关对符合提起公诉的案件进行审查以后，为了促使犯罪嫌疑人悔过自新、服务社会，决定对犯罪嫌疑人暂时不予起诉，要求其在一定的期限内履行约定的义务，如果犯罪嫌疑人在规定的期限内履行了义务，检察机关就不再对其进行起诉，诉讼程序随之终止，否则检察机关就会对其提起公诉，要求法院

---

① 请见毛泽东：《毛泽东选集》（第一卷），人民出版社 1966 年版，第 259～273 页。

② 请见肖仕卫：《刑事法治的“第三领域”：中国刑事和解制度的结构定位与功能分析》，载《中外法学》2007 年第 6 期。

追究其刑事责任的制度。① 所谓刑事和解是指在刑事诉讼中，加害人以认罪、赔偿、道歉等形式与被害人达成和解后，国家专门机关对加害人不追究刑事责任、免除处罚或者从轻处罚的制度。②

从理论上讲，暂缓起诉与刑事和解制度并不是什么新鲜事物，因为域外法治国家早就存在相关的制度规定和实践。③ 不过这两个制度在中国引起广泛关注却主要不是因为比较法上的译介，而是因为实践部门的试点推动。在这个意义上，中国暂缓起诉和刑事和解的试点与实践，对于本文而言就具有了研究上的基础意义。有鉴于此，下文就将从产生历程、适用范围、适用条件以及实践模式等方面详细介绍中国暂缓起诉和刑事和解制度的实践面貌。

首先，从产生历程来看，暂缓起诉和刑事和解都已经有了数年的试点经验。据实践部门的人士介绍，暂缓起诉在中国最早可以追溯到1992年上海市长宁区针对一起盗窃案件采用的“诉前考察”制度，但是这一制度创新在当时并未引起学界的足够重视。④ 直到2001年以来，各地检察机关响应构建和谐社会的号召又开始纷纷试点暂缓起诉、暂缓不起诉和附条件不起诉制度，才引起了相关司法机关的系统性关注，并受到诉讼法学界追捧而成为热点问题。从目前笔者掌握的有限材料来看，北京、上海、河北、河南、江苏、陕西、江西、湖

---

① 请见张泽涛：《规范暂缓起诉：以美国缓起诉制度为借鉴》，载《中国刑事法杂志》2005年第3期。

② 请见陈光中、葛琳：《刑事和解初探》，载《中国法学》2006年第5期。

③ 关于国外暂缓起诉制度的介绍，请见刘炽、王建荣：《比较与借鉴：暂缓起诉制度研究》，载《人民检察》2005年第3期（上）；张泽涛：《规范暂缓起诉：以美国缓起诉制度为借鉴》，载《中国刑事法杂志》2005年第3期；陈光中、张建伟：《附条件不起诉：检察裁量权的新发展》，载《人民检察》2006年第4期（上）；兰耀军：《论附条件不起诉》，载《法律科学》2006年第5期。关于域外刑事和解制度的介绍，请见刘凌梅：《西方刑事和解理论与实践介评》，载《现代法学》2001年第1期；刘方权、陈晓云：《西方刑事和解理论基础“介评”》，载《云南法学》2003年第1期。

④ 请见李巧芬、刘中发：《暂缓起诉的实践与探索》，载《人民检察》2006年第4期。

北、福建、吉林、山东、四川、广东等省、市的部分地区都已开展了暂缓起诉的试点工作，① 许多地区的检察机关还制定了相应的规范性文件。②

与暂缓起诉相比，最早有据可查的刑事和解实践可能是北京市朝阳区人民检察院2002年开始试行的《轻伤害案件处理程序实施规则》，该《规则》规定，在轻伤害案件中，被害人与犯罪嫌疑人达成和解的，检察机关可对犯罪嫌疑人作出相对不起诉的决定。不久北京市政法委在整个北京市范围内试行轻伤害案件的刑事和解制度，此后全国一些省、市（地区）甚至县级政法机关纷纷开展了刑事和解的试点工作。到目前为止，据笔者掌握的材料，最高人民检察院已在相

---

① 例见北京：《北京试行暂缓起诉，减少未成年犯“刑事污点”》，载新浪网：http：//news. sina. com. cn/c/2004 - 04 - 25/11332399143s. shtml，2008年2月23日登录；上海：《上海普陀区实行暂缓起诉制，给犯罪的未成年人一个机会》，载新浪网：http：//news. sina. com. cn/china/1999 - 8 - 5/3568. html，2008年2月23日登录；河南：《项城市检察院试行对犯罪未成年人暂缓起诉制度》，载大河论坛：http：//vcom. dahe. cn/wenxue/go. asp？id = 4492，2008年2月23日登录；江苏：《无锡惠山公开听证附条件不起诉案》，载新华报业网：http：//news. xhby. net/system/2007/12/24/010173015. shtml，2008年2月23日登录；陕西：《陕西作出首例未成年人犯罪“暂缓起诉”决定》，载中国网：http：//www. china. com. cn/chinese/zhuanti/wcnrddjs/541100. htm，2008年2月23日登录；湖北：《武汉江岸区检察院首试“暂缓起诉”以挽救失足少年》，载新浪网：http：//news. sina. com. cn/china/2000 - 06 - 20/99060. html，2008年2月23日登录；吉林：《吉林长春市双阳区检察院检察长李驳：暂缓起诉救了小志明》，载正义网：http：//www. jcrb. com/zyw/n494/ca613767. htm，2008年2月23日登录；山东：《专家聚焦“附条件不起诉”》，载正义网：http：//www. jcrb. com/n1/jcrb1496/ca660591. htm，2008年2月23日登录；四川：《四川省：暂缓起诉“再造”一名大学生》，载搜狐网：http：//learning. sohu. com/20060818/n244866992. shtml，2008年2月23日登录；等等。

② 如北京市海淀区人民检察院制定的《实施暂缓起诉制度细则》；南京市人民检察院制定的《检察机关暂缓不起诉试行办法》；无锡市人民检察院制定的《无锡市检察机关暂缓起诉办法（试行）》；等等。

关规范性文件中正式认可了刑事和解制度,① 北京、浙江、上海、安徽、湖南、海南等省、市级政法机关已出台了办理轻伤害案件适用刑事和解的规范性文件,② 另有大量的市(地区)、县政法部门出台了类似的政策性文件。③

其次,从适用范围上来看,暂缓起诉和刑事和解基本上都主要适

---

① 最高人民检察院的文件,参见《最高人民检察院关于在检察工作中贯彻宽严相济刑事司法政策的若干意见》第12条、26条;《人民检察院关于依法快速办理轻微刑事案件的意见》第4条第6项。当然,这里的刑事和解不包括刑事自诉和刑事附带民事诉讼制度中的和解。

② 例见北京市政法委员会于2003年发布了《关于北京市政法机关办理轻伤害案件工作研讨会纪要》;浙江省高级人民法院、浙江省检察院和浙江省公安厅于2004年7月联合发布了《关于当前办理轻伤害案件适用法律若干问题的意见》;安徽省公安厅会同安徽省法院和安徽省检察院共同于2005年出台了有关《办理故意伤害案(轻伤)若干问题的意见》;上海市高级人民法院、上海市检察院、上海市公安局和上海市司法局于2005年联合下发了《关于轻伤害案件委托人民调解的若干意见》;湖南省人民检察院于2006年出台了《湖南省人民检察院关于检察机关适用刑事和解办理刑事案件的规定(试行)》;海南省高级人民法院和海南省人民检察院、海南省公安厅、海南省司法厅于2007年联合制定下发了《关于办理轻伤害案件其中问题的意见》。

③ 如山东省临沂市检察院试行的《临沂市检察院审查起诉环节轻伤害案件委托人民调解委员会调解实施办法》,参见殷培军等:《轻伤害不急着起诉,先行调解》,载《法制日报》2006年7月14日;河南许昌县人大常委会、县委政法委组织县公、检、法、司制定的《关于办理轻伤害案件若干问题的意见(试行)》,参见《许昌出台轻伤害案件处理意见》,载《人民代表报》2004年11月2日;四川简阳市检察院出台的《关于开展刑事和解的实施意见》,载最高人民检察院官网:http://www.spp.gov.cn/site2006/2007-03-05/0027412580.html,2007年5月23日登录;山东寿光市检察院联合公安机关制定的《轻伤害案件分流实施办法》,载《检察日报》(网络版):http://www.jcrb.com/n1/jcrb1280/ca600798.htm,2007年5月23日登录;江苏无锡市公安局、检察院、法院、司法局联合出台的《关于刑事和解工作的若干意见(试行)》,载江苏法院网:http://www.jsfy.gov.cn/cps/site/jsfy/index_content_a2007051624415.htm,2007年5月23日登录;湖北宜都市出台的《宜都市人民检察院检察刑事和解规定》,载湖北省检察院官网:http://www.hbjc.gov.cn/web/infoDet.aspx?id=1153,2007年5月23日登录;等等。

用于犯罪情节轻微、社会危害性不大的犯罪嫌疑人，当然不同地区的检察机关或者政法机关之间又有所不同。就暂缓起诉的适用范围而言，目前各地主要有两种做法：一种仅适用于未成年犯罪嫌疑人，如北京市海淀区人民检察院《实施暂缓起诉制度细则》第 3 条就明确规定，暂缓起诉的适用对象为涉嫌犯罪的未成年人；另一种除了适用于未成年犯罪嫌疑人之外，还适用于在校学生等犯罪情节轻微、社会危害不大的成年犯罪嫌疑人乃至单位，如《无锡市检察机关暂缓起诉办法（试行)》明确规定暂缓起诉的适用对象是未成年人犯罪、在校学生犯罪或者涉嫌职务犯罪、经济犯罪和其他普通刑事犯罪，情节轻微、社会危害不大的犯罪嫌疑人（单位)。

就刑事和解的适用范围而言，起初其基本上只适用于轻伤害案件(当然是有被害人的案件)，包括邻里之间、亲友之间、熟人之间的轻伤害案件，最高人民检察院和现有制定了规范性文件或者政策性文件的省和直辖市，就基本上将刑事和解的适用范围都限定在轻伤害案件上，许多市、县政法机关出台的政策性文件也多如此限定刑事和解的适用范围。不过，随着刑事和解理论和恢复性司法理论研究的推动，以及各地政法机关的纷纷效仿并试图进一步创新，刑事和解的适用范围逐步扩展到未成年人犯罪案件、过失犯罪案件以及在校大学生涉嫌犯罪的案件之中，所涉及的刑事案件类型也从最初的轻伤害案件扩展为交通肇事、盗窃、抢劫、重伤、强奸等案件。①

再次，从适用条件和程序来看，目前正式开展暂缓起诉和刑事和解试点工作的政法机关都作了较为详细的规定。就暂缓起诉而言，一般必须具备一定的实体条件并遵循一定的程序条件，实体条件包括：犯罪情节轻微；犯罪后确有悔改表现，或已向被害人赔礼道歉并赔偿

① 其中交通肇事案件的和解，已为 2003 年通过的《中华人民共和国道路交通法》纳入了立法，参见《中华人民共和国道路交通安全法》第 70 条；其他案件类型的相关报道，可参见黑丁、小楠：《被害人家属求情，杀害女友大学生获轻刑》，载《检察日报》2006 年 7 月 27 日；王利军：《轻缓刑事政策在适用中存在的误区及对策》，载 http：//www. law - lib. com/lw/lw_ view. asp？ no = 7451，2007 年 5 月 23 日登录。

损失，不致再继续危害社会；犯罪嫌疑人系初犯，偶犯或者是共同犯罪中的从犯、胁从犯；具备较好的帮教、监管考察和回归社会的条件；社会影响不大，受害人不反对等。程序条件包括：案件的犯罪事实清楚，证据确实充分；不具有不予起诉的法定条件；涉嫌犯罪者为未成年人的要写保证书并由家长出具担保书，且与检察机关签订帮教协议书；由检察长或者检委员会决定是否暂缓起诉；规定一个月到十二个月不等的考验期；定期帮教、考察、报告与回访等。

关于刑事和解的适用条件和程序，各地的试验一般都要求同时具备以下几个方面：一是加害方自愿认罪、悔罪、赔礼道歉并向被害方作出经济赔偿；二是被害方对加害方的认罪、悔罪、道歉以及经济赔偿数额表示满意，对其侵害行为给予谅解，并向公安机关、检察机关或者法院明确提交放弃追究加害人刑事责任的要求或者载有类似内容的协议；三是通过参与主持和解或者认真审查，公、检、法机关确认加害人的行为不具有较大的社会危害性，并且加害人通过真诚悔过显示其再犯的可能性不大，具有重新回归社会的可能性与条件，因此对其作出终止刑事诉讼或者减轻刑事责任的决定。

最后，从实践模式来看，暂缓起诉和刑事和解都因各个试点机关的具体情况不同而采取了不同的模式。从分析的角度来看，中国刑事司法实践中的暂缓起诉主要可以概括成两种模式：一种可以称之为被动回应模式，在这种模式中，一般都存在一定的中立的外部力量或者利害关系人要求检察院对涉案犯罪嫌疑人作出轻缓处理，比如村民联名要求从轻处理，① 机关工委向政法机关乃至党委、行政机关提出从宽处理的建议，受害人请求检察院从轻处理等；② 检察院受这种外部力量的影响，根据案件的具体情况进行审查，在征询相关部门的意

① 如《吉林长春市双阳区检察院检察长李驳：暂缓起诉救了小志明》，载正义网：http：//www. jcrb. com/zyw/n494/ca613767. htm，2008 年 2 月 23 日登录。

② 如《破例缓诉救助“迷途羔羊”》，载西域军垦网：http：//info. westpower. com. cn/cgi - bin/Ginfo. dll? DispInfo&w = westpower&nid = 566195，2008 年 2 月 23 日登录。

见，并落实帮教或者监管考察机制之后，作出暂缓起诉的决定。实践中，暂缓起诉的被动回应模式多见于初次进行暂缓起诉试验的检察机关，且涉案主要适用于未成年人、在校学生以及其他平时表现良好、确属情有可原而作案的犯罪嫌疑人。另外一种模式可以称为职权决定模式，在这种模式中，一方面，检察院一般都直接根据案件的具体情况进行审查，只要案件类型和涉案犯罪嫌疑人符合暂缓起诉的条件，即作出暂缓起诉的决定；另一方面，检察机关在作出暂缓起诉决定之前，一般会主动与相关单位或机关联系，落实帮教、考察和监督机制与人员，并定期回访。实践中暂缓起诉的主动模式多见于就暂缓起诉出台了规范性文件的检察机关，适用范围也较宽，只要犯罪情节较轻、社会危害性不大又具有一定的帮教、监督和考察条件的犯罪嫌疑人，无论是否为未成年人还是在校学生，都有适用。①

与暂缓起诉相比，刑事和解的实践模式稍微显得复杂一些，根据笔者以前的研究，大致可以将其划分为被动确认模式、主动促成模式和委托/确认模式。② 刑事和解的被动确认模式是指这样一种和解型态，其中和解程序的启动以及和解协议的最终达成基本上都是加害人与被害人双方自行协商、交涉的结果，公、检、法机关基本上不参与加害人与被害人达成和解的协商过程，而只根据双方的要求对和解协议进行审查和确认。实践中，刑事和解的被动确认模式多见于加害人与被害人积怨不深、加害人有着强烈和解愿望的轻伤害案件或者熟人

① 如北京海淀区、山东蓬莱市、无锡惠山市的暂缓起诉试验，北京：《北京试行暂缓起诉，减少未成年犯“刑事污点”》，载新浪网：http：//news. sina. com. cn/c/2004－04－25/11332399143s. shtml，2008 年 2 月 23 日登录；山东蓬莱：《专家聚焦“附条件不起诉”》，载正义网：http：//www. jcrb. com/n1/jcrb1496/ca660591. htm，2008 年 2 月 23 日登录；无锡惠山：《无锡惠山公开听证附条件不起诉案》，载新华报业网：http：//news. xhby. net/system/2007/12/24/010173015. shtml，2008 年 2 月 23 日登录；等等。

② 参见肖仕卫：《刑事法治的“第三领域”：中国刑事和解制度的结构定位与功能分析》，载《中外法学》2007 年第 6 期。

社会内部发生的轻微案件。[1] 刑事和解的主动促成模式是指这样一种和解形态，其中和解程序的启动以及和解协议的达成，主要都是在公、检、法机关积极主动与加害方、被害方以及其他相关人员和单位进行沟通、交流、教育、劝解的结果。实践中，刑事和解的主动促成模式主要发生于加害方与被害方存在尖锐矛盾，加害人不愿意主动和解，同时被害方又有着强烈复仇心态的案件中。[2] 刑事和解的委托/确认模式是指这样一种和解形态：首先，和解的参与者有公、检、法机关、中介机构（通常是调解委员会）、加害人、被害人四方；其次，和解程序的启动分为两步，公、检、法机关遴选适当的案件并委托相关中介机构进行调解为启动的第一步，中介机构组织加害人、被害人及相关人员乃至单位参与调解为启动的第二步；再次，中介机构主持下的和解达成过程既可能是被动确认型，也可能是主动促成型（当然这里的被动、主动都是针对中介机构而言的）；最后，中介机构成功调解即加害人与被害人达成和解协议之后，其结果要交由委托方即公、检、法机关进行合法性或合政策性的审查及确认。实践中，刑事和解的委托/确认模式基本上不受案件类型的影响，几乎只要可

---

① 相关实践及其报道，参见傅文魁：《刑事和解的实证分析》，载《国家检察官学院学报》2006 年第 6 期；蔡庆丰：《适用自愿和解方式处理轻伤害案件探析》，载《人民检察》2005 年第 6 期；参见李松等：《轻伤害案件相对不起诉：推行刑事和解满意率是 100%》，载《法制日报》2006 年 7 月 26 日；《轻伤害案件可以私了》，载《厦门晚报》2004 年 8 月 10 日；等等。

② 相关实践及其报道，参见樊学勇、杨涛：《公安机关办理刑事案件中的调解问题研究——以构建和谐社会为视角》，载《北京人民警察学院学报》2006 年第 6 期；《烟台：走在“平和司法”的大道上》，载正义网：http://www.jcrb.com/zyw/n65/ca478464.htm，2007 年 5 月 29 日登录；曹飏、周桂芳、邓小李：《海口市美兰区检察院调解轻微刑案，积极构建和谐社会》，载南海网：http://fzsb.hinews.cn/php/20050829/12550.php，2007 年 5 月 29 日登录；《回民纠纷刑事和解，请阿訇参与》，载《检察日报》（网络版）：http://www.jcrb.com/n1/jcrb1297/ca603260.htm，2007 年 5 月 29 日登录；重庆室武隆县检察院：《探索轻微刑事案件和解机制》，载正义网：http://www.jcrb.com/zywfiles/ca540509.htm，2007 年 5 月 29 日登录；等等。

以适用刑事和解的案件，都可以适用刑事和解的委托/确认模式。①

毫无疑问，由于中国暂缓起诉与刑事和解的试点与实践尚处于不断的发展更新之中，在可以预期的将来，这两个创新型制度极有可能成为刑事诉讼法典的重要内容，② 因此上述关于暂缓起诉与刑事和解发展历程、适用范围、适用条件和程序特别是实践模式的描述，也就变成了一种暂时的安排，需要今后不断地更新、补充和完善。

三、对传统理想的挑战：回应型刑事司法在中国的萌芽

经由前一部分关于暂缓起诉和刑事和解实践面目与基本模式的描述，现在不妨对二者共同的整体性特征作一总结：首先，不难发现，根据暂缓起诉和刑事和解制度作出的司法决定，都不完全拘泥于国家实体法和程序法所设定的目标——尤其是惩罚犯罪的目标，而是考虑了更多的国法之外的社会情境、目的乃至公共政策，犯罪的处理趋于轻缓化，个案正义与社会效果被置于突出的位置。比如暂缓起诉就比较充分地考虑了未成年人以及在校学生的特殊性，注意到了一些犯罪在社会心理上的“情有可原”性，顾及了犯罪标签对犯罪嫌疑人未来的可能影响；刑事和解就比较充分地考虑了被害人的利益，注意到

① 相关实践及其报道，参见贺同：《上海轻伤害案件将允许诉前调解》，载《东方早报》2006 年 5 月 25 日；吴蓉：《轻伤害可以人民调解了解》，载《劳动报》2006 年 5 月 29 日；马芸等：《区县法院今年都设调解室》，载《上海青年报》2006 年 3 月 31 日；石先广：《轻伤案件委托人民调解的探索及启示》，载北大法律信息网：http：//article. chinalawinfo. com/article/user/article _ display. asp？ArticleID = 33739，2007 年 5 月 29 日登录；芜湖市《关于办理轻伤害案件适用调解的若干意见（试行）》，载芜湖人论坛：http：//www. wuhuren. com/forum/thread - 18694 - 1 - 1. html，2007 年 5 月 29 日登录；《委托调解：一年巧解纠纷逾七千》，载正义网：http：//www. jcrb. com/zywfiles/ca600928. htm，2007 年 5 月 29 日登录；《上海推进民事、轻伤害案件委托人民调解工作》，载新浪网：http：//news. sina. com. cn/s/2006 - 05 - 25/07079019095s. shtml，2007 年 5 月 29 日登录；等等。

② 请见陈光中：《刑事诉讼法修改专家建议稿重点问题概述》，载《人民检察》2006 年第 11 期。

了亲友之间、邻里之间、熟人之间关系的特殊性，关照了实质性化解矛盾这样的社会需求和愿望。

其次，暂缓起诉和刑事和解制度的法律适用都相当程度地克服了规则的刚性，相关的实体规则和程序技术都在很大程度上对犯罪所在的具体情境高度敏感，并富有弹性、柔性和灵活性，司法机构和司法官员由此获得了较大的自由裁量权。比如，在暂缓起诉的实践中，尽管按照《刑法》和《刑事诉讼法》的规定应当提起公诉，但是检察院在考虑更多的相关社会因素和可能的社会效果之后，却在诉与不诉之间嵌入了暂缓起诉这样一个缓冲阶段；再如，在刑事和解的实践中，程序法本来只是赋予被害人一个辅助者的证人或者控诉者的角色，更没有给社区中介组织留下活动的空间，但是在刑事和解的过程中，为了关照与案件相关的利益相关者的需求和愿望，被害人和社区中介组织都成了重要的并具有实质性影响的参与力量。

再次，暂缓起诉和刑事和解制度都特别强调决策过程的充分参与，并尽可能地兼顾利益相关者的利益。这一点在暂缓起诉和刑事和解的实践中都有非常明显的体现。在暂缓起诉中，犯罪嫌疑人、被害人（如果有的话）、犯罪嫌疑人的家长或亲属、相关机关、单位乃至社区组织，都不同程度地参与了暂缓起诉的过程，其中各方的意见（利益）也都获致了相应的影响力；在刑事和解中，加害人、被害人、双方的亲属、所在的社区、单位及其相关中介组织也都获得了实质性参与犯罪处理过程的权力，其中各方的利益和意见也都获得了适当的尊重。

最后，在暂缓起诉与刑事和解的制度实践中，司法过程中的单方强制逐渐退隐，权力因素逐渐成为背景，相关政法机关与人员显得富有社会责任并乐于倾听，多方协商、沟通与合作成为作出司法决定的主要渠道。比如，在暂缓起诉的实践中，无论是被动回应模式还是职权决定模式，检察机关实际上都不是单方行动，而是倾听各个利益相关方的意见，在与相关机关或单位沟通协调，并确定帮教、考察监督、回访报告等机制之后才会作出决定；再如，在刑事和解实践中，无论政法机关具有主动还是被动的地位，政法机关作出轻缓处理决定的基础实际上都是和解协议，而和解协议的达成最终又建基于各方的沟通和协商。

对于具有上述实践特征的暂缓起诉和刑事和解制度，专业人士很快就可以觉察到，它们与我们默会的中国刑事司法制度的理想形态存在着相当大的距离。为了便于比较，这里有必要先对学界潜在推崇的中国刑事司法制度的理想形态作一说明。关于现代司法的理想面孔，已有大量的研究从不同角度或浅或深的涉及，① 这里不拟重复。笔者只拟想结合昂格尔教授关于现代法治的两个关键的假定——最重要的权力必须集中于政府，权力能够受到规则的有效制约，② 概括指出中国学者理想中的刑事法制所具有的与本文相关的两个突出特点：

第一个特点是刑事法制的国家中心主义。这种国家中心主义建立在一种国家与个人之间的抽象关系之上，认为犯罪是孤立的个人侵犯社会整体利益的违法行为，国家作为社会整体的代表，应当通过垄断暴力对犯罪人进行定罪和判刑以实现刑罚的正义，并预防那些被定罪的犯罪人以及潜在的犯罪人继续实施犯罪行为。在这样一种以国家为中心的刑事法理念之下，国家为维护社会的整体利益而与犯罪人直接发生关系，刑事司法活动应当由国家专门机关进行，至于被害人、社区、当事者的家庭和亲属等其他利益相关方的利益和愿望则仅仅在抽象的意义上（即国家代表他们）予以关照，而很少在具体的犯罪处理中予以考虑。

第二个特点是刑事法制的形式性或自治性。这种形式性或自治性以国家中心主义为基础，以实体内容、机构、方法和职业上的自治为基本特征，亦即强调法律规范体系和司法机构的独立性，推崇司法的职业化和专业化，并奉行一种独特的行规式的法律推理技术。③ 具体

① 有深度的分析，如左卫民、周长军：《变迁与改革：法院制度现代化研究》，法律出版社 2000 年版。

② 请见［美］R. M. 昂格尔：《现代社会中的法律》，吴玉章、周汉华译，译林出版社 2001 年版，第 172 ~ 173 页。

③ 请见［美］R. M. 昂格尔：《现代社会中的法律》，吴玉章、周汉华译，译林出版社 2001 年版，第 50 页。

在犯罪处理上，表现为立法首先以类型化和要件化的方式来建构犯罪，然后司法以一种职业化、专家化和程式化的方式处理犯罪。在这样一种形式化的刑事司法中，刑事案件被类型化为犯罪构成要件的组合物，处理刑事案件的程序高度专业化并由专家把持；司法人员只对法律负责，并以一种独特的法律推理技术进行裁判和论证；加害人、被害人、当事者的家庭和亲属、社区等利益相关者仅仅作为国家的辅助者，要么作为供述人、要么作为线索提供者或者证人围绕犯罪的构成要件和司法程序运转；犯罪过程中超出构成要件的其他情境化、人格化、具体性因素一般都不在形式性司法重点关注的范围之列。

可以说，在上述理想刑事司法制度中，国家刑事司法乃是一种相当抽象的司法形态。在这种司法形态中，一方面，由于奉行国家中心主义，犯罪只能由国家进行处理，社会力量原则上被排除在犯罪处理的程序之外，因此犯罪处理过程基本上没有被害人、加害人、当事者家属和亲属、非国家公、检、法机关的第三人实质参与犯罪事件处理的可能，国家公、检、法机关与被害人、加害人乃至非国家公、检、法机关的第三人对话、沟通、协商、交涉的空间也相当有限；另一方面，由于遵循形式法治的基本原则，有意让司法与社会相隔离，强调司法机构应当严格遵循规则伦理并只对法律负责，因此犯罪处理的非法律效果实际上有意被排除在司法决策者考虑的内容之外。结合上文笔者关于暂缓起诉和刑事和解共同特征的概括，非常明显，暂缓起诉和刑事和解与这样一种中国学者所默会的刑事司法理想图景存在着相当大的差异，并对这一刑事司法的理想构成了实质性挑战。

遗憾的是，综观目前学界关于暂缓起诉和刑事和解的研究，绝大部分学者似乎都没有意识到上述实质性差异和挑战，而是囿于传统的刑事法治理念框架对这两个创新型制度及其实践进行解释。由是之故，对于暂缓起诉，论者也就只是将其界定为检察裁量权的新发展；① 而对于刑事和解，绝大部分论者也只是认识到其对于传统诉讼

① 请见陈光中、张建伟：《附条件不起诉：检察裁量权的新发展》，载《人民检察》2006 年第 4 期。

法制的补充作用。① 就笔者掌握的情况来看，只有两位学者的观点有所不同，一个是马明亮博士，另一个是陈瑞华教授。马博士经由对司法实践中的诸多创新型制度进行归纳总结后指出，暂缓起诉、刑事和解等制度实际上构成了不同传统程序正义范式的协商性司法范式的重要内容；② 陈教授则进一步基于对对抗式诉讼模式局限的追究而注意到，包括暂缓起诉、刑事和解在内的一系列创新型司法实践，实际上构成了一种与对抗式司法模式极为不同的合作性司法模式。③ 不过，马博士和陈教授的界定尽管相当具有启发性，却由于在一定程度上仍然规限于诉讼法学的学科界限，只能解释暂缓起诉和刑事和解的部分特征（特别是与交往理性相关的特征），而没能认识到暂缓起诉和刑事和解所内含的更深层次的理论蕴涵。

在笔者看来，暂缓起诉和刑事和解的中国实践，从一个更为宏阔的层面上讲，实际上已经不限于程序法学科内的对抗、协商还是合作问题，而是在更深层次表明了一种新的刑事司法类型在中国的萌芽。④ 那么，处于萌芽状态的是一种什么样的司法类型呢？要回答这一问题，有必要对法律社会学上关于法类型的界分作一简短的介绍。当然，关于古今中外诸多法制现象的类型学研究，已有众多学者基于不同的标准和目的做过精当的界分，譬如韦伯即曾将诸种法律现象划

---

① 参见陈光中、葛琳：《刑事和解初探》，载《中国法学》2006 年第 5 期；向朝阳、马静华：《刑事和解的价值构造及中国模式的构建》，载《中国法学》2003 年第 6 期；等等。

② 参见马明亮：《协商性司法：一种新的程序正义理念》，法律出版社 2007 年版，第 203 ~ 205 页。

③ 参见陈瑞华：《司法过程中的对抗与合作：一种新的刑事诉讼模式理论》，载《法学研究》2007 年第 3 期。

④ 笔者此处深受黄仁宇先生的影响，以为“放开历史的视界”，从“大历史”的角度看问题，或许可以注意到一些别人不易注意的东西；当然，本文并不是历史研究，但这并不妨碍笔者采用类似的宏阔视角。关于大历史视角的典型应用，请见黄仁宇：《资本主义与二十一世纪》，生活·读书·新知三联书店 2006 年版。

分为形式理性法、形式非理性法、实质理性法、实质非理性法四种类型,① 再如庞德也曾将法律划分为原始法、严格法、衡平法和自然法、成熟法、社会法以及世界法等阶段和类型;② 另如昂格尔亦曾将各种法律现象划分为习惯法、官僚法和法律秩序三种类型;③ 等等。笔者在这里无意对诸学者关于法制的类型学作一一的介绍和评判，而是根据本文的需要，直接借用诺内特、塞尔兹尼克在《转变中的法律与社会：迈向回应型法》一书中的法类型学，将古今中外的法制现象划分为压制型法、自治型法和回应型法三类，并由此出发对暂缓起诉和刑事和解所内含的刑事司法类型进行分析。

在诺内特、塞尔兹尼克的法律类型学中，那种将法律作为压制性权力的工具的法制形态，被称为压制型法；那种作为能够控制压制并能够维护自己的完整性的一种特别制度的法律，被称为自治型法；而那种作为回应各种社会需要和愿望的一种便利工具的法律，则被称为回应型法。其中，压制型法以法律从属于权力政治为基本特征，依赖强制且强制仅仅受到微弱的限制，突出社会秩序的重要性；自治型法强调法律的刚性和形式理性，突出规则之治和司法者的规则伦理，强调法律相对于诸多互相冲突和竞争之价值的独立性，并自恋于司法过程的三段论推理；回应型法则侧重于法律的目的性，强调规则的灵活性，钟情于满足社会的具体需求，突出司法机构的裁量权与责任伦理。④ 需要特别强调的是，一方面，回应型法与压制型法存在着相当多的共通之处，比如规则的权威较弱、机构与官员的自由裁量权较大、工具主义代替形式主义、法律论证不容易区分于政策分析、法律

---

① 参见郑戈:《法律与现代人的命运：马克斯·韦伯法律思想研究导论》,法律出版社 2006 年版。

② 参见［美］罗科斯·庞德:《法理学》(第一卷),余履雪译，法律出版社 2007 年版，第 300～378 页。

③ 请见［美］R. M. 昂格尔:《现代社会中的法律》,吴玉章、周汉华译，译林出版社 2001 年版，第 45～55 页。

④ 请见［美］诺内特、塞尔兹尼克:《转变中的法律与社会：迈向回应型法》,张志铭译，中国政法大学出版社 2004 年版，第 16～20 页。

机构比较容易接近又比较脆弱等；① 另一方面，回应型法与压制型法又存在着质的区别，这种区别主要体现在司法机构及其人员的责任伦理，以及季卫东教授特别强调指出的建立在广泛参与基础上的司法过程之交往理性。②

参照诺内特、塞尔兹尼克的法类型学，结合前文关于暂缓起诉、刑事和解制度实践的整体性特征的分析，并顾及中国学者传统的理想刑事法治的基本内容，不难发现，中国学者的刑事司法理想，实际上与诺内特、塞尔兹尼克所谓的自治型法并无实质的区别；而近年来在中国兴起的暂缓起诉和刑事和解实践，无论是不拘泥于实体法和程序法所设定的法律目标、倾向于考虑更多的社会情境和目的乃至公共政策、强调个案正义与社会效果，还是有意克服实体规则的刚性、突出程序的灵活性、强调建基于对情境高度敏感的自由裁量，也不论是强调决策过程的广泛参与、充分兼顾利益相关者的利益，还是及弱化强制、强调倾听、突出责任伦理与交往理性，都与回应型法的基本特征正相契合。

由此看来，从司法类型学的角度来看，中国的暂缓起诉和刑事和解制度，当属中国回应型法的重要表现形式。③ 只是值得细微区分的是，诺内特、塞尔兹尼克的法类型学并不限于司法，而这里在论及暂缓起诉、刑事和解的回应性特征时，由于强调其实践品性和司法性格，因此略作调整而将之命名为回应型司法。鉴于回应型司法作为一种司法范式，其外延自然远远不止暂缓起诉与刑事和解这两种具体的

---

① 请见［美］诺内特、塞尔兹尼克：《转变中的法律与社会：迈向回应型法》，张志铭译，中国政法大学出版社 2004 年版，第 131 页。

② 参见季卫东：《法制秩序的建构》，中国政法大学出版社 1999 年版，第 303～304 页。

③ 其实，更进一步地讲，如果说传统理想的刑事司法颇具自由主义之精髓的话，那么回应型司法则极具共和主义刑事司法之神韵。限于篇幅与主旨，此处不再详细讨论这一问题。关于共和主义刑事司法的概貌，参见［澳］菲利普·佩迪特：《共和主义：一种关于自由与政府的理论》，刘训练译，凤凰出版传媒集团、江苏人民出版社 2006 年版，第 171～176 页。

实践，因此暂缓起诉和刑事和解在中国的试点与实践，只是意味着回应型刑事司法在中国的萌芽。需要强调的是，暂缓起诉和刑事和解在司法类型上的上述意味，乃是以本文前一部分的描述性考察为基础的，因此也只能适用于这些已经被笔者描述过的暂缓起诉与刑事和解的实践及其模式。完全可能的是，实践中存在这样一些暂缓起诉或者刑事和解的实践，它们尽管也具有回应社会具体需要和愿望的特征，但却是通过某些强制性手段实现的，譬如威胁恫吓或者单方强制。毫无疑问，这样的实践尽管也可能被冠之以暂缓起诉或者刑事和解之名，却与回应型刑事司法毫无关联。

四、回应型刑事司法：一个中国刑事司法发展的新方向

上文的分析指出，暂缓起诉与刑事和解的试点与实践，表明了一种不同于传统刑事司法理想的新型司法类型——回应型司法在中国的萌芽。考虑到中国向来有着由点及面、由局部到整体进行制度变革的习惯，因此接下来符合逻辑的追问就是：暂缓起诉与刑事和解实践中所内含的这样一种新型司法范式，是否具有在中国普遍化的潜力和条件？换成法律发展的语言，即回应型刑事司法是否可能成为未来中国刑事司法发展的一个新方向？

在笔者看来，要回答这一问题，必须首先对回应型刑事司法的独特理念有一个比较清晰的把握。就此而言，上一部分实际已经作了比较充分的铺垫，只是由于上一部分侧重于普遍意义上的回应型法的介绍，而未对具体的回应型刑事司法作详细的界分。有鉴于此，这里将在上文分析的基础上，进一步介绍回应型法在刑事司法领域的基本理念。具体来讲，笔者结合回应型法的基本内涵，经由对回应型刑事司法的具体表现形式——暂缓起诉和刑事和解的仔细考察，认为回应型刑事司法的独特理念主要包括如下方面：

首先，在目的上，回应型刑事司法除了强调犯罪控制和正当程序之外，也强调犯罪处理过程中社会共同体价值的重要性，乐于将对加害人特别是未成年人的关爱、教育，将社会共同体关系的修复等陈瑞

华教授称为“第三种法律价值”的多元社会价值，[①] 纳入刑事司法的视野，并作为具体刑事司法活动的重要目标，以实现具体的正义。[②] 譬如，在暂缓起诉和刑事和解的实践中，对于一些学生和未成年人，以及某些确属情有可原的犯罪者，就明显地体现了格里菲斯所说的关爱价值，[③] 而对被害人与加害人关系的修复，以及对社区感受和愿望的重视，则体现了一种促进社会和谐的价值取向，体现了对共同体关系的维护。

其次，在参与程度上，回应型刑事司法倾向于采取一种开放的论坛方式，遵循哈贝马斯所阐释的交往理性行为的某些基本原则，[④] 将几乎所有利益相关者特别是那些被传统刑事司法排除在外的主体纳入犯罪处理的程序，并赋予它们相应的发言权和影响力。这一点在暂缓起诉和刑事和解制度中都有着非常明显的体现，在这两个创新型制度实践中，以往被基本排除在司法之外的被害人、社区都获得参与犯罪处理过程的权利，并拥有实质性的发言权和影响力，而被告人只要愿意认罪并真诚地希望回归共同体，也被赋予积极参与犯罪处理的制度空间。

再次，在犯罪处理方式上，回应型刑事司法为各参与方之间的沟通、协商和合作开辟了广阔的空间，原则上，只要参与方愿意放弃对抗，那么沟通、协商和合作的制度空间就始终存在。比如，在暂缓起诉的实践中，无论采取何种模式，检察机关实际上都不是单方决定是

---

① 参见陈瑞华：《司法过程中的对抗与合作：一种新的刑事诉讼模式理论》，载《法学研究》2007 年第 3 期。

② 这一点与弗兰克所描述的美国初审法院的运作极为相似，参见［美］杰罗姆·弗兰克：《初审法院》，第二十八章，赵承受译，中国政法大学出版社 2007 年版。

③ 关于格里菲斯对关爱价值的分析，See John Grifiiths, Ideology in Criminal Procedure or A Third “Model” of the Criminal Process, in The Yale Law Journal, Vol. 79, 1970。

④ 参见［德］哈贝马斯：《交往行动理论》（第一卷），洪佩郁、蔺菁译，重庆出版社 1994 年版，第 135～143 页、第 363 页。

否暂缓起诉，而是在与相关机关或单位沟通协调，并确定相应帮教监督机制之后才会作出决定；再如，在刑事和解实践中，无论政法机关具有主动还是被动的地位，政法机关作出轻缓处理决定（包括不起诉或者减轻处罚等）的基础实际上都是和解协议，而和解协议的达成最终又建立于各方的沟通和协商。

最后，在司法者的行动伦理上，责任被置于突出的位置。这里的责任，是指一种对具体的人负责任的态度，其强调司法者在公共价值（如关爱、教育、社会和谐等）的驱动下，结合具体的情境，顾及后果的处理犯罪。这是一种格伦顿意义上的，① 在权利话语基础上进一步强调社会责任的司法形态。这种司法形态具体现实化为两个方面的内容：一是注重犯罪处理的结果可能对被害人、被告人以及社会共同体的可能影响，包括对是否有利于被害人心理的抚平，是否有利于社会关系的恢复，以及是否有利于被告人回归社会等；二是注重犯罪处理的方式，尽可能采取一些有利于实现关爱、教育、社会和谐等公共社会价值，对抗性不强的方式，如暂缓起诉、刑事和解等处理犯罪。

在厘清回应型刑事司法的独特理念之后，现在可以围绕本部分主旨，讨论其是否可能成为中国刑事司法发展的未来方向这一问题。本文认为，一个刑事司法制度形态是否可能成为刑事司法发展的新方向，必须看其是否同时具备如下特征：一是必须能够解决中国的现实问题，即不是理论上的空谈和玄想；二是必须在伦理上能够被证明为正当，即在消极层面不能为了解决现实问题而不顾基本的道德底线，在积极层面助益于一种良善的共同体生活；三是具备相关的现实社会条件，即不能脱离实际条件空谈理想或进行制度建构。笔者认为，回应型刑事司法的前述独特理念表明，其完全能够满足前两项条件，而中国当前的社会语境，则使得回应型刑事司法制度在短期内的发展空间较为有限。

首先，从是否能够解决中国的现实问题来看，在笔者看来，回应

① 请见［美］玛丽·安·格伦顿：《权利话语——穷途末路的政治言辞》，周威译，北京大学出版社2006年版，第229～240页。

型司法可以解决中国法治建设中的三个重大现实难题。一是可以设身处地地满足以往刑事司法制度未能充分关注的那部分利益相关者的利益和愿望，包括被害人的愿望，如被害人希望得到实际的赔偿，希望犯罪者认错、认罪和悔罪的愿望；社区的利益，如安全感的具体恢复，社区关系的实际平和以及避免社会关系因犯罪而导致的长期紧张等；犯罪者的利益，如希望通过实际行动补救罪错并获得较轻处罚，希望重新回归社会等。由于回应型刑事司法在目的、参与程度、犯罪处理方式以及责任伦理上的独特特点，使得其可以较好地克服以往刑事司法制度的上述制度性不足，从而营造一种可能的利益兼得的制度空间。①

二是可以缓解因为法律移植而导致的文化性紧张和法律现代性困境。众所周知，法律移植构成了当下中国刑事法制建设和理论研究绕不开的基本问题。② 在中国的当下语境下，这一问题有着两层意涵：(1) 移植法所内含的文化与规范张力；③ (2) 现代性形式理性法内含的事实性与有效性之间的张力这一法律的现代性困境。④ 在中国刑事法制领域，两个方面实际上总是胶合在一起，共同表现为经由移植而成的国家形式化法律与普通民众对于犯罪的地方性理解和情境化需

① 陈瑞华教授曾对刑事和解所具有的利益兼得特点做过分析，请见陈瑞华：《刑事诉讼的私力合作模式——刑事和解在中国的兴起》，载《中国法学》2006 年第 5 期。

② 法律移植可以说一直是理论研究的热点问题，最近的研究，请见刘星：《重新理解法律移植——从“历史”到“当下”》，载《中国社会科学》2004 年第 5 期；强世功：《迈向立法者的法理学——法律移植背景下对当代法理学的反思》，载《中国社会科学》2005 年第 1 期；高鸿钧：《法律移植：隐喻、范式与全球化时代的新趋向》，载《中国社会科学》2007 年第 4 期。

③ 对于这一点的揭示，请见梁治平编：《法律的文化解释》，生活·读书·新知三联书店 1994 年版；苏力：《法治及其本土资源》，中国政法大学出版社 1996 年版。

④ 请见［德］哈贝马斯：《在事实与规范之间：关于法律和民主法治国的商谈理论》，童世骏译，生活·读书·新知三联书店 2003 年版，第 10 页、第 28 ~ 50 页。

要之间的张力问题。回应型刑事司法所具有的对社会公共价值的敏感，对决策过程的参与的强调，以及对交往理性和责任伦理的推崇，实际上都使得其构成了国家刑事法制与民间情感、社会需要之间相互沟通的制度通道，因为其在认可乃至鼓励利益相关方的广泛参与的同时，也将利益相关方的规范认知纳入了正式的刑事司法论坛之中，并在结果上以一种轻缓处理的方式缓和规范冲突，从而部分地缓解了法律移植所带来的文化冲突和法律的现代性困境。

三是有助于避免激化转型社会的不满情绪，促进和维护社会和谐。中国当前面临着剧烈社会变迁和社会转型，在此种情势下，一方面，犯罪原因趋于社会化，许多犯罪从根本上讲并不能完全归因于犯罪行为实施者自身的原因，而是有着大量的社会乃至制度上的深层诱因，① 比如大量的农民犯罪与城乡二元结构所导致的畸形利益分配格局之间的结构性关联；另一方面，社会矛盾纷繁复杂并互相勾连，社会个体心理脆弱，对犯罪的处理稍有不妥（并不一定违法），极易引起后续性的连锁反应，或者成为激发不满的“导火索”，甚至可能转化为非常规性纠纷，② 最终影响社会稳定的大局。由于回应型刑事司法对情境特别是犯罪的各种无法要件化的社会因素的高度敏感，对责任伦理的强调，使得国家的刑事司法不再仅仅是一副打击与惩罚的面孔，而具有了体察犯罪的社会根源，对社会共同体和所有与犯罪相关的人负责任的形象。这种形象的出现，在控制犯罪的同时，减少了矛盾激化的可能性，润滑了国家与社会特别是在现行社会中处于最不利地位的那一部分人之间的张力，从而以一种反思性的、柔和的、细微的特别是一种向社会负责的方式促进了社会心理的平和。

其次，从伦理正当性的角度来看，回应型刑事司法既满足消极意义上的道德底线，也标识了一种助益良善共同体生活的制度努力。一

---

① 请见［日］大谷实：《刑事政策学》，黎宏译，法律出版社2000年版，第43～50页。

② 请见顾培东：《论我国社会中非常规性纠纷的解决机制》，载《中国法学》2007年第3期。

方面，从回应型刑事司法的独特理念可以看到，广泛的参与、沟通、协商与合作乃是进行犯罪处理的基本方式，单方强制因素减弱，非官方的任何一方在其利益范围内都对司法决策具有实质性的影响，并具有相应的否定性权利。正如前文第二部分的描述所表明的，这一点在暂缓起诉和刑事和解的实践中都有非常明显的体现。换言之，回应型刑事司法乃是建立在交往理性和程序正义基础之上的，并最终是以利益相关者的自主、自治为前提的，体现了对人的尊严和自主意志的基本尊重。换句话说，在尊重当事者尊严和自主意志上，回应型刑事司法与传统的程序正义理论是一致的，区别仅在于参与的广泛性程度和实现正义所侧重的方式。

另一方面也是最为独特的方面在于，回应型刑事司法对责任的强调，体现了一种独特的责任伦理。众所周知，传统刑事司法所体现的，主要是一种规则伦理，至于规则适用的后果，即便有所关注，也断然不是关注的重点内容。犯罪处理过程中的责任伦理既不同于形式化的规则伦理，也不同于后果论，① 而是一种在一定公共信念支配下，在决策之前考虑更多具体情形，评估更多影响因素，并在此基础上顾及其对社会共同体以及具体的个人的可能后果的伦理观念。② 回应型刑事司法的这样一种伦理态度，不再是以对法律负责为托词而简单地惩罚了事，不再是高高在上的冷冰冰的流水线机器，也不再仅仅是权利话语的鼓动，而是充分地顾及了社会共同体的连带关系，注意犯罪处理对被害人、加害人等具体的人的影响，并从社会关系的恢复、被害人心理的平复和加害人回归社会的愿望等处着手，积极促进一种良善的共同体生活，因此能够获得国民发自内心的认同，从而获得更深意义上的正当性。

更重要的是，随着回应型刑事司法中交往理性与责任伦理的结

---

① 参见何怀宏：《政治家的责任伦理》，载《伦理学研究》2005 年第 1 期。

② 参见［德］施路赫特：《信念与责任——马克斯·韦伯论伦理》，李康译，载李猛编：《韦伯：法律与价值》，上海人民出版社 2001 年版，第 313～315 页。

合，不仅程序正义得以实现，而且在相当大的程度上，罗尔斯所谓的“纯粹的程序正义”① 亦在刑事诉讼中具有了实现的可能。因为在这种司法形态中，不仅诸如中立、参与、对等等传统程序正义要素的贯彻，而且被告人、被害人乃至社区等利益相关者还可以通过相应的制度渠道直接左右甚至决定案件的实体结局，而司法者也采取一种负责任的态度，在决策时充分地关照各参与方的合理利益与共同体价值，形成案件的实体结局直接与相关各方的交往、协商乃至合作活动挂钩的制度框架，最终大大增加了通过“公正的诉讼程序”形成“公正的实体结论”的现实可能性。② 最后，从现实社会条件来看，在笔者看来，回应型刑事司法是否能够成为一个可实现的理想，而不是一个理论上的空想，取决于一系列的政治、法律和现实社会条件。就政治条件而言，构建和谐社会作为一项政治目标的提出，可以说为中国回应型刑事司法的发展提供了较为坚实的政治基础。鉴于和谐社会这一政治背景，人们已经极为熟悉，因此笔者这里主要讨论法律条件和现实社会条件。前者主要是指国家法律是否能够容纳相关的制度创新；后者主要是指社会力量即利益相关者是否愿意积极参与、可能以何种心态参与这样一种司法过程，国家司法机关采用这样一种司法模式处理犯罪是否存在问题等。

就法律条件而言，由于中国现行刑事司法制度乃是以自治型刑事司法为蓝本的，因此其更多地强调司法自治，包括对法律目的的限定，对参与主体的限制，对影响决策因素的事实范围的框定，以及独特的法律推理技术等，因此不大可能内含大的回应型刑事司法存在的制度空间。实际上，无论是暂缓起诉还是刑事和解，二者在中国司法实践中的试点，在很大程度上都是在打程序法的“擦边球”，严格来

---

① 参见［美］罗尔斯：《正义论》，何怀宏等译，中国社会科学出版社1988年版，第80~84页。

② 参见陈瑞华：《司法过程中的对抗与合作：一种新的刑事诉讼模式理论》，载《法学研究》2007年第3期。

讲都与立法法上的保留原则存在冲突。① 不过，从最近的研究和刑事诉讼法再修改动向来看，② 这一层面的制约极有可能逐渐松动，从而为中国发展回应型刑事司法制度创造比较广阔的法律空间。

就现实社会条件而言，一方面，尽管从理论上分析，被害人、加害人、社区等确实在回应型刑事司法中都存在相应的利益，但是随着中国社会逐渐转变成为一个陌生人社会，在原有的熟人关系、地域关系和单位组织关系等被打破，而新的共同体关系和公共精神又尚未确立的情况下，被害人参与的积极性很可能仅剩下金钱赔偿这一物质性动因，而加害人也可能因为赔钱可以减刑而不诚心悔罪，相关社区也完全可能对于犯罪漠不关心。如此一来，即便是立法开辟了确立回应型刑事司法的制度空间，一定程度上也可能出现这样的情况，即这样的回应型刑事司法要么参与不足，要么演变为以钱换刑的游戏，从而丧失其公共面目。

另一方面，尽管回应型刑事司法在表面上似乎有利于司法机关分流案件，但是实际情况是，司法机关在具体回应社会的过程中需要承担更多的责任，并耗费更多的资源。这一点在现行暂缓起诉与刑事和解的实践中已经有着非常明确的体现。在暂缓起诉中，确定帮教、考察、报告、回访的组织、单位以及相应机制，对于检察院而言其实远比提起公诉麻烦得多；在刑事和解尤其是其主动促成模式中，促成和解往往需要相当的艺术和技巧，其劳力、劳心的程度，同样可能远远

① 已有论者已经意识到这一点，其中刘桃荣直接质疑了暂缓起诉的合法性，而马静华关于刑事和解与刑事诉讼立法中的和解、调解之间的区别，也表明刑事和解确实不具有立法上的根据。请见刘桃荣：《对暂缓起诉的质疑》，载《中国刑事法杂志》2001 年第 3 期；马静华：《刑事和解制度论纲构》，载《政治与法律》2003 年第 4 期。

② 目前诉讼法学界已经有论者在抽象层面主张将刑事诉讼的最终目的界定为促进社会和谐，在具体层面主张将暂缓起诉与刑事和解纳入刑事诉讼法典。关于前者，请见樊崇义：《刑事诉讼法再修改的理性思考》（上），载《法学杂志》2008 年第 1 期；关于后者，参见陈光中主编：《中华人民共和国刑事诉讼法再修改专家建议稿及论证》，中国法制出版社 2006 年版。

超过了单纯的提起公诉。除此之外，当前司法机关轰轰烈烈的暂缓起诉和刑事和解改革，一定程度上其实还是内含了相关机构谋取话语合法性的所谓组织理性行为，[①] 其中责任伦理的因素，尽管有着相当重要的分量，却潜存着被组织利益替代的危险。在这种情况下，如何保障相关机构的回应能力，以及防止因为组织理性替代责任伦理而可能形成的权力恣意乃至压制，都是在中国发展回应型刑事司法所必然面临的现实难题。

由此看来，从暂缓起诉与刑事和解实践中萌芽出的中国回应型刑事司法，在理论上有着解决中国现实难题的巨大潜能，又因其内含的交往理性与责任伦理而具有伦理上的正当性，因此完全可能成为中国刑事司法制度发展的一个新的方向。然而，就现实社会条件而言，尽管政治条件初步具备，但是考虑到一些现实社会条件的限制，特别是在社会关系陌生化的同时一个成熟的具有公共精神的公民共同体尚未形成，以及一个具有足够回应能力并摒弃了组织理性而具备公共理性的司法系统尚未成为现实，因此一个保守的判断或许是，回应型刑事司法可能会成为中国刑事司法发展的一个重要方向，甚至可能在不久的将来获得较为广泛的法律空间，但是在短时间内获得长足发展的现实空间可能较为有限。

五、结束语

经由前面几个部分的探讨，我们不难看到，中国司法实践中兴起的暂缓起诉和刑事和解制度，在整体上具有不同于传统自治型刑事司法的基本形象，而具有明显的在交往理性与责任伦理基础上回应社会需求和愿望的特征，从而构成了中国回应型刑事司法的萌芽。更重要的是，由于以这两个创新型制度为代表的回应型刑事司法能够解决中国大量的实践难题，并具有伦理上的正当性，因此完全可能成为中国刑事司法发展的一个新方向；当然，由于各种现实社会条件的限制，

① 关于组织理性，请见赵孟营：《论组织理性》，载《社会学研究》2002年第4期。

其在短时间内获得长足发展的现实空间可能较为有限。

正如前文已经暗示过的，回应型刑事司法在中国的萌芽，实际上已经触及了现代抽象法律与具体社会生活之间的深度紧张，包括一些日本学者已经意识到的权利话语与共同体之间的张力问题。① 事实上，法律与社会之间的张力关系，一直是一个聚讼不已的话题，法律究竟应以何种方式回应社会的需求与愿望，向来没有一个简单和统一的答案。20 世纪上半叶即已兴起的法律社会学运动，在很大程度上就是要回答这个问题，② 一些法治发达国家如英国③和日本④近年来的司法改革，也在直面并试图解决这个问题。中国实践中生发出的暂缓起诉和刑事和解的制度实践，可以说是中国的实践者对法律如何回应社会这一问题在刑事司法领域进行的有益探索。可以预料，今后还将出现类似的，或许更具启发意义的试验和改革。

必须强调的是，尽管本文从暂缓起诉与刑事和解的实践中发掘了一种新型的刑事司法范型，并从理论上讨论了其作为中国刑事司法未来发展方向的正当性与可能性，但这并不意味着笔者毫无反思地倡导刑事司法对社会的全面回应。实际上，在中国当前语境下讨论回应型刑事司法，除了前文已经分析过的诸因素之外，还必须注意，目前刑事法治建设的任务，除了满足社会的具体愿望和需要之外，尚有通过法律控制权力这一在某种意义上更为关键的议题。而回应型法的阐释者诺内特、塞尔兹尼克早就告诫指出，“在维持秩序或控制压制要求动员一切可利用能量的地方，对回应型法的呼唤只能是分散对更为根本的急务的注意力，从而是有害的”，因为“一种过于开放的法律秩

---

① 请见［日］棚濑孝雄：《现代日本的法和秩序》，易平译，中国政法大学出版社 2002 年版，第 102～117 页。

② 参见［美］罗科斯·庞德：《法理学》（第一卷），余履雪译，法律出版社 2007 年版，第 292 页。

③ 关于以英国的司法改革，请见陈光中、郑旭：《追求刑事诉讼价值的平衡——英俄近年刑事司法改革述评》，载《中国刑事法杂志》2003 年第 1 期。

④ 关于日本的司法改革，参见孙谦、郑成良主编：《有关国家司法改革的理念与经验》，法律出版社 2002 年版，第 92、118～131、177～188 页。

序会丧失在社会中节制权力作用的能力，从而倒退到压制”。[①] 中国回应型刑事司法制度建设的艰难性就在于，必须在始终谨记这种告诫的同时继续前行。在这个意义上，如何在防止权力恣意的同时具体地回应社会，就构成了推崇回应型刑事司法的理论者与实干家需要认真对待的关键课题。

① 请见［美］诺内特、塞尔兹尼克：《转变中的法律与社会：迈向回应型法》，张志铭译，中国政法大学出版社2004年版，第84、134页。

参考文献

一、国外译著

1. ［澳］马尔科姆·沃斯特：《现代社会学理论》（第二版），杨善华等译，华夏出版社 2000 年版。

2. ［澳］菲利普·佩迪特：《共和主义：一种关于自由与政府的理论》，刘训练译，凤凰出版传媒集团、江苏人民出版社 2006 年版。

3. ［德］哈贝马斯：《交往行动理论》（第一卷），洪佩郁、蔺菁译，重庆出版社 1994 年版。

4. ［德］哈贝马斯：《交往行动理论·第二卷——论功能主义理性批判》，洪佩郁、蔺菁译，重庆出版社 1994 年版。

5. ［德］于尔根·哈贝马斯：《后形而上学思想》，曹卫东、付德根译，译林出版社 2001 年版。

6. ［德］尤尔根·哈贝马斯：《在事实与规范之间：关于法律和民主法治国德商谈理论》，童世骏译，生活·读书·新知三联书店 2003 年版。

7. ［德］古斯塔夫·拉德布鲁赫：《法律智慧警句集》，舒国滢译，中国法制出版社 2001 年版。

8. ［德］马克斯·韦伯：《新教伦理与资本主义精神》，于晓、陈维刚译，生活·读书·新知三联书店 1987 年版。

9. ［德］克劳斯·罗科信：《刑事诉讼法》，吴丽琪译，法律出版社 2003 年版。

10. ［德］托马斯·魏根特：《德国刑事诉讼程序》，岳礼玲、温小洁译，中国政法大学出版社 2004 年版。

11. ［德］卡尔·拉伦茨：《法学方法论》，陈爱娥译，商务印书馆 2003 年版。

12. ［法］皮埃尔·布迪厄、［美］华康德：《实践与反思：反思社会学导引》，李猛、李康译，中央编译出版社 2004 年版。

13. ［法］皮埃尔·布迪厄：《实践感》，蒋梓骅译，译林出版社 2003 年版。

14. ［法］蒂埃里·德·蒙布里亚尔：《行动与世界体系》，庄晨燕译，北京大学出版社 2007 年版。

15. ［法］E. 迪尔凯姆：《社会学方法的准则》，狄玉明译，商务印书馆 1995 年版。

16. ［法］米歇尔·福柯：《规训与惩罚》，刘北成、杨远婴译，生活·读书·新知三联书店 1999 年版。

17. ［美］唐纳德·A. 舍恩：《反映的实践者：专业工作者如何在行动中思考》，夏林清译，教育科学出版社 2007 年版。

18. ［美］凯斯·R. 孙斯坦：《法律推理与政治冲突》，金朝武等译，法律出版社 2003 年版。

19. ［美］理查德·A. 波斯纳：《法理学问题》，苏力译，中国政法大学出版社 2002 年版。

20. ［美］理查德·A. 波斯纳：《法官如何思考》，苏力译，北京大学出版社 2009 年版。

21. ［美］理查德·A. 波斯纳：《超越法律》，苏力译，中国政法大学出版社 2001 年版。

22. ［美］黄宗智：《清代的法律、社会与文化：民法的表达与实践》，上海书店出版社 2001 年版。

23. ［美］黄宗智主编：《中国研究的范式问题讨论》，社会科学文献出版社 2003 年版。

24. ［美］黄仁宇：《万历十五年》，生活·读书·新知三联书店 1997 年版。

25. ［美］黄仁宇：《资本主义与二十一世纪》，三联书店 2006 年版。

26. ［美］杰罗姆·弗兰克：《初审法院：美国司法中的现实于神话》，赵承寿译，中国政法大学出版社 2007 年版。

27. ［美］詹姆斯·C. 斯科特：《国家的视角：那些试图改善人类状况的项目是如何失败的》，王晓毅译，胡博校，社会科学文献出版社 2004 年版。

28. ［美］詹姆斯·M. 伯恩斯等：《美国式民主》，谭君久等译，中国社会科学出版社 1993 年版。

29. ［美］詹姆斯·马奇：《决策是如何产生的》，王元歌、章爱民译，机械工业出版社 2007 年版。

30. ［美］唐·布莱克：《社会学视野中的司法》，郭星华等译，［美］麦宜生审校，法律出版社 2002 年版。

31. ［美］克利福德·格尔茨：《文化的解释》，韩莉译，译林出版社 1999 年版。

32. ［美］克利福德·吉尔兹：《地方性知识：事实与法律的比较透视》，邓正来译，载梁治平编：《法律的文化解释》，生活·读书·新知三联书店 1998 年版。

33. ［美］马丁·夏皮罗：《法院——比较法上和政治学上的分析》，张生、李彤译，中国政法大学出版社 2005 年版。

34. ［美］米尔伊安·R. 达玛什卡：《司法和国家权力的多重面孔》，郑戈译，中国政法大学出版社 2004 年版。

35. ［美］米尔吉安·R. 达玛斯卡：《比较法视野中的证据制度》，吴宏耀、魏晓娜等译，中国人民公安大学出版社 2006 年版。

36. ［美］米尔健·R. 达玛斯卡：《漂移的证据法》，李学军等译，中国政法大学出版社 2003 年版。

37. ［美］哈伯特·L. 帕克：《刑事制裁的界限》，梁根林等译，法律出版社 2008 年版。

38. ［美］罗伯特·K. 默顿：《社会理论与社会结构》，唐少杰、齐心译，译林出版社 2006 年版。

39. ［美］保罗·萨缪尔森、威廉·诺德豪斯：《经济学》，萧琛译，华夏出版社 1999 年版。

40. ［美］罗尔斯：《正义论》，何怀宏等译，中国社会科学出版社 1988 年版。

41. ［美］约翰·罗尔斯：《政治自由主义》，万俊人译，译林出版社 2000 年版。

42. ［美］布坎南：《自由、市场与国家》，吴良健等译，北京经济学院出版社 1988 年版。

43. ［美］詹姆斯·布坎南、戈登·塔洛克：《同意的计算》，陈光金译，中国社会科学出版社 2000 年版。

44. ［美］安东尼·唐斯：《官僚制内幕》，郭小聪译，中国人民大学出版社 2006 年版。

45. ［美］W. 理查德·斯格特：《组织理论》，黄洋等译，华夏出版社 2002 年版。

46. ［美］黑斯蒂主编：《陪审员的内心世界：陪审员裁决过程的心理分析》，刘威、李恒译，北京大学出版社 2006 年版。

47. ［美］艾伦·豪切斯泰勒·斯黛丽、南希·弗兰克：《美国刑事法院诉讼程序》，陈卫东、徐美君译，何家宏校，中国人民大学出版社 2002 年版。

48. ［美］R. M. 昂格尔：《现代社会中的法律》，吴玉章、周汉华译，译林出版社 2001 年版。

49. ［美］科斯、诺思等：《制度、契约与组织——从新制度经济学角度的透视》，经济科学出版社 2003 年版。

50. ［美］诺内特、塞尔兹尼克：《转变中的法律与社会：迈向回应型法》，张志铭译，中国政法大学出版社 2004 年版。

51. ［美］罗科斯·庞德：《法理学》（第一卷），余履雪译，法律出版社 2007 年版。

52. ［美］玛丽·安·格伦顿：《权利话语——穷途末路的政治言辞》，周威译，北京大学出版社 2006 年版。

53. ［美］丹尼斯·C. 缪勒：《公共选择理论》，杨春学等译，中国社会科学出版社 1999 年版。

54. ［美］杜赞齐：《文化、权利与国家：1900 ~ 1942 年的华北农村》，王福明译，江苏人民出版社 2003 年版。

55. ［日］棚濑孝雄：《纠纷的解决与审判制度》，王亚新译，中国政法大学出版社 2004 年版。

56. ［日］棚濑孝雄：《现代日本的法和秩序》，易平译，季卫东审校，中国政法大学出版社 2002 年版。

57. ［日］大谷实：《刑事政策学》，黎宏译，法律出版社 2000 年版。

58. ［日］小林良彰：《公共选择》，杨水超译，经济日报出版社 1989 年版。

59. ［英］安东尼·吉登斯：《社会的构成：结构化理论大纲》，李康、李猛译，王铭铭校，生活·读书·新知三联书店 1998 年版。

60. ［英］安东尼·吉登斯：《社会学方法的新规则》，田佑中等译，社会科学文献出版社 2002 年版。

61. ［英］霍布斯：《论公民》，应星、冯克利译，贵州人民出版社 2003 年版。

62. ［英］大卫·马什、格里·斯托克：《政治科学的理论与方法》，景跃进等译，中国人民大学出版社2006年版。

63. ［英］麦高伟、杰弗里·威尔逊主编：《英国刑事诉讼程序》，姚永吉、刘立霞等译，法律出版社2003年版。

二、中文著作

1. 陈光中主编：《21世纪域外刑事诉讼立法最新发展》，中国政法大学出版社2004年版。

2. 陈光中主编：《中华人民共和国刑事证据法专家拟制稿（条文、释义与论证）》，中国法制出版社2006年版。

3. 陈光中主编：《中华人民共和国刑事诉讼法再修改专家建议稿与论证》，中国法制出版社2006年版。

4. 陈光中主编：《〈公民权利和政治权利国家公约〉与我国刑事诉讼》，商务印书馆2005年版。

5. 陈光中主编：《审判公正问题研究》，中国政法大学出版社2004年版。

6. 陈浩然：《证据学原理》，华东理工大学出版社2002年版。

7. 陈瑞华：《程序性制裁理论》，中国法制出版社2005年版。

8. 陈瑞华：《刑事诉讼的前沿问题》（第二版），中国人民大学出版社2005年版。

9. 陈瑞华：《问题与主义之间——刑事诉讼基本问题研究》，中国人民大学出版社2003年版。

10. 陈卫东主编：《模范刑事诉讼法典》，中国人民大学出版社2005年版。

11. 费孝通：《江村农民生活及其变迁》，敦煌文艺出版社1997年版。

12. 费孝通：《乡土中国生育制度》，北京大学出版社1998年版。

13. 顾永忠、苏凌主编：《中国式对抗制庭审方式的理论与探索》，中国检察出版社2008年版。

14. 韩波：《法院体制改革研究》，人民法院出版社2003年版。

15. 强世功：《法律人的城邦》，上海三联书店2003年版。

16. 强世功：《调解、法制与现代性：中国调解制度研究》，中国法制出版社2001年版。

17. 季卫东：《法制秩序的建构》，中国政法大学出版社1999年版。

18. 李学军主编：《美国刑事诉讼规则》，中国检察出版社2003年版。

19. 李汉林：《中国单位社会：议论、思考与研究》，上海人民出版社2004

年版。

20. 梁治平编:《法律的文化解释》,生活·读书·新知三联书店 1994 年版。

21. 梁治平:《清代习惯法:社会与国家》,中国政法大学出版社 1996 年版。

22. 龙宗智:《刑事庭审制度研究》,中国政法大学出版社 2001 年版。

23. 林毅夫:《论经济学方法》,北京大学出版社 2005 年版。

24. 李猛编:《韦伯:法律与价值》,上海人民出版社 2001 年版。

25. 毛泽东:《毛泽东选集》(第一卷),人民出版社 1966 年版。

26. 马明亮:《协商性司法》,法律出版社 2007 年版。

27. 秦宗文:《自由心证研究》,法律出版社 2007 年版。

28. 宋英辉:《刑事诉讼目的论》,中国人民公安大学出版社 1995 年版。

29. 沈达明:《英美证据法》,中信出版社 1996 年版。

30. 苏力:《送法下乡:中国基层司法制度研究》,中国政法大学出版社 2000 年版。

31. 苏力:《法治及其本土资源》,中国政法大学出版社 1996 年版。

32. 苏力:《也许正在发生:转型中国的法学》,法律出版社 2004 年版。

33. 苏力:《法律与文学:以中国传统戏剧为材料》,生活、读书、新知三联书店 2006 年版。

34. 孙谦、郑成良主编:《有关国家司法改革的理念与经验》,法律出版社 2002 年版。

35. 田文昌、陈瑞华主编:《中华人民共和国刑事诉讼法再修改律师建议稿》,法律出版社 2007 年版。

36. 王亚新:《对抗与判定:日本民事诉讼的基本结构》,清华大学出版社 2002 年版。

37. 吴英姿:《法官角色与司法行为》,中国大百科全书出版社 2008 年版。

38. 徐静村主编:《中国刑事诉讼法(第二修正案)学者拟制稿及立法理由》,法律出版社 2005 年版。

39. 徐忠明:《思考与批评:解读中国法律文化》,法律出版社 2000 年版。

40. 应星:《大河移民上访的故事》,生活·读书·新知三联书店 2001 年版。

41. 鱼崇:《正义女神下的阴影:"美国式法治"断片》,中国法制出版社 2007 年版。

42. 杨善华主编:《当代西方社会学理论》,北京大学出版社 1999 年版。

43. 张军、姜伟、田文昌:《控辩审三人谈》,法律出版社 2001 年版。

44. 周雪光:《组织社会学十讲》，社会科学文献出版社 2003 年版。

45. 张静:《现代公共规则与乡村社会》，上海书店出版社 2006 年版。

46. 周庆智:《中国县级行政结构及其运行——对 W 县的社会学考察》，贵州人民出版社 2004 年版。

47. 郑戈:《法律与现代人的命运：马克斯·韦伯法律思想研究导论》，法律出版社 2006 年版。

48. 左卫民、周长军:《刑事诉讼的理念》，法律出版社 1999 年版。

49. 左卫民等:《合议制度研究》，法律出版社 2001 年版。

50. 左卫民:《在权利话语与权力技术之间：中国司法的新思考》，法律出版社 2002 年版。

51. 左卫民、周长军:《变迁与改革：法院制度现代化研究》，法律出版社 2000 年版。

52. 左卫民等:《最高法院研究》，法律出版社 2004 年版。

53. 左卫民等:《刑事诉讼运行机制实证研究》，法律出版社 2007 年版。

三、中文论文

1. 艾佳慧:《中国法院绩效考评制度研究——“同构性”和“双轨制”的逻辑及其问题》，载《法制与社会发展》2008 年第 5 期。

2. 艾佳慧:《中国法官最大化些什么》，载苏力主编:《法律和社会科学》(第三卷)，法律出版社 2008 年版。

3. 蔡庆丰:《适用自愿和解方式处理轻伤害案件探析》，载《人民检察》2005 年第 6 期。

4. 陈光中:《刑事和解的理论基础与司法适用》，载《人民检察》2006 年第 5 期。

5. 陈光中、张建伟:《附条件不起诉：检察裁量权的新发展》，载《人民检察》2006 年第 4 期。

6. 陈光中、葛琳:《刑事和解初探》，载《中国法学》2006 年第 5 期。

7. 陈光中:《刑事诉讼法修改专家建议稿重点问题概述》，载《人民检察》2006 年第 11 期。

8. 陈光中、郑旭:《追求刑事诉讼价值的平衡——英俄近年刑事司法改革述评》，载《中国刑事法杂志》2003 年第 1 期。

9. 陈瑞华:《当前刑事诉讼法学的四大前沿课题》，载《华东刑事法评论》(第八卷)。

10. 陈瑞华：《刑事诉讼的私力合作模式：刑事和解在中国的兴起》，载《中国法学》2006 年第 5 期。

11. 陈瑞华：《司法过程中的对抗与合作：一种新的刑事诉讼模式理论》，载《法学研究》2007 年第 3 期。

12. 陈瑞华：《司法权的性质——以刑事司法为范例的分析》，载《法学研究》2000 年第 5 期。

13. 陈瑞华：《法律职业共同体形成了吗?》（上、下），载《中国司法》2008 年第 2、3 期。

14. 陈瑞华：《定罪与量刑的程序关系模式》，载《法律适用》2008 年第 4 期。

15. 陈瑞华：《刑事程序失灵问题的初步研究》，载《中国法学》2007 年第 6 期。

16. 陈瑞华：《案卷笔录中心主义：对中国刑事审判方式的重新考察》，载《法学研究》2006 年第 4 期。

17. 陈瑞华：《司法裁判的行政决策模式——对中国法院“司法行政化”现象的重新考》，载《吉林大学社会科学学报》2008 年第 4 期。

18. 重庆市第一中级人民法院课题组：《合议庭职责和院庭长裁判文书签发权限制度的完善》，载《西南政法大学学报》2008 年第 3 期。

19. 陈卫东：《定罪与量刑程序分离之辩》，载《法制资讯》2008 年第 6 期。

20. 陈增宝、李安：《量刑应当具有独立的专门程序》，载《法律适用》2005 年第 12 期。

21. 程新生：《审判委员会讨论决定个案制度的缺陷》，载《法学杂志》1999 年第 2 期。

22. 戴昕：《冤案的认知纬度和话语困境》，载苏力主编：《法律和社会科学》（第一卷），法律出版社 2006 年版。

23. 戴治勇：《选择性执法》，载《法学研究》2008 年第 4 期。

24. 邓正来：《中国法学何处去》，载《政法论坛》2005 年第 1 ~ 4 期。

25. 樊纲：《中华文化、理性化制度与经济发展》，载《经济文论》，生活·读书·新知三联书店 1995 年版。

26. 樊崇义：《刑事诉讼法再修改的理性思考》（上），载《法学杂志》2008 年第 1 期。

27. 傅文魁：《刑事和解的实证分析》，载《国家检察官学院学报》2006 年第 6 期。

28. 冯亚东：《罪刑关系的反思与重构——兼谈罚金刑在中国现阶段之适用》，载《中国社会科学》2006 年第 5 期。

29. 季卫东：《结构的组合最优化——探索中国法与社会发展的新思路》，载梁治平编：《国家、市场、社会：当代中国的法律与发展》，中国政法大学出版社 2006 年版。

30. 高一飞：《论量刑调查制度》，载《中国刑事法杂志》2008 年第 5 期。

31. 高一飞、陈海平：《"从技术到制度"：我国量刑程序改革述论》，载《政法论丛》2006 年第 6 期。

32. 关升英：《审判委员会工作机制探索及完善》，载《人民司法》2004 年第 10 期。

33. 贺红强、陈小嫦：《量刑与定罪程序的分离和独立》，载《河南公安高等专科学校学报》2006 年第 1 期。

34. 侯猛：《司法改革背景下的政法治理方式——基层政法委员会制度个案研究》，载《华东政法大学学报》2003 年第 5 期。

35. 黄京平、张枚：《刑事和解的司法现状与制度建构》，载《国家检察官学院学报》2006 年第 6 期。

36. 贺卫方：《中国司法管理制度的两个问题》，载《中国社会科学》1997 年第 6 期。

37. 何远琼：《站在天平的两端：司法腐败的博弈分析》，载《中外法学》2007 年第 5 期。

38. 何怀宏：《政治家的责任伦理》，载《伦理学研究》2005 年第 1 期。

39. 侯勇：《审判委员会制度与公正程序之价值冲突初探》，载《贵州大学学报》2005 年第 4 期。

40. 贺欣：《为什么法院不接受外嫁女纠纷——司法过程中的法律、权力和政治》，载苏力主编：《法律和社会科学》（第三卷），法律出版社 2008 年版。

41. 黄宗智：《悖论社会与现代传统》，载《读书》2005 年第 2 期。

42. 黄维智：《暂缓起诉制度探析》，载《政治与法律》2005 年第 2 期。

43. 蒋惠岭：《构建我国相对独立量刑程序的几个难点》，载《法律适用》2008 年第 4 期。

44. 高鸿钧：《法律移植：隐喻、范式与全球化时代的新趋向》，载《中国社会科学》2007 年第 4 期。

45. 顾培东：《论我国社会中非常规性纠纷的解决机制》，载《中国法学》2007 年第 3 期。

46. 强世功、赵晓力：《双重结构化下的法律解释：对 8 名中国法官的调查》，载梁治平编：《法律解释问题》，法律出版社 1998 年版。

47. 强世功：《迈向立法者的法理学——法律移植背景下对当代法理学的反思》，载《中国社会科学》2005 年第 1 期。

48. 兰荣杰：《制度设计与制度实践之间——刑事当庭宣判制度实证研究》，载《中国刑事法杂志》2008 年第 3 期。

49. 兰耀军：《论附条件不起诉》，载《法律科学》2006 年第 5 期。

50. 李昌盛：《缺乏对抗的“被告人说话式”审判——对我国“控辩式”刑事审判的实证考察》，载《现代法学》2008 年第 6 期。

51. 李巧芬、刘中发：《暂缓起诉的实践与探索》，载《人民检察》2006 年第 4 期（上）。

52. 李炳成：《建议取消审判委员会》，载《中国律师》1999 年第 4 期。

53. 梁玉霞：《听证事实主义及其局限性——以刑事诉讼为视角》，载《暨南学报》（哲学社会科学版）2006 年第 4 期。

54. 刘炽、王建荣：《比较与借鉴：暂缓起诉制度研究》，载《人民检察》2005 年第 3 期（上）。

55. 刘保成：《浅谈律师在法庭上的“说话权”》，载《律师世界》1998 年第 3 期。

56. 刘星：《重新理解法律移植——从“历史”到“当下”》，载《中国社会科学》2004 年第 5 期。

57. 刘桃荣：《对暂缓起诉的质疑》，载《中国刑事法杂志》2001 年第 3 期。

58. 龙宗智：《印证与自由心证：我国刑事诉讼证明模式》，载《法学研究》2004 年第 2 期。

59. 龙宗智：《论我国刑事庭审制度》，载《中国法学》1998 年第 4 期。

60. 龙宗智：《通过程序实现“宽严相济”刑事政策》，载《社会科学》2007 年第 5 期。

61. 龙宗智：《论书面证言及其应用》，载《中国法学》2008 年第 4 期。

62. 李玉萍：《我国相对独立量刑程序的设计与构建》，载《法律适用》2008 年第 4 期。

63. 李猛、周飞舟、李康：《单位：制度化组织的内部机制》，载《中国社会科学季刊》(香港) 1996 年秋季卷，总第 16 期。

64. 马静华:《刑事和解制度论纲构》，载《政治与法律》2003 年第 4 期。

65. 马静华:《刑事和解的理论基础及其在我国的制度建构》，载《法律科学》2003 年第 4 期。

66. 宋英辉、许身健:《恢复性司法程序之思考》，载《现代法学》2004 年第 3 期。

67. 宋英辉:《构建我国量刑程序的基本思路》，载《法制资讯 》2008 年第 6 期。

68. 邵军:《恢复性司法的利弊之争》，载《法学》2005 年第 5 期。

69. 苏力:《中国司法中的政党》，载苏力主编:《法律与社会科学》(第一卷)，法律出版社 2006 年版。

70. 苏力:《语境论: 一种法律制度研究的进路和方法》，载《中外法学》2000 年第 1 期。

71. 苏力:《基层法院审判委员会制度的考察与思考》，载《北大法律评论》(第 1 卷 · 第 2 辑)，法律出版社 1998 年版。

72. 孙远:《刑事证据能力的法定与裁量》，载《中国法学》2005 年第 5 期。

73. 孙立平:《"过程——事件分析" 与当代中国国家——农民关系的实践形态》，载《清华社会学评论》2000 年第 1 卷。

74. 孙立平:《实践社会学与市场转型过程分析》，载《中国社会科学》2002 年第 5 期。

75. 孙立平:《社会转型: 发展社会学的新议题》，载《社会学研究》2005 年第 1 期。

76. 沈春梅:《暂缓起诉不益推行》，载《人民检察》2003 年第 4 期。

77. 唐芳:《恢复性司法的困境及其超越》，载《法律科学》2006 年第 4 期。

78. 王敏远:《暂缓起诉制度——争议及前景》，载《人民检察》2006 年第 4 期 (上)。

79. 汪丁丁:《情境理性》，载《IT 经理世界》2004 年 1 月 5 日。

80. 汪庆华:《中国行政诉讼: 多中心主义司法》，载《中外法学》2007 年第 5 期。

81. 王亚新:《实践中的民事审判: 四个中级法院民事一审程序的运作》，载《现代法学》2003 年第 3、6 期; 王亚新:《实践中的民事审判 (二): 五个中级法院民事一审程序的运作》，载《北大法律评论》(第 6 卷 · 第 1 辑) (2004

年）。

82. 王亚新：《程序·制度·组织——基层法院日常的程序运作与治理结构转型》，载《中国社会科学》2004 年第 3 期。

83. 王雄飞：《刑事和解视野下检察调解构想》，载《人民检察》2006 年第 14 期。

84. 吴常青：《论恢复性司法的本土资源与制度构建》，载《法学论坛》2006 年第 5 期。

85. 王俊：《恢复性司法及其本土化改造》，载《人民检察》2006 年第 2 期。

86. 谢鹏程：《刑事和解的理念与程序设计》，载《人民检察》2006 年第 14 期。

87. 肖仕卫：《刑事法治实践中的回应型司法：从中国暂缓起诉、刑事和解实践出发的分析》，载《法制与社会发展》2008 年第 4 期。

88. 肖仕卫：《刑事判决形成的实践/制度逻辑：以某基层法院无罪辩护案件为起点的调查与分析》，四川大学法学院 2005 年硕士论文。

89. 肖仕卫：《基层法院审判委员会“放权”改革的过程研究——以对某法院法官的访谈为素材》，载《法制与社会发展》2007 年第 2 期。

90. 肖仕卫：《刑事法治的“第三领域”：中国刑事和解制度的结构定位与功能分析》，载《中外法学》2007 年第 6 期。

91. 向朝阳、马静华：《刑事和解的价值构造及中国模式的构建》，载《中国法学》2003 年第 6 期。

92. 叶向阳：《试论审判长联席会议制度的运行机制及功能实现》，载《法律适用》2008 年第 7 期。

93. 曾国东：《公诉环节故意轻伤害案件和解制度的探索》，载《法学》2006 年第 4 期。

94. 甄贞、陈静：《刑事和解的可行性理论分析》，载《人民检察》2006 年第 7 期。

95. 张泽涛：《规范暂缓起诉：以美国缓起诉制度为借鉴》，载《中国刑事法杂志》2005 年第 3 期。

96. 周洪波：《沉默权问题：超越两种理路之新说》，载《法律科学》2003 年第 5 期。

97. 张小海：《刑事和解——公民社会的刑事治理》，载《研究生法学》2006 年第 5 期。

98. 岩皓：《审判委员会功能的异化与重构》，载《西南政法大学学报》2005年第6期。

99. 杨善华、孙飞宇：《作为意义探究的深度访谈》，载《社会学研究》2005年第5期。

100. 杨兴培：《刑事和解制度在中国的构建》，载《法学》2006年第8期。

101. 赵晓力：《基层司法的反司法理论？——评苏力〈送法下乡〉》，载《社会学研究》2005年第2期。

102. 赵孟营：《论组织理性》，载《社会学研究》2002年第4期。

103. 赵孟营：《组织合法性：在组织理性与事实的社会组织之间》，载《北京师范大学学报》（社会科学版）2005年第2期。

104. 朱晓阳：《纠纷个案背后的社会科学观念》，载苏力主编：《法律和社会科学》（第一卷），法律出版社2006年版。

105. 朱晓阳：《语言混乱与草原"共有地"》，载《西北民族研究》2007年第1期。

106. 朱晓阳：《"语言混乱"与法律人类学的整体论进路》，载《中国社会科学》2007年第2期。

107. 郑戈：《法律解释的社会构造》，载梁治平编：《法律解释问题》，法律出版社1998年版。

108. 赵红星、国灵华：《废除审判委员会制度——"公正与效率"的必然要求》，载《河北法学》2004年第6期。

109. 邹立君：《"重实体，轻程序"命题的语境分析——兼论程序正义问题》，载《法制与社会发展》2008年第4期。

110. 左卫民等：《法院内部权力结构论》，载《四川大学学报》1999年第2期。

111. 左卫民：《权利话语、实践的艰难展开：1996年中国刑事诉讼法典修改的反思》，载《中外法学》2002年第4期。

112. 左卫民：《中国刑事案卷制度研究：以证据案卷为重心》，载《法学研究》2007年第6期。

四、外文参考文献

1. Granovetter, Mark, Economic Action and social structure: The problem of Embeddedness, American journal of sociology, 1985.

2. J. van Velsen, " Extended Case Method and Situational Analysis," in

A. L. Epstein（ed.）, The Crafts of Anthropology（tavistock, 1968）.

3. James Coleman. Market contractarianism and the ananimity rule, social philosophy and policy, No. 2, 1985.

4. J. Frank, Law and the Modern mind, 1963.

5. Joseph D. Grano, The Adversarial - accusatorial lablel: a constraint on the search for truth. Harvard Journal of Law & Public Policy Winter, 1997.

6. JOHN H. LANGBEIN, The Origins of the Adversary Criminal Trial. Oxford: Oxford University Press, 2003.

7. J. van Velsen, "Extended Case Method and Situational Analysis," in A. L. Epstein（ed.）, The Crafts of Anthropology（tavistock, 1968）.

8. John Grifiiths, Ideology in Criminal Procedure or A Third "Model" of the Criminal Process, in The Yale Law Journal, Vol. 79, 1970.

9. Koichiro Fujikur（ed）, Japanese law and legal theory, Dartmouth publishing company limited（aldershot. singapore. s. ney: 1996）.

10. Pound, Roscoe, 1910, Law in Books and Law in Action, 44 American Law Review.

五、法律、司法解释与规范性文件

1.《中华人民共和国刑事诉讼法》

2.《中华人民共和国人民法院组织法》

3.《最高人民法院关于执行〈中华人民共和国刑事诉讼法〉若干问题的解释》

4. 最高人民法院、最高人民检察院：《关于办理职务犯罪案件认定自首、立功等量刑情节若干问题的意见》

5.《最高人民检察院关于在检察工作中贯彻宽严相济刑事司法政策的若干意见》

6.《人民检察院关于依法快速办理轻微刑事案件的意见》

7. 最高人民法院《人民法院五年改革的纲要》

8. 最高人民法院《人民法院第二个五年改革纲要》（2004～2008）

9. 最高人民法院《人民法院第三个五年改革纲要》（2009～2013）

10. 最高人民法院、最高人民检察院、公安部、司法部：《关于进一步严格依法办案确保办理死刑案件质量的意见》

11. 最高人民法院：《关于人民法院合议庭工作的若干规定》

12. 最高人民法院：《人民法院审判长选任办法（试行）》

13. 最高人民法院：《关于完善院长、副院长、庭长、副庭长参加合议庭审理案件制度的若干意见》

14. 最高人民法院政治部：《关于进一步加强初任法官审核工作的通知》

15. 北京市政法委员会：《关于北京市政法机关办理轻伤害案件工作研讨会纪要》

16. 浙江省高级人民法院、浙江省检察院、浙江省公安厅：《关于当前办理轻伤害案件适用法律若干问题的意见》

17. 安徽省公安厅、安徽省高级人民法院、安徽省检察院：《办理故意伤害案（轻伤）若干问题的意见》

18. 上海市高级人民法院、上海市检察院、上海市公安局、上海市司法局：《关于轻伤害案件委托人民调解的若干意见》

19. 湖南省人民检察院：《湖南省人民检察院关于检察机关适用刑事和解办理刑事案件的规定（试行）》

20. 海南省高级人民法院、海南省人民检察院、海南省公安厅、海南省司法厅：《关于办理轻伤害案件其中问题的意见》

21. 北京市海淀区人民检察院：《实施暂缓起诉制度细则》

22. 南京市人民检察院：《检察机关暂缓不起诉试行办法》

23. 无锡市人民检察院：《无锡市检察机关暂缓起诉办法（试行）》

六、报纸与网络资料

1. 殷培军等：《轻伤害不急着起诉，先行调解》，载《法制日报》2006 年 7 月 14 日。

2.《许昌出台轻伤害案件处理意见》，载《人民代表报》2004 年 11 月 2 日。

3. 黑丁、小楠：《被害人家属求情，杀害女友大学生获轻刑》，载《检察日报》2006 年 7 月 27 日。

4. 蔡庆丰：《适用自愿和解方式处理轻伤害案件探析》，载《人民检察》2005 年第 6 期。

5. 李松等：《轻伤害案件相对不起诉：推行刑事和解满意率是 100%》，载《法制日报》2006 年 7 月 26 日。

6.《轻伤害案件可以私了》，载《厦门晚报》2004 年 8 月 10 日。

7. 贺同：《上海轻伤害案件将允许诉前调解》，载《东方早报》2006 年 5 月 25 日。

8. 吴蓉：《轻伤害可以人民调解了解》，载《劳动报》2006 年 5 月 29 日。

9. 马芸等：《区县法院今年都设调解室》，载《上海青年报》2006 年 3 月 31 日。

10. 王学堂：《山东省青州市人民法院关于审判委员会制度的调研》，载 http：//www. chinalawedu. com/news/2005/4/ma61572935218145002 11856. html。

11. 《关于开展刑事和解的实施意见》，参见最高人民检察院官网：http：//www. spp. gov. cn/site2006/2007 – 03 – 05/0027412580. html。

12. 《轻伤害案件分流实施办法》，参见《检察日报》（网络版）：http：//www. jcrb. com/n1/jcrb1280/ca600798. htm。

13. 《关于刑事和解工作的若干意见（试行）》，参见江苏法院网：http：//www. jsfy. gov. cn/cps/site/jsfy/index_ content_ a2007051624415. htm。

14. 《宜都市人民检察院检察刑事和解规定》，参见湖北省检察院官网：http：//www. hbjc. gov. cn/web/infoDet. aspx？ id = 1153。

15. 《回民纠纷刑事和解，请阿訇参与》，载《检察日报》（网络版）：http：//www. jcrb. com/n1/jcrb1297/ca603260. htm。

16. 《探索轻微刑事案件和解机制》，载正义网：http：//www. jcrb. com/zywfiles/ca540509. htm。

17. 《广东法院尝试“刑事和解”：赔偿五万杀人免死》，载新浪网博客：http：//blog. sina. com. cn/u/4a523c4c01000av5。

18. 王利军：《轻缓刑事政策在适用中存在的误区及对策》，载 http：//www. law – lib. com/lw/lw_ view. asp？ no = 7451。

19. 《烟台：走在“平和司法”的大道上》，载正义网：http：//www. jcrb. com/zyw/n65/ca478464. htm。

20. 曹飏、周桂芳、邓小李：《海口市美兰区检察院调解轻微刑案，积极构建和谐社会》，载南海网：http：//fzsb. hinews. cn/php/20050829/12550. php。

21. 石先广：《轻伤案件委托人民调解的探索及启示》，载北大法律信息网：http：//article. chinalawinfo. com/article/user/article_ display. asp?ArticleID = 33739。

22. 《关于办理轻伤害案件适用调解的若干意见（试行）》，载芜湖人论坛：http：//www. wuhuren. com/forum/thread – 18694 – 1 – 1. html。

23. 《委托调解：一年巧解纠纷逾七千》，载正义网：http：//www. jcrb. com/zywfiles/ca600928. htm。

24. 《上海推进民事、轻伤害案件委托人民调解工作》，载新浪网：http：//

news. sina. com. cn/s/2006 – 05 – 25/07079019095s. shtml。

25.《上海普陀区实行暂缓起诉制，给犯罪的未成年人一个机会》，载新浪网：http：//news. sina. com. cn/china/1999 – 8 – 5/3568. html。

26.《项城市检察院试行对犯罪未成年人暂缓起诉制度》，载大河论坛：http：//vcom. dahe. cn/wenxue/go. asp？ id = 4492。

27.《陕西作出首例未成年人犯罪“暂缓起诉”决定》，载中国网：http：//www. china. com. cn/chinese/zhuanti/wcnrddjs/541100. htm。

28.《武汉江岸区检察院首试“暂缓起诉”以挽救失足少年》，载新浪网：http：//news. sina. com. cn/china/2000 – 06 – 20/99060. html。

29.《专家聚焦“附条件不起诉”》，载正义网：http：//www. jcrb. com/n1/jcrb1496/ca660591. htm，2008 年 2 月 23 日登录。

30.《四川省：暂缓起诉“再造”一名大学生》，载搜狐网：http：//learning. sohu. com/20060818/n244866992. shtml。

31.《吉林长春市双阳区检察院检察长李驳：暂缓起诉救了小志明》，载正义网：http：//www. jcrb. com/zyw/n494/ca613767. htm。

32.《破例缓诉救助“迷途羔羊”》，载西域军垦网：http：//info. westpower. com. cn/cgi – bin/Ginfo. dll？ DispInfo&w = westpower&nid = 566195。

33.《北京试行暂缓起诉，减少未成年犯“刑事污点”》，载新浪网：http：//news. sina. com. cn/c/2004 – 04 – 25/11332399143s. shtml。

34.《无锡惠山公开听证附条件不起诉案》，载新华报业网：http：//news. xhby. net/system/2007/12/24/010173015. shtml。

致 谢

如果不是为了一些不得不感谢的老师、朋友、同学和亲人，我是决计不写后记之类东西的，因为在某种程度上，所谓后记，实是在某项作业完成之后对作业过程所做的回想式记录。而在我看来，无论过去是如何的酸甜苦辣并值得追忆，它们毕竟已经成为往昔，更重要的还是未来。桑塔亚纳“忘记昔日的人注定会重复历史”的警言固然重要，但是艾略特“不是划得很好，但要向前划”的告诫更有指引意义。

也许正是因为如此，四川大学博士论文的规定格式中，最后的内容不是后记而是致谢。所以，在这里回忆读书或写作博士论文过程中的点点滴滴不是我的目的，感谢我的老师、朋友、同学和亲人才是我马上要做的。

首先要感谢我的恩师左卫民先生。先生学识渊博，治学严谨，崇尚原创学术，不仅在正式的课堂上，而且在不经意的日常对话中，都闪烁着极具洞察力的真知灼见，使学生受益匪浅；先生品格高尚，平易近人，推崇家庭式的师生关系，在学习上对学生要求极为严格，在生活上对学生关怀备至，让学生感到家庭般的温暖。多年来，恩师对我器重、关爱、提携有加，对此我铭记于心，永存感激。

感谢中国人民公安大学的刘涛副教授，多年来，他一直对我关爱有加；感谢电子科技大学的吴卫军教授，无论在工作还是生活上，他都对我帮助甚多；感谢重庆邮电大学的汪三毛副教授、福建警察学院的刘方权副教授、西南民族大学的周洪波博士、西南财经大学的汤火箭副教授、赵勇博士、昆明理工大学的何永军博士、江西财经大学的谢小剑、西安建筑科技大学的温洁老师、四川大学法学院的古立峰教授、姜华副教授、马静华副教授、成凯副教授、郭松博士、刘海蓉博士、罗文禄博士、罗蓉博士、李旭老师、张丽星老师、赵华老师和邵燕老师，他（她）们在工作、学习和生活上给我提供了相当多的帮助。

感谢北京大学的陈瑞华教授、华东政法大学的陈刚教授、西南财经大学的冯亚东教授，他们的鼓励、肯定与批评，构成了我在求学之路上不断前进的重要动力；感谢成都市成华区法院的晏莉法官、巫江法官、武侯区法院的税长冰法官，他（她）们对我博士论文的某些方面贡献颇多；感谢室友许明强，他给了我很多支持和鼓励；感谢王昕、林喜芬、彭美、姚剑、冯军、牛振宇、万毅、谢进杰、吴莉、张晓薇、康怀宇、唐雪莲、龚桂莲、胡建萍、何良彬、谌辉、赵开年、全亮、谢维雁、兰荣杰、武景铁、黄羽中、冯露等同门师兄、师姐、师弟、师妹，他（她）们曾在许多方面让我受益。

最后但无法用重要与否来衡量的是，我要特别感谢我的家人，他（她）们的支持、辛劳和期望，是我一生不断前进的动力。

另：感谢由周友苏教授、熊秋红教授、田平安教授、陈刚教授、高晋康教授组成的答辩委员会，他（她）们的学识、厚爱与宽容，让学生得以再次亲睹法学大家的风采；特别感谢中国检察出版社的李薇薇编辑，她的专业与高效让人敬佩。

肖仕卫

二〇〇九年六月十八日